职业院校汽车类系列教材

汽车机械识图习题册

U1017056

● 叶建学 王来华 刘敏芳 主 编
● 逄吉玲 卢立倩 李志善 副主编
● 孙建俊 主 审

哈爾濱工業大學出版社
HARBIN INSTITUTE OF TECHNOLOGY PRESS

图书在版编目(CIP)数据

汽车机械识图习题册/叶建学,王来华,刘敏芳主编.—哈尔滨:哈尔滨工业大学出版社,2025.5

ISBN 978-7-5767-1993-2

Ⅰ.U462.1-44

中国国家版本馆 CIP 数据核字第 202514EM73 号

策划编辑　许雅莹
责任编辑　谢晓彤
封面设计　刘　乐
出版发行　哈尔滨工业大学出版社
社　　址　哈尔滨市南岗区复华四道街 10 号　邮编 150006
传　　真　0451-86414749
网　　址　http://hitpress.hit.edu.cn
印　　刷　哈尔滨市石桥印务有限公司
开　　本　787 mm×1 092 mm　1/16　印张 11　字数 313 千字
版　　次　2025 年 5 月第 1 版　2025 年 5 月第 1 次印刷
书　　号　ISBN 978-7-5767-1993-2
定　　价　33.00 元

前　　言

本习题册是根据教育部制定的汽车类各专业教学标准，依据“汽车机械制图课程标准”，结合高职汽车类教学改革实际编写而成，与由叶建学、王来华、刘敏芳主编的《汽车机械识图》教材配套使用。

本习题册由浅入深，以“必需、够用”为度，全面考虑了汽车专业学生应掌握的制图知识点。其特点如下：

(1)与教材配套建设。内容来源于教材，服务教材。对于教材中的每个项目任务(也包括部分知识点)，在习题册上复现任务，设置任务工单。学生在工单上完成绘图任务。教师边讲边做，学生边学边练。任务完成可以上交批阅，实现教学做一体。

(2)根据高职教育培养目标和特点，在教材内容选择和课程结构体系方面适应高职教育要求，体现类型教育特点。内容编排顺序和配套教材完全一致。题目数量充足，便于教师和学生选用。

(3)对于习题册中的习题，已经编写答案。习题册中绝大部分图形，绘制 AR 立体并生成二维码，并放置于习题册中，学生做题过程中遇到困难可以自行扫码观看立体，并可利用手指进行操作。方便了学生自主性学习，降低了学习难度，提高了学生兴趣，减少了教师工作量。另外课程配套建设了在线开放课，相关的课程资源已经上传平台，实现课程、教材、资源建设同步。课程名称：《汽车机械制图》，网址：https://www. xueyinonline. com/detail/249638014，选择最新期数在线交流、学习。欢迎同行切磋交流，提出宝贵建议，也欢迎学生加入学习。

本习题册主要作为汽车类专业学生学习制图课程的辅助教材，又可作为其他专业人员学习制图课程的参考。

全书由山东劳动职业技术学院叶建学、王来华、刘敏芳任主编，逄吉玲、卢立倩、李志善任副主编，杨林、班燕、李飞、代世勋、史蕾蕾、王进军、曹爱红等参与编写。其中，刘敏芳、逄吉玲、杨林编写模块 1 和模块 2，王来华、李飞、史蕾蕾、曹爱红编写模块 3 和模块 4，叶建学、班燕、代世勋编写模块 5 和模块 6，李志善、卢立倩、王进军编写模块 7 和模块 8，由叶建学负责统稿，全书由孙建俊教授主审。

由于汽车识图课程教材编写首次尝试任务驱动模式，加之编者水平有限，时间比较仓促，书中难免存在疏漏之处，恳请广大读者批评指正，以便再版时进行修订。

编　者

2025 年 2 月

目　　录

模块1　平面图形绘制

任务一 绘制简单平面图形

课堂练习

1. 圆弧连接。

连接方式	方法与步骤
用半径为R的圆弧连接两已知直线	
用半径为R的圆弧连接已知直线和外接已知圆弧	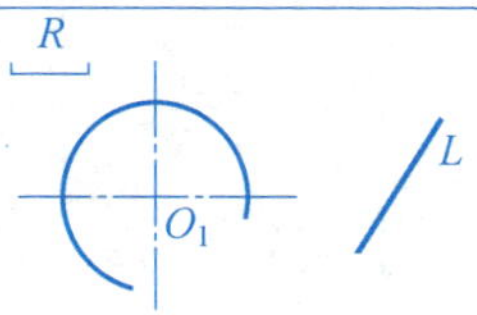
用半径为R的圆弧连接外接两已知圆弧	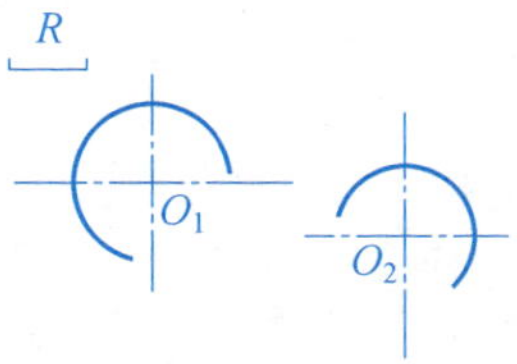
用半径为R的圆弧连接内接两已知圆弧	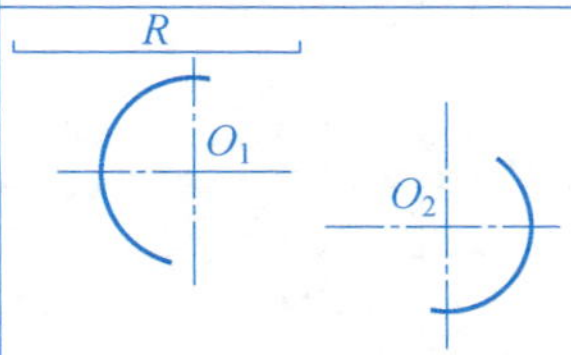

任务实施

1. 绘制正六边形、正五边形。

1.1.1 基本作图练习

1. 将线段AB七等分。

2. 作圆内接正五边形。

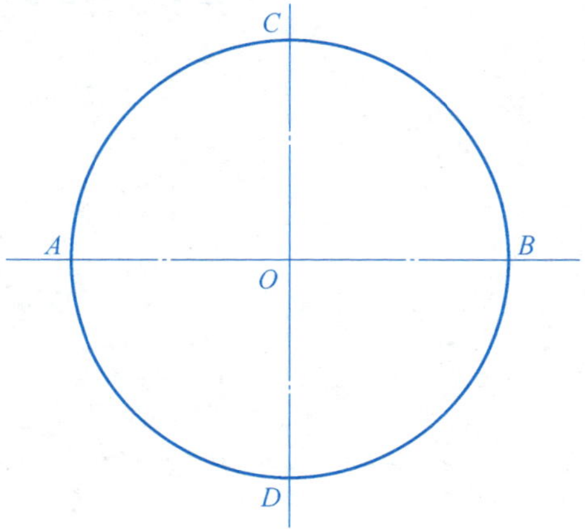

3. 作圆内接正六边形。

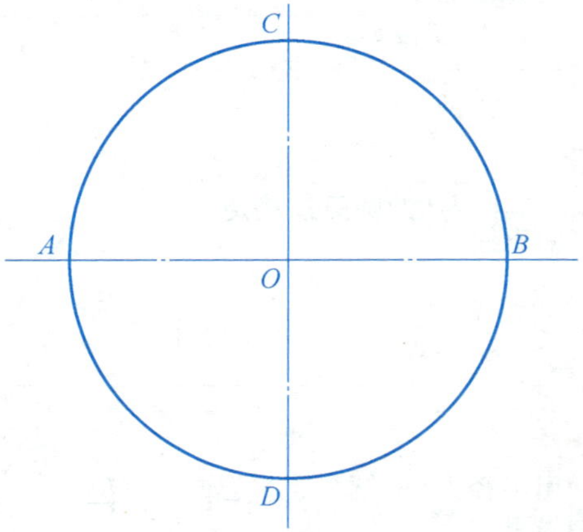

1.1.2 参照图例用给定的尺寸作圆弧连接（标出切点，保留作图线）

1.

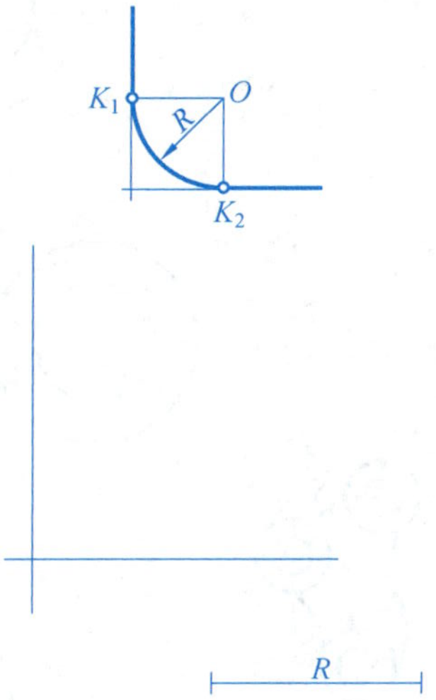

2.

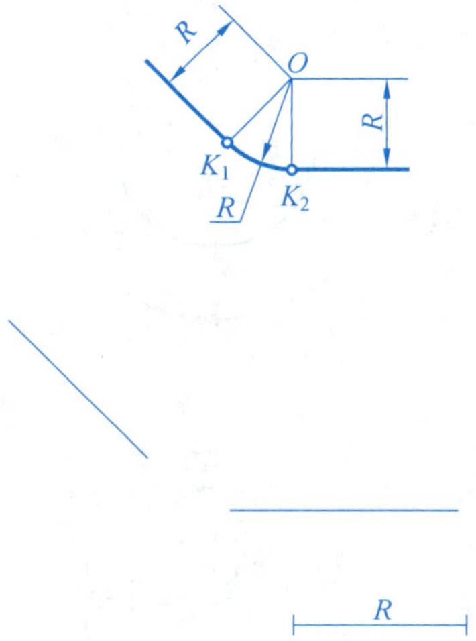

3.

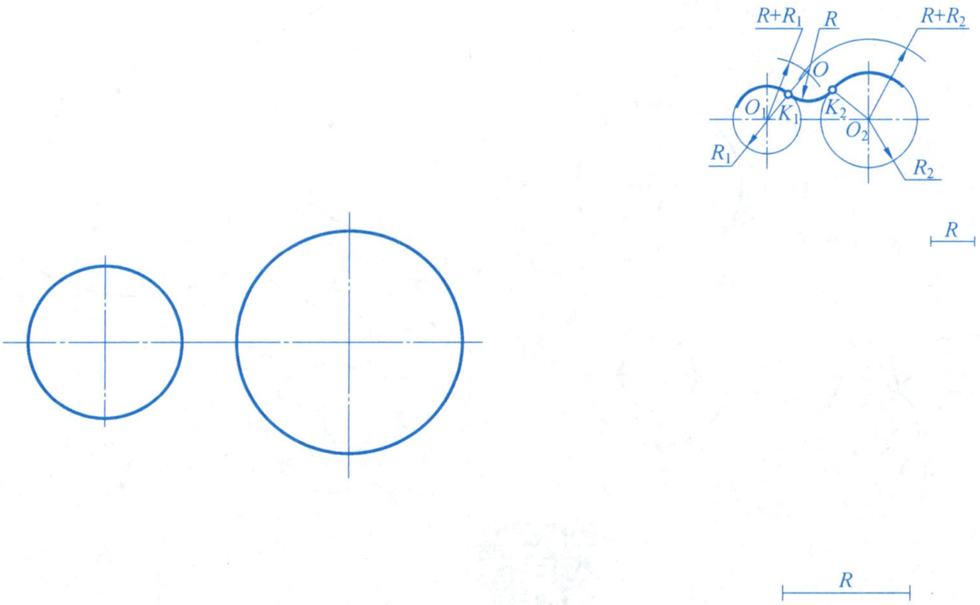

1.1.3 按图上标注尺寸完成下列图形的线段连接（比例1：1）

1.

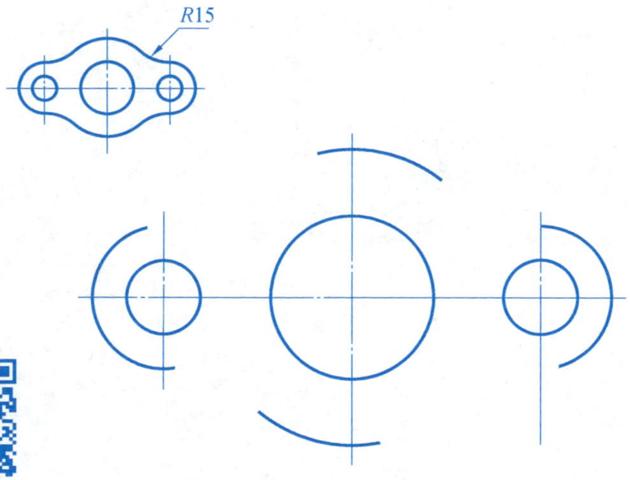

2.

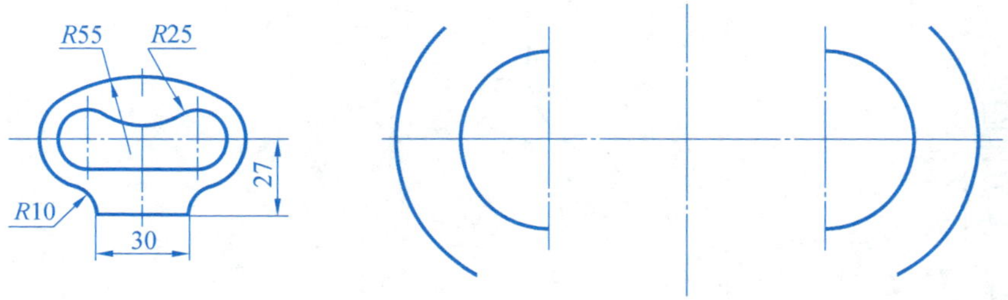

3.

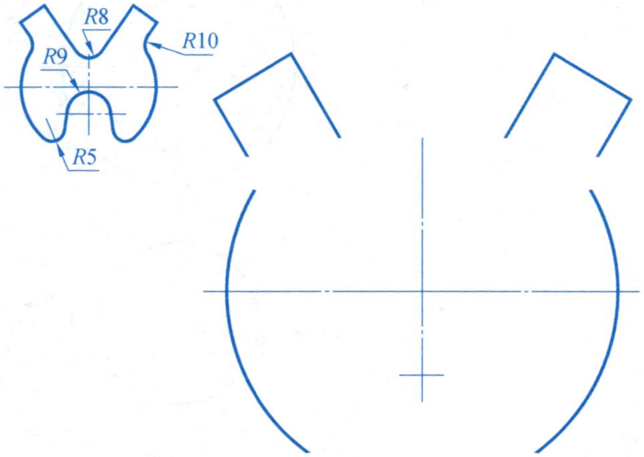

4.

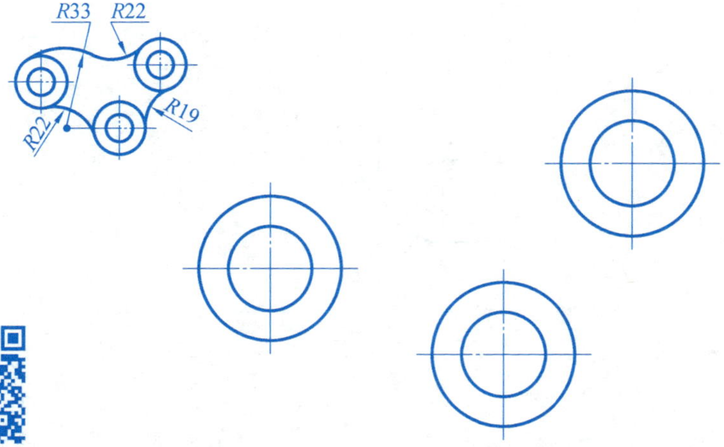

任务二　认识六角扳手机械图样并绘制其平面图形

课堂练习	任务实施
1. 书写汉字、字母、数字。	1. 绘制六角扳手平面图形。

1.2.1 将所给图线、图形抄画在右边

1.

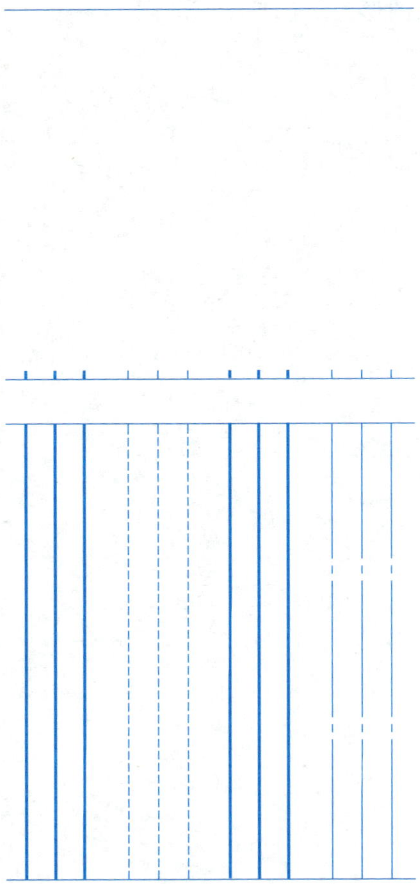

2.

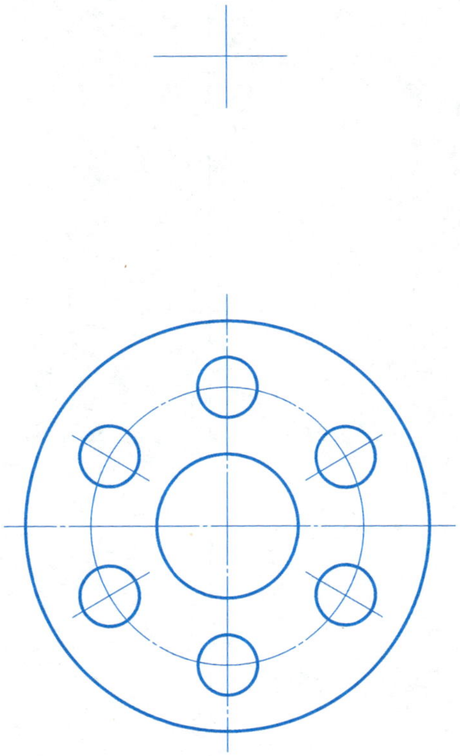

3.

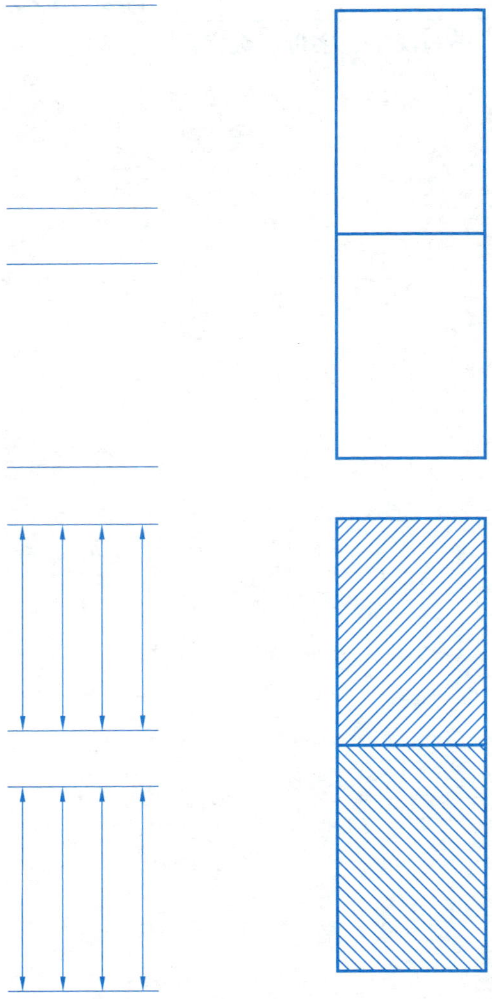

1.2.2 字体练习

汉字数字字母等字体的大小以字号来表示字号就是字体的高度汉字应采用

长仿宋体书写书写要领是字体工整排列整齐横平竖直结构匀称笔画清晰注意起落间隔均匀填满方格

任务三　认识交换齿轮架机械图样并绘制其平面图形

课堂练习	任务实施
1. 绘制交换齿轮架机械图样平面图形。	1. 绘制斜度、锥度并标注。

1.3.1 尺寸标注练习（须标注数值从图中量取，取整数）

1. 线性尺寸。

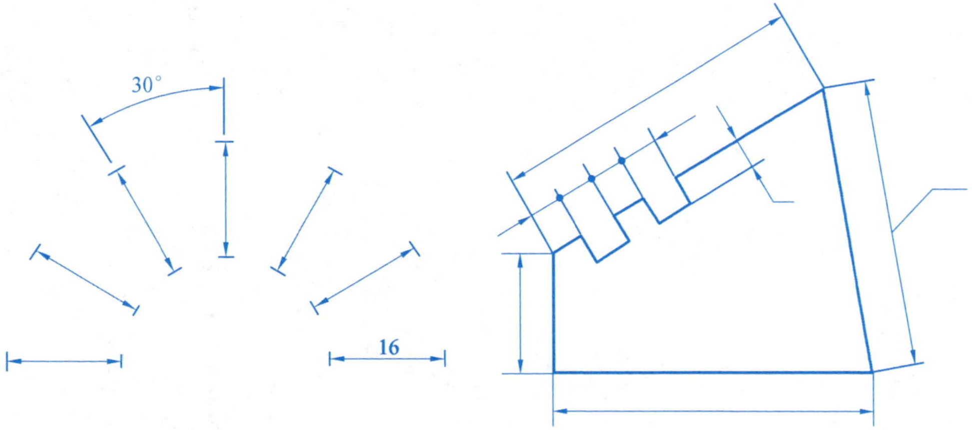

2. 角度尺寸。

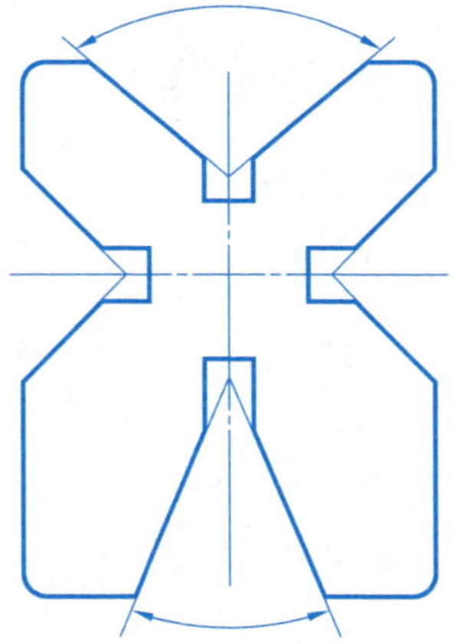

3. 圆的直径。

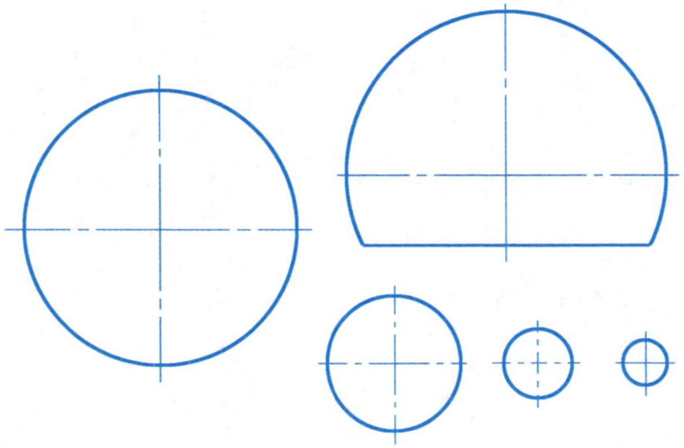

4. 圆弧半径。

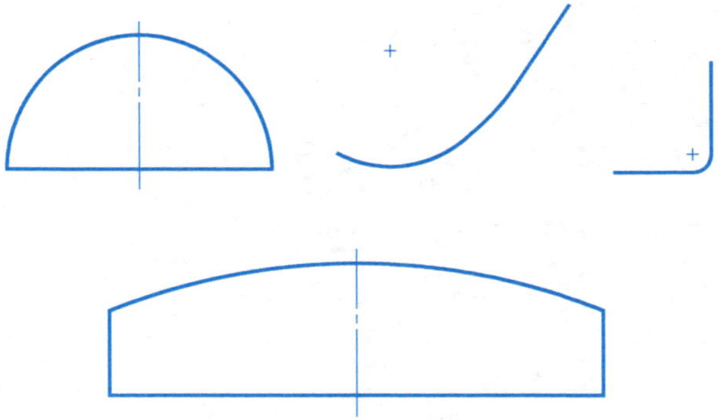

模块 2　简单形体三视图绘制

任务一　绘制筋板三视图

课堂练习	任务实施
1. 根据物体绘制三视图。	1. 绘制筋板三视图。

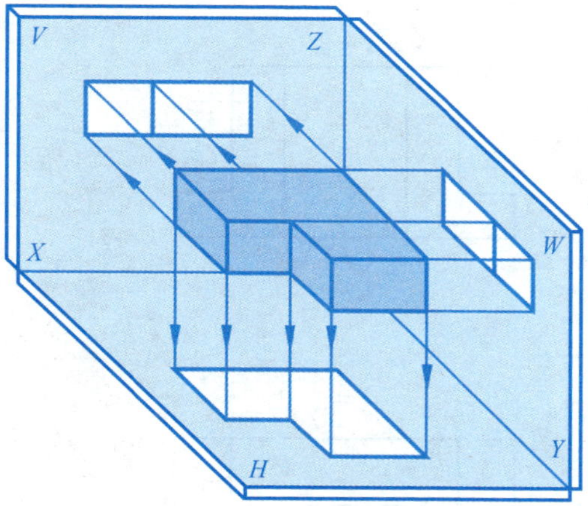

2.1.1 三视图投影关系和方位关系

1. 在三视图中填写视图名称，并在尺寸线上的括号中选填“长”“宽”“高”。

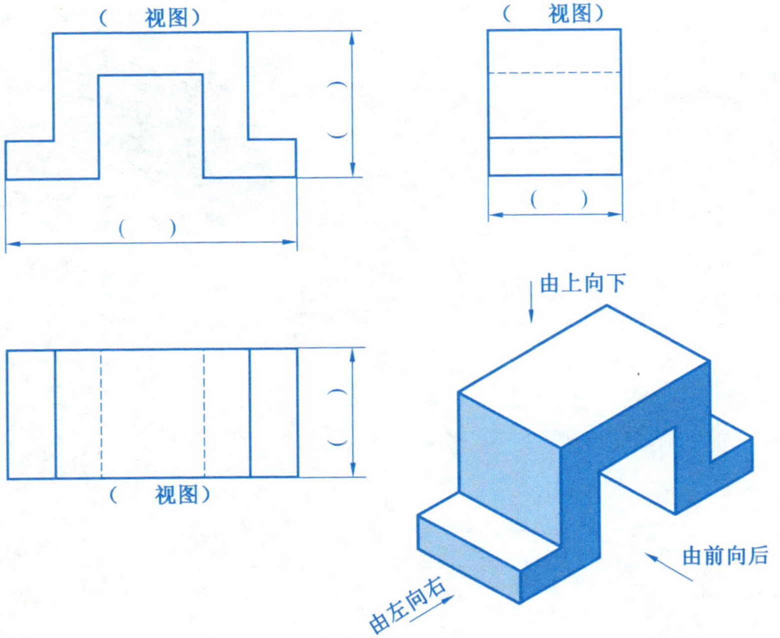

由______向______投射所得到的视图称为______视图，
由______向______投射所得到的视图称为______视图，
由______向______投射所得到的视图称为______视图。
主、俯视图______对正，
主、左视图______平齐，
俯、左视图______相等。

2. 在俯视图和左视图括号中选填“上”“下”“左”“右”“前”“后”。

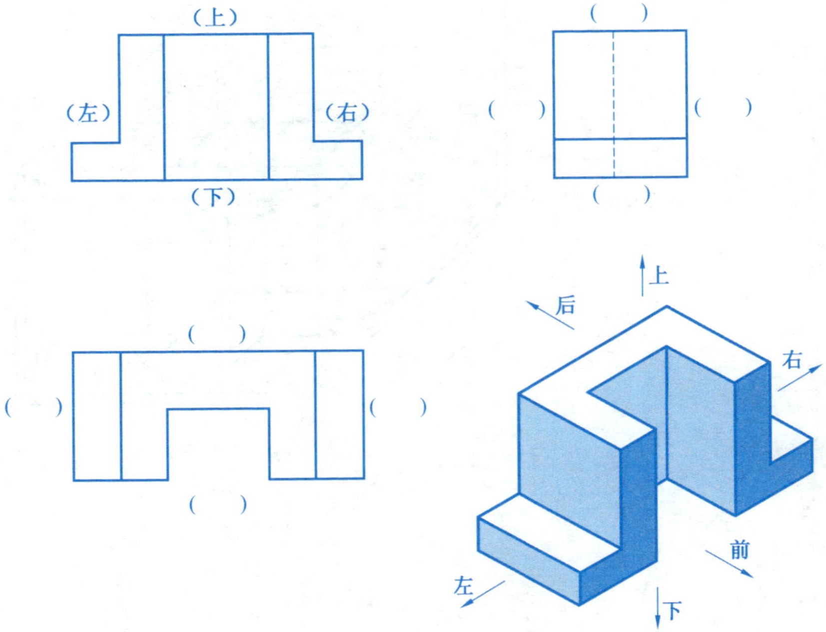

主视图反映物体的______和______，
俯视图反映物体的______和______，
左视图反映物体的______和______，
俯视图的下方和左视图的右方表示物体的______方。

2.1.2 根据物体三视图，找出对应的立体图（在括号中填写对应的序号）

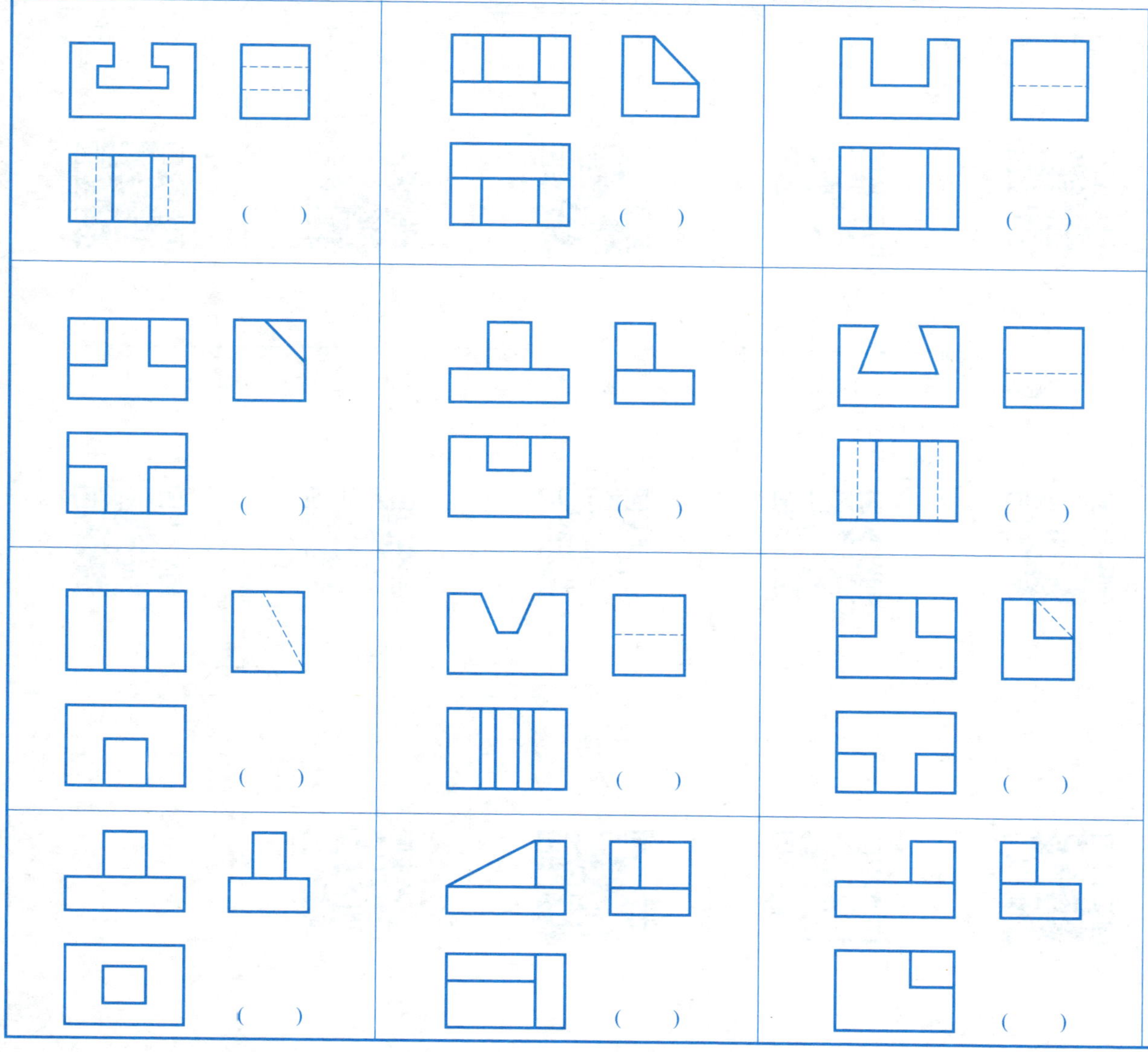

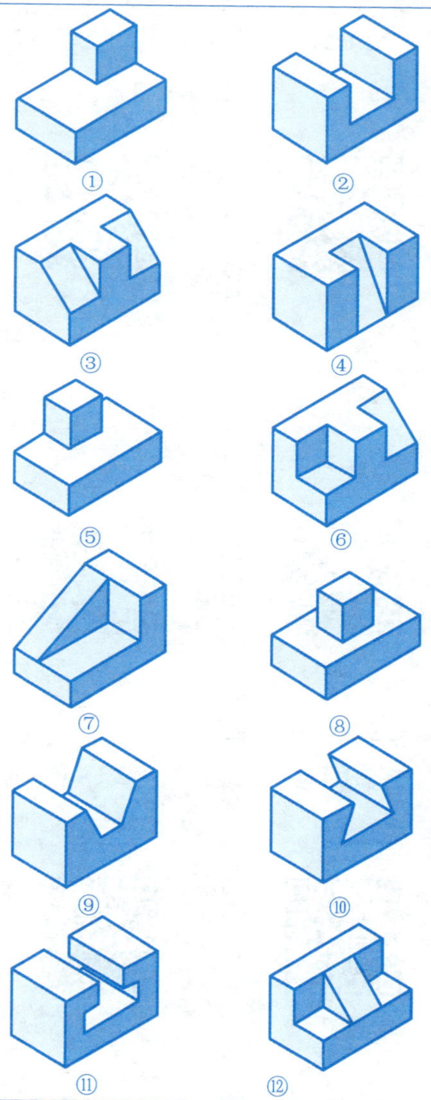

2.1.2、2.1.4AR二维码

2.1.2 ①	2.1.2 ②	2.1.2 ③	2.1.2 ④	2.1.2 ⑤	2.1.2 ⑥	2.1.2 ⑦
2.1.2 ⑧	2.1.2 ⑨	2.1.2 ⑩	2.1.2 ⑪	2.1.2 ⑫	2.1.4 ①	2.1.4 ②
2.1.4 ③	2.1.4 ④	2.1.4 ⑤	2.1.4 ⑥	2.1.4 ⑦	2.1.4 ⑧	

2.1.3 参照立体图，补画三视图中漏画的图线，并填空

1. 在立体图上标出题中所示平面的字母。

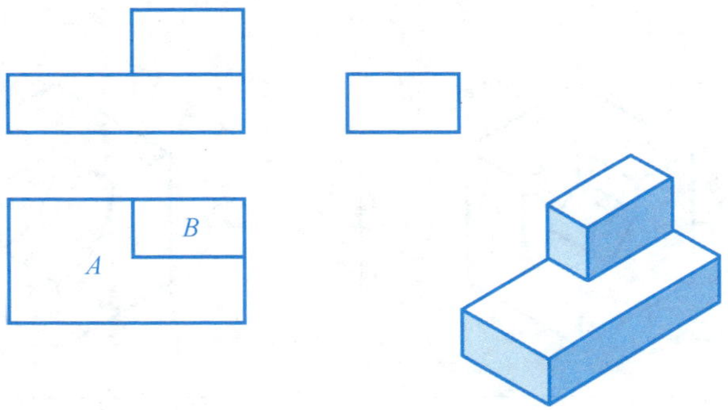

比较俯视图中两个平面的上、下位置：

*A*面在_____，*B*面在_____ 。

2. 在立体图上标出题中所示平面的字母。

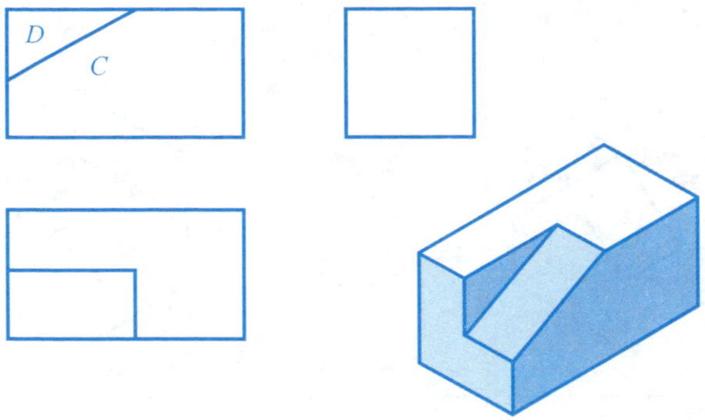

比较主视图中两个平面的前、后位置：

*C*面在_____，*D*面在_____ 。

3. 在立体图上标出题中所示平面的字母。

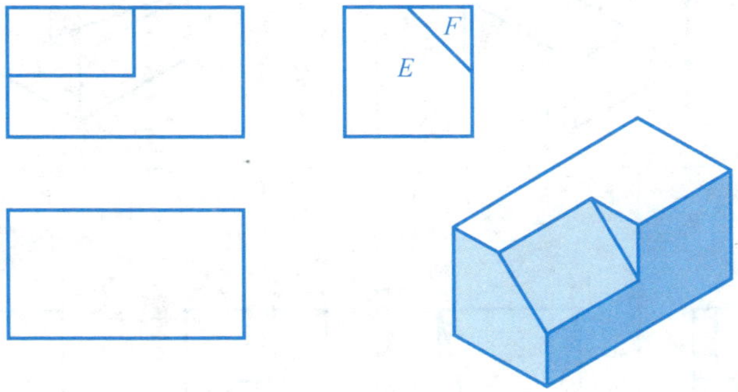

比较左视图中两个平面的上、下位置：

*E*面在_____，*F*面在_____ 。

4. 在主视图上标出*A*、*B*、*C*三个平面的字母。

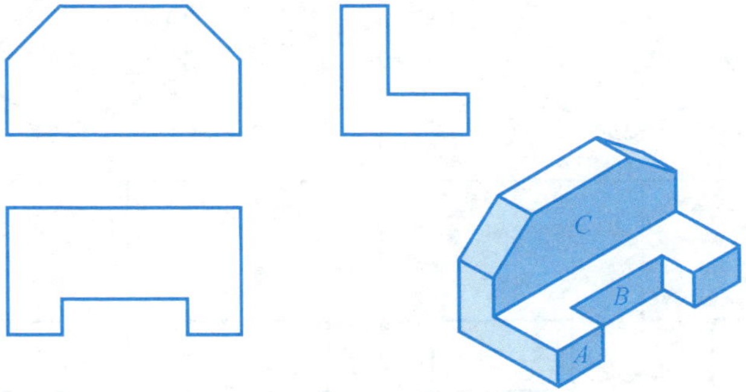

比较*A*、*B*、*C*三个平面的前、后位置：

*A*面在*B*面之_____，*B*面在*C*面之_____。

2.1.4 按箭头所示投影方向，将正确的投影图号填入立体图的圆圈内

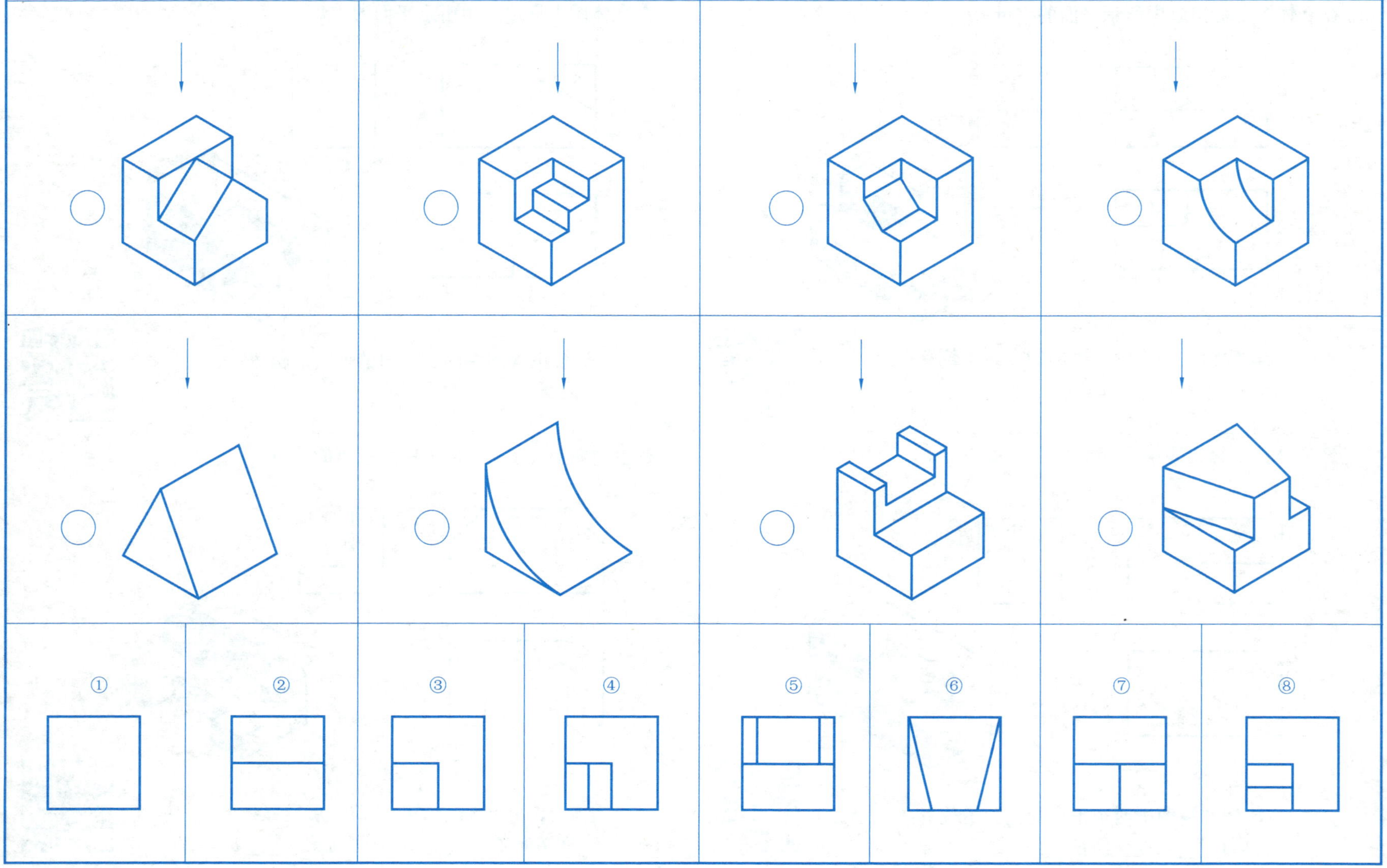

任务二 绘制三棱锥立体上点、线、面投影

课堂练习

1. 画出点$A(a_x, a_y, a_z)$的三面投影图。

课堂练习

2. 画出线的三面投影图。

名称	水平线	正平线	侧平线
投影图	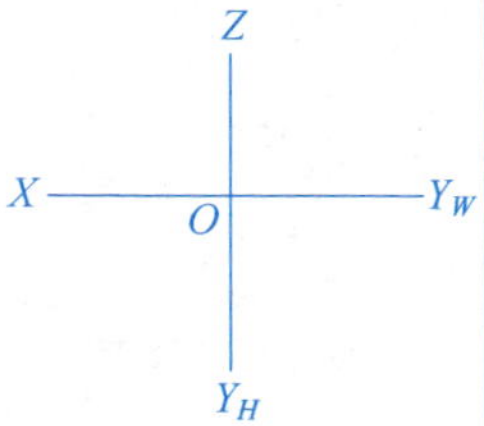	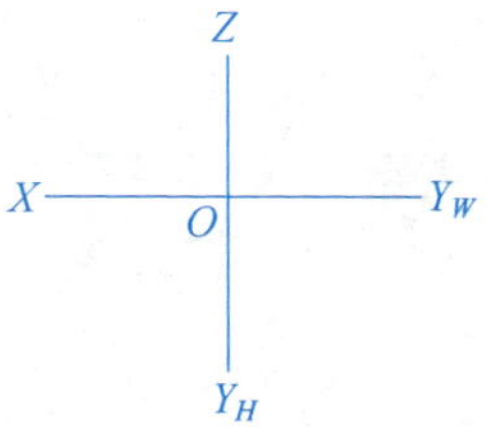	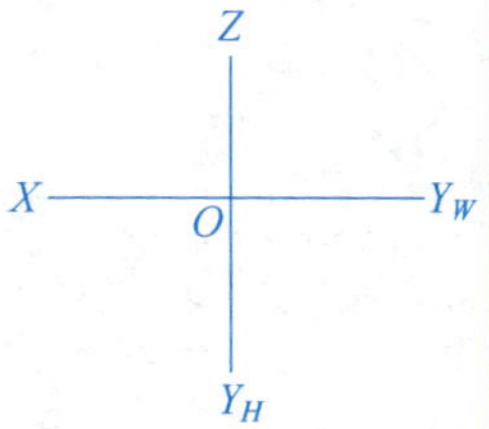
投影特性			
名称	铅垂线	正垂线	侧垂线
投影图	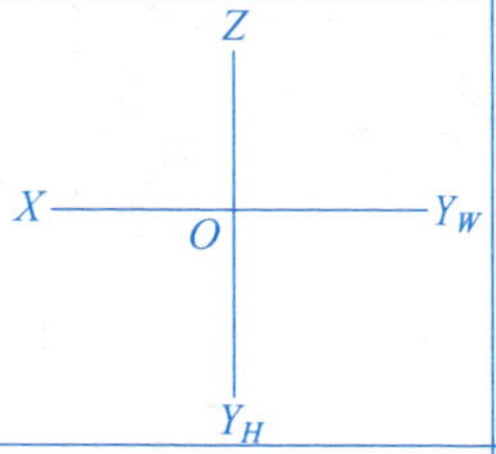	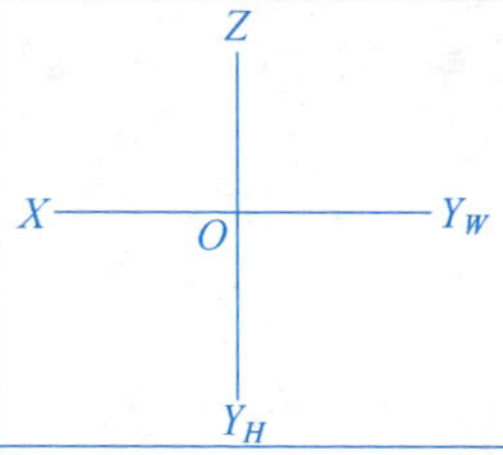	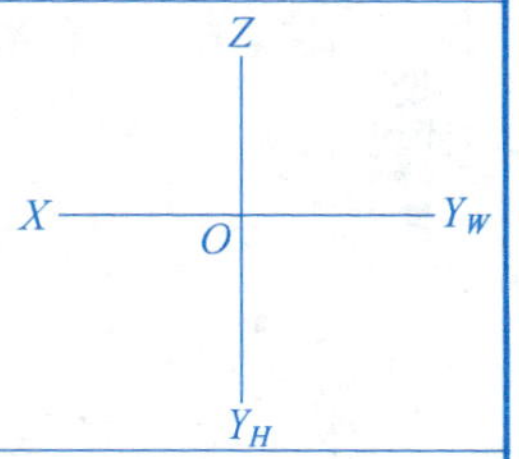
投影特性			

课堂练习

<table>
<tr><td>名称</td><td>一般位置线</td></tr>
<tr><td>投影图</td><td>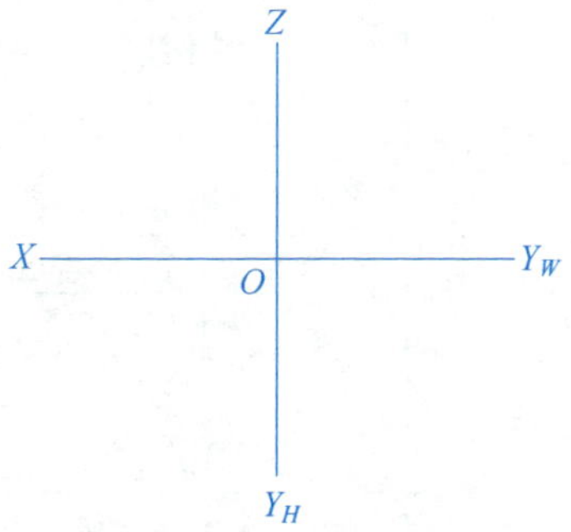</td></tr>
<tr><td>投影特性</td><td></td></tr>
</table>

课堂练习

3. 画出面的三面投影图。

<table>
<tr><td>名称</td><td>正平面</td><td>水平面</td><td>侧平面</td></tr>
<tr><td>投影图</td><td>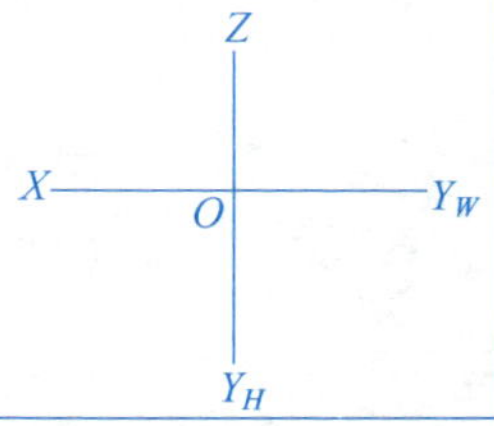</td><td>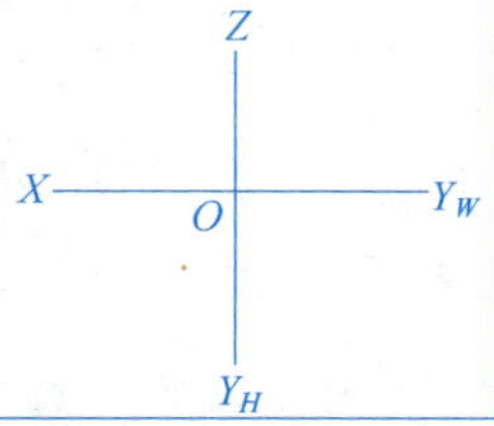</td><td>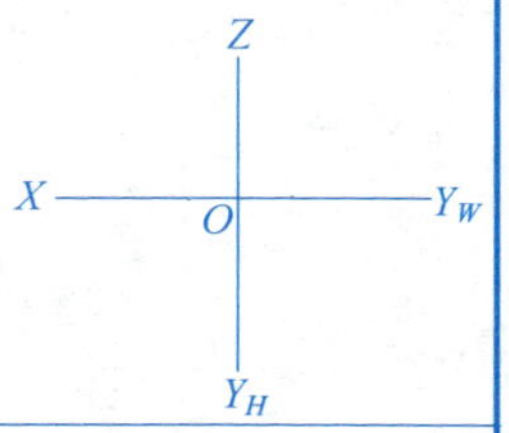</td></tr>
<tr><td>投影特性</td><td></td><td></td><td></td></tr>
<tr><td>名称</td><td>正垂面</td><td>铅垂面</td><td>侧垂面</td></tr>
<tr><td>投影图</td><td>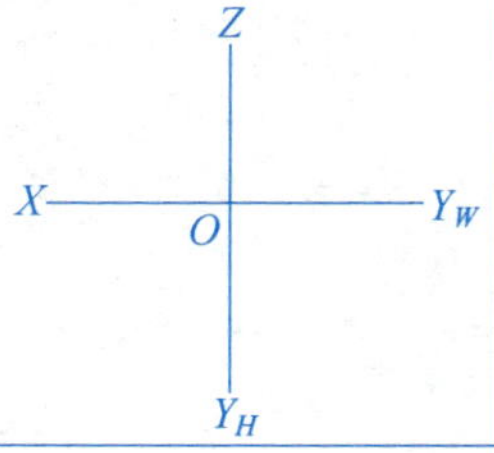</td><td>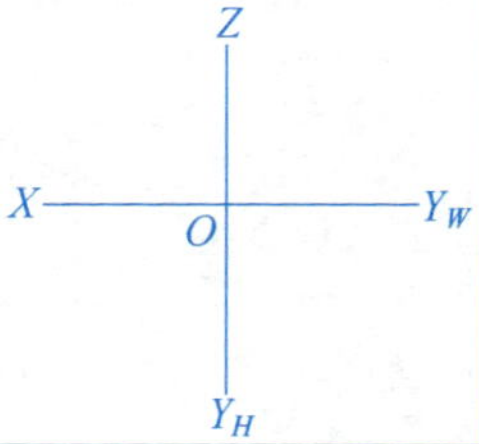</td><td>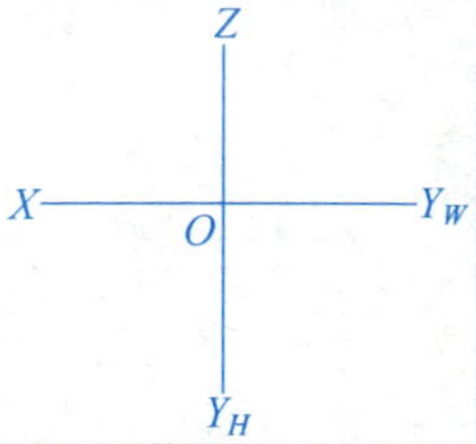</td></tr>
<tr><td>投影特性</td><td></td><td></td><td></td></tr>
</table>

课堂练习

名称	一般位置面
投影图	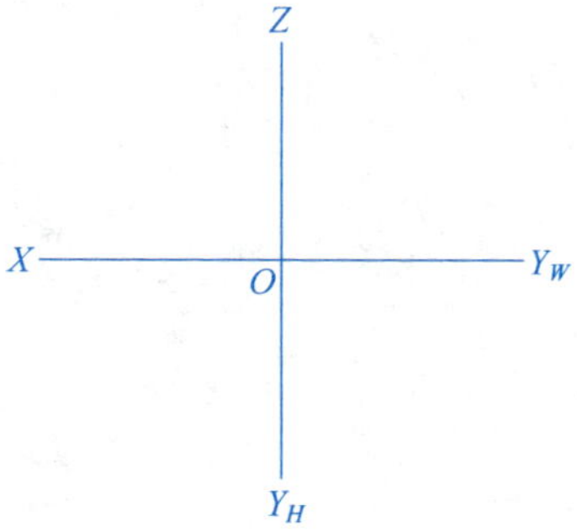
投影特性	

任务实施

1. 绘制点S(15，20，30)的投影。

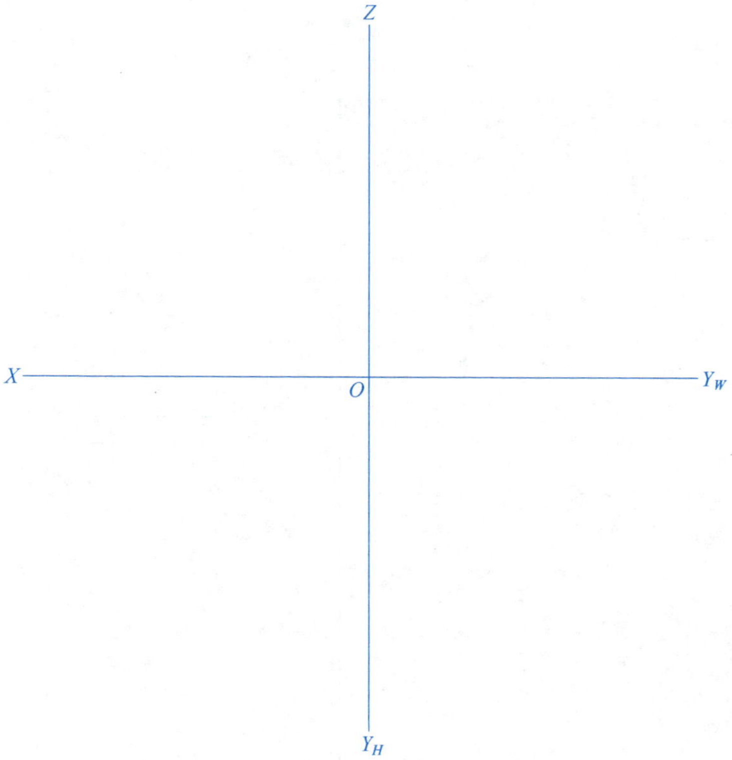

任务实施

2. A、B点的坐标$A(30, 10, 0)$、$B(15, 40, 0)$，绘制AB的投影，并判断直线AB的类型。

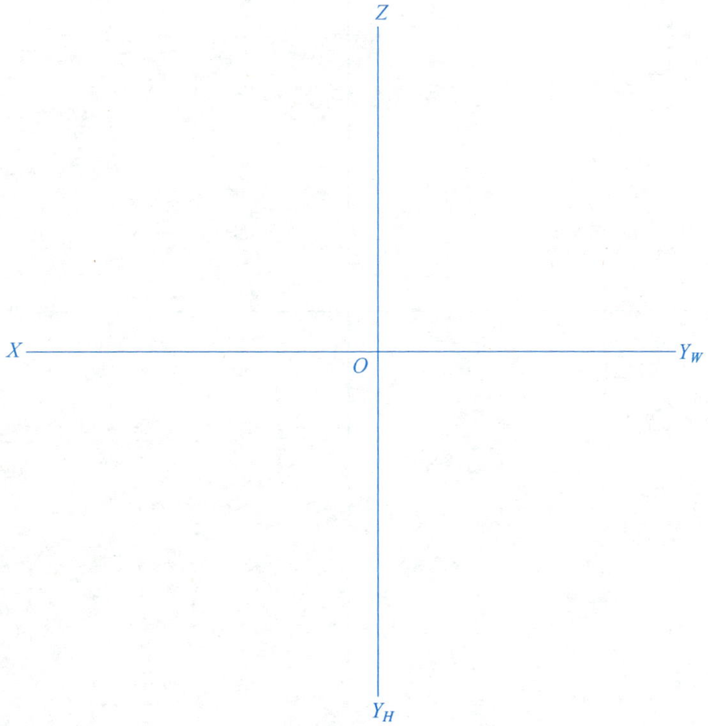

任务实施

3. 绘制SAC的投影，$S(15, 20, 30)$、$A(30, 10, 0)$、$C(0, 10, 0)$，并判断平面SAC的类型。

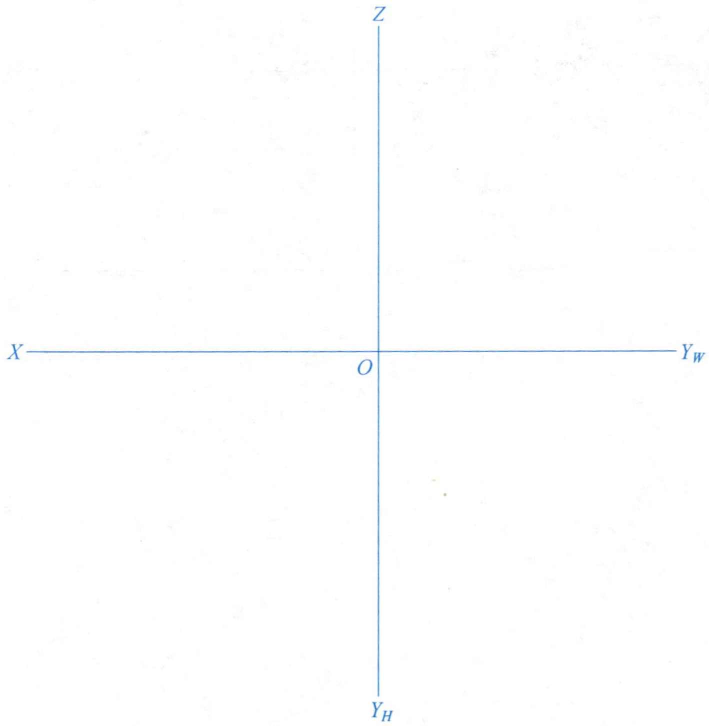

2.2.1 点的投影

1. 根据立体图，按1:1的比例画出A、B、C三点的三面投影图。

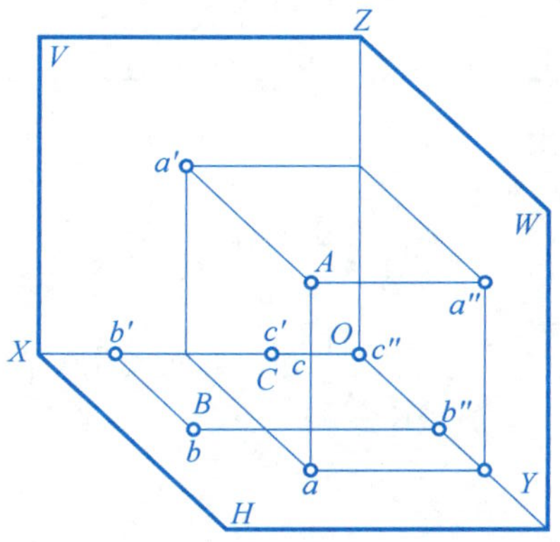

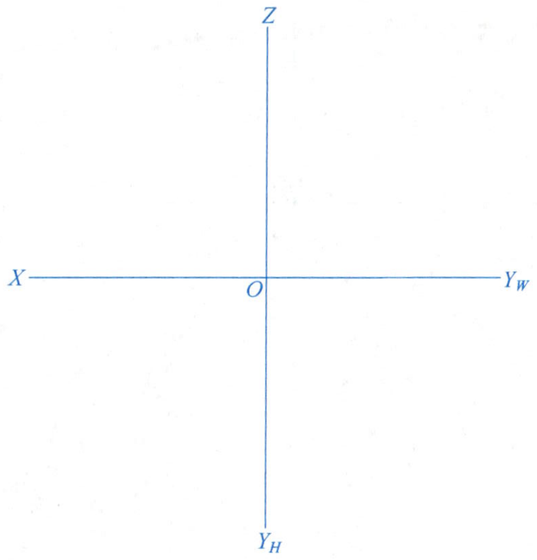

2. 已知点$A(20, 30, 25)$、$B(15, 0, 27)$，作出A、B两点的立体图和三面投影图。

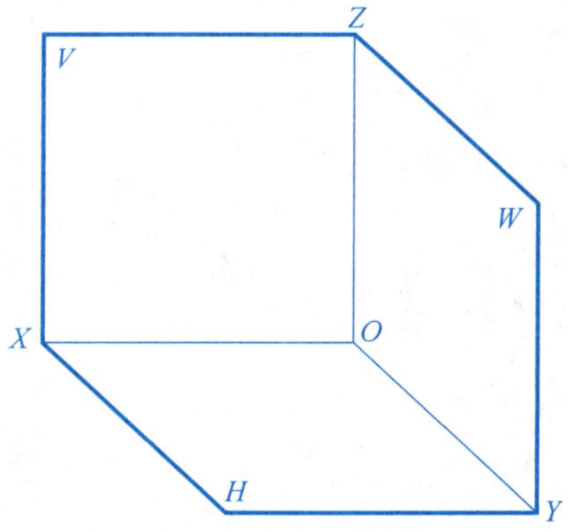

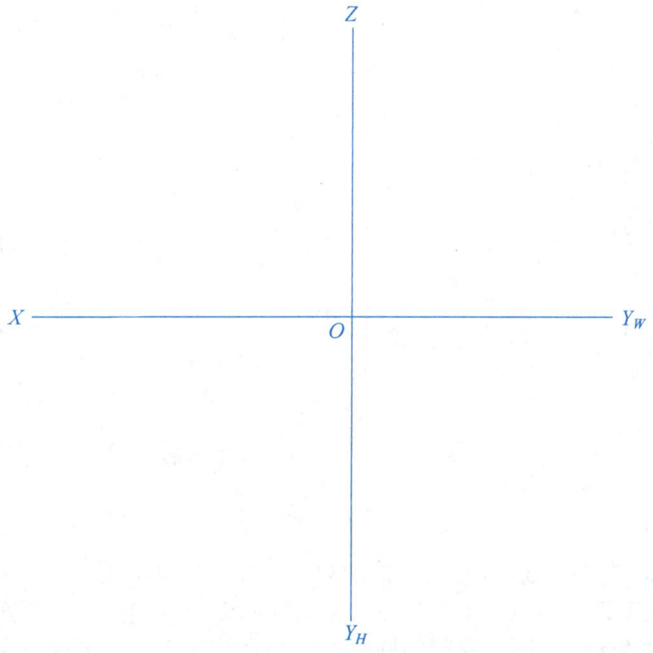

2.2.2 点的投影

1. 已知点A、B、C的两个投影，求各点的第三投影，并说明各点之间的相对位置关系。

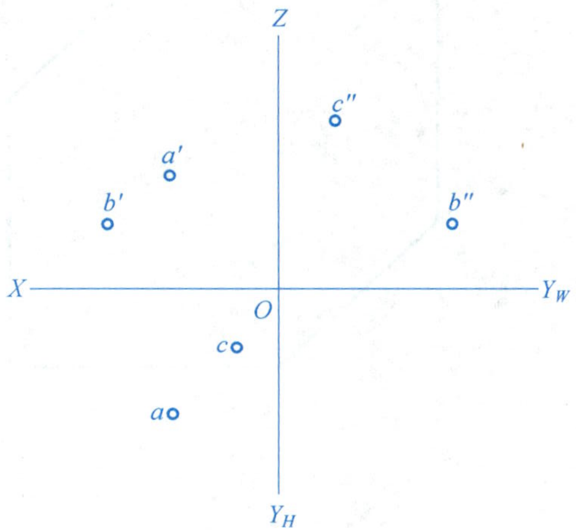

点A在点B的______方，
点C在点B的______方。

2. 已知A与V、W、H面的距离分别为25 mm、30 mm、20 mm，点B在点A之后10 mm、之上8 mm、之右15 mm, 作出A、B两点的三面投影。

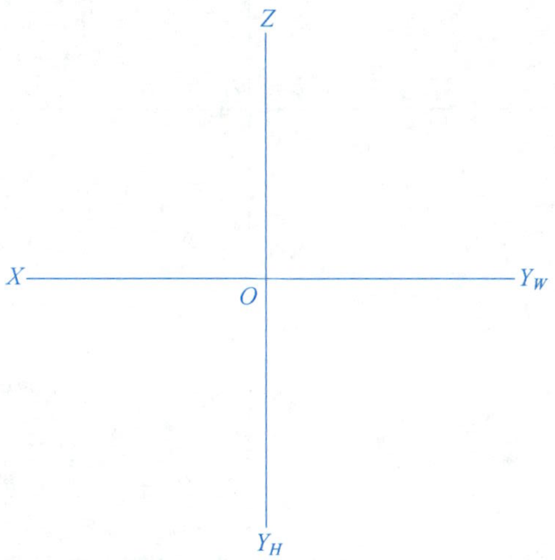

3. 已知点A(20, 8, 30), 点B在点A正前方12 mm处，点C在点A正左方10 mm处，作出A、B、C三点的三面投影。

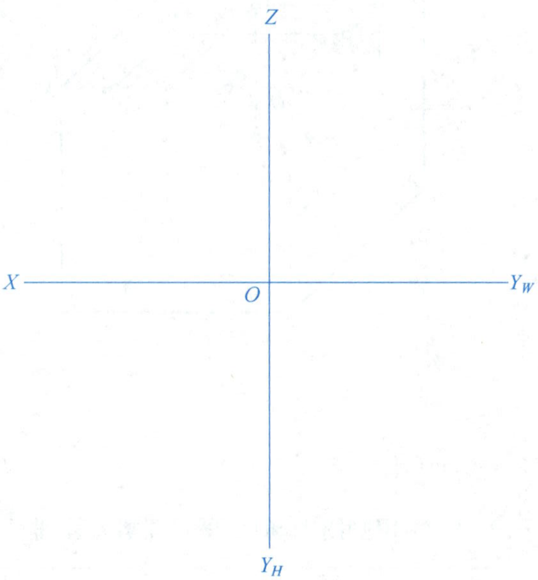

4. 已知点A(18, 20, 15)、B(25, 15, 25), 作出A、B两点的三面投影。

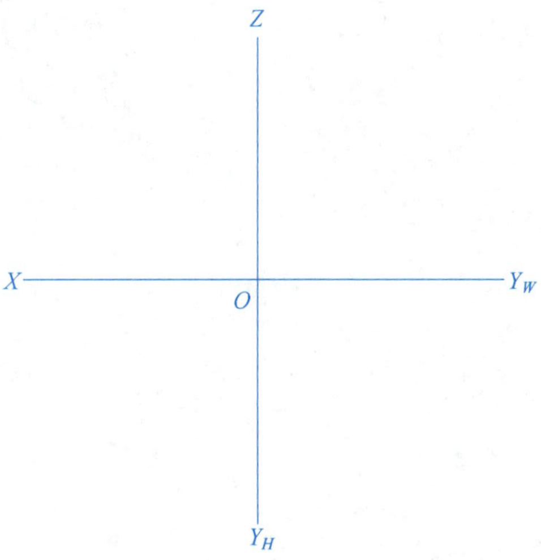

2.2.3 直线的投影

1. 判断下列直线相对于投影面的位置关系，并画出第三投影。

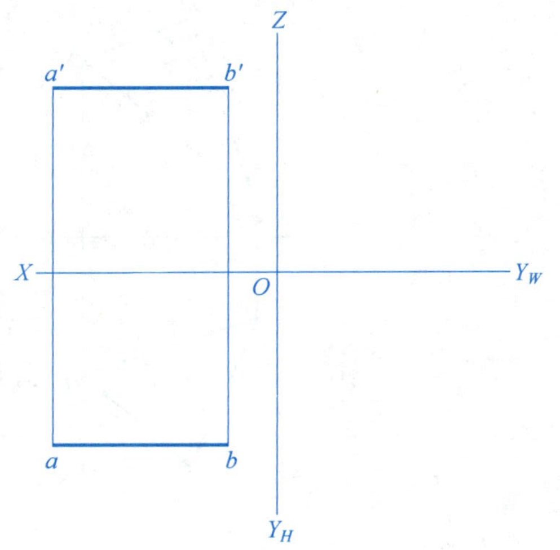

直线AB是______线。

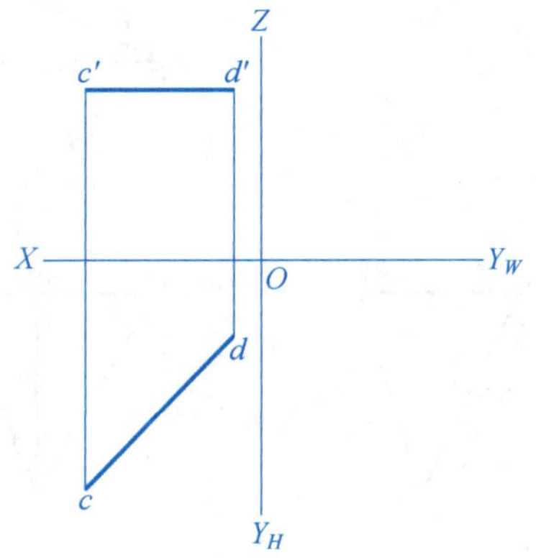

直线CD是______线。

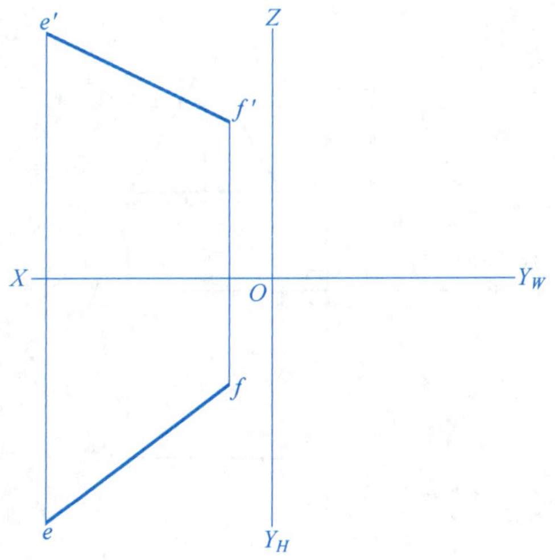

直线EF是______线。

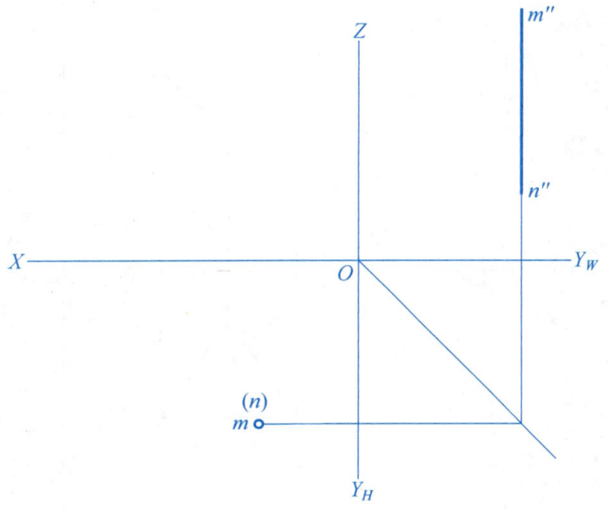

直线MN是______线。

2.2.4 平面的投影

1. 判断下列平面相对于投影面的位置关系，填空并画出侧面投影。

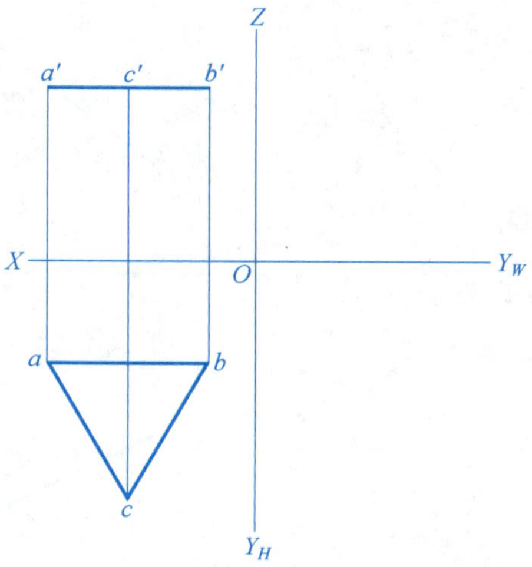

平面ABC是_____面。

2. 判断下列平面相对于投影面的位置关系，填空并画出侧面投影。

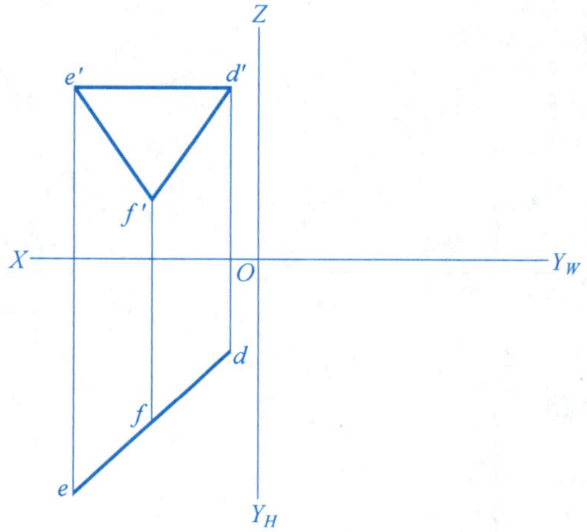

平面DEF是_____面。

3. 判断下列平面相对于投影面的位置关系，填空并画出侧面投影。

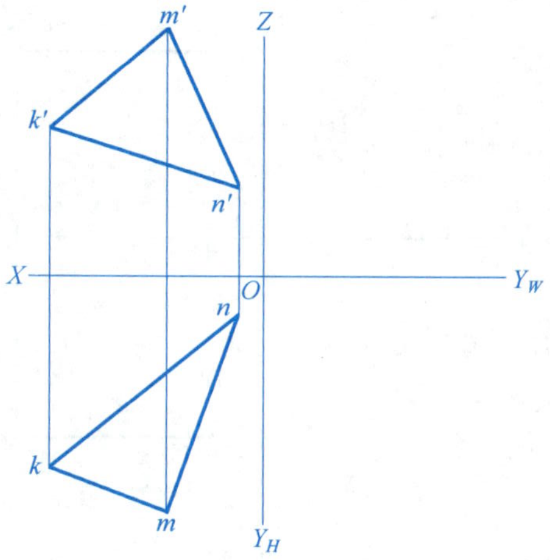

平面KMN是_____面。

4. 判断三棱锥各表面相对于投影面的位置关系，并填空。

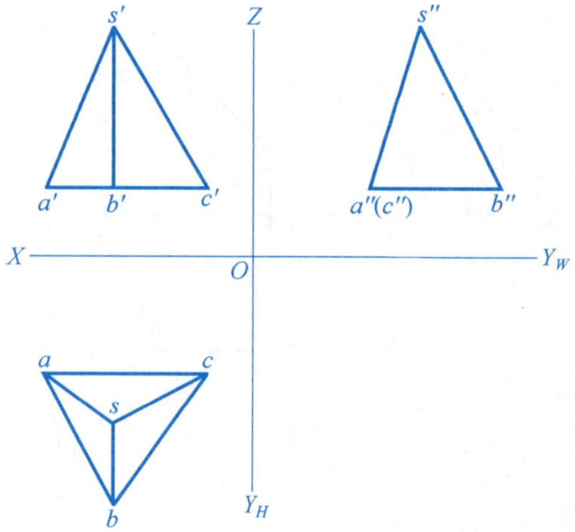

平面ABC是_____面，平面SAC是_____面。
平面SBC是_____面，平面SAB是_____面。

2.2.5 点、线、面位置关系

1. 已知点D在面ABC内，求点D的另外两面投影。

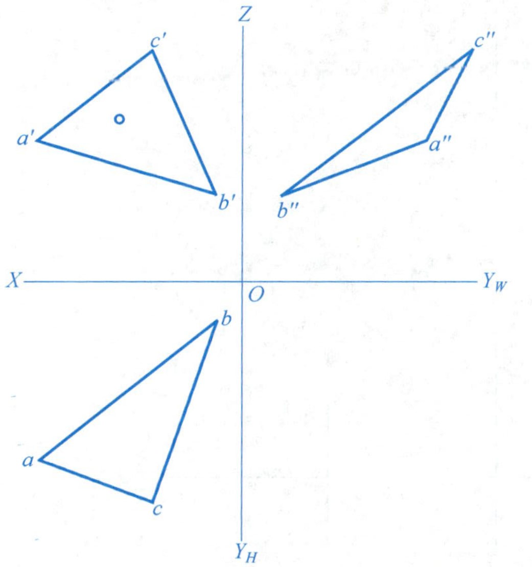

2. 判断点S与面ABC的关系。

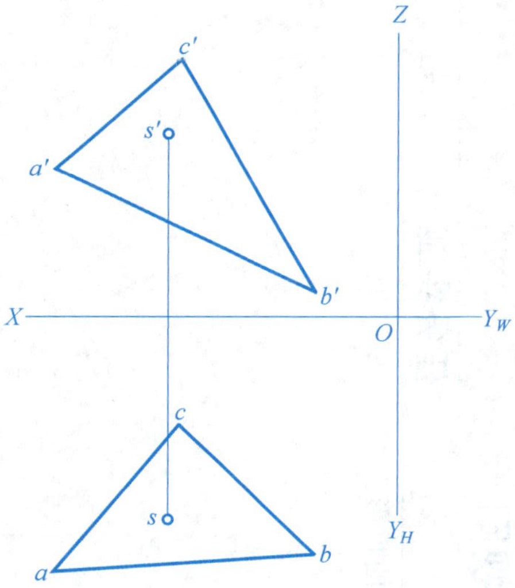

点S______面ABC内。

3. 过点A在面ABC内作一条水平线。

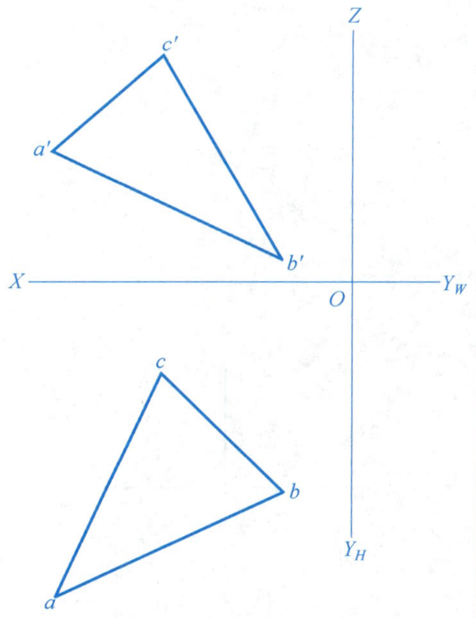

4. 作五边形$ABCDE$的水平投影。

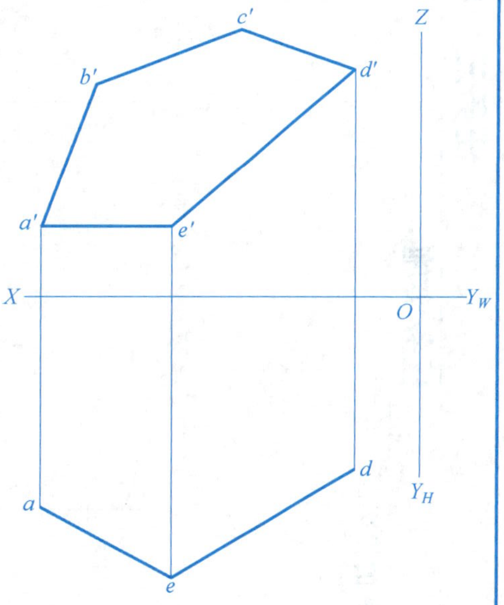

任务三　绘制基本几何体三视图

任务实施

1. 绘制六棱柱的投影。

任务实施

2. 绘制三棱锥的投影。

任务实施

3. 绘制圆柱三视图。

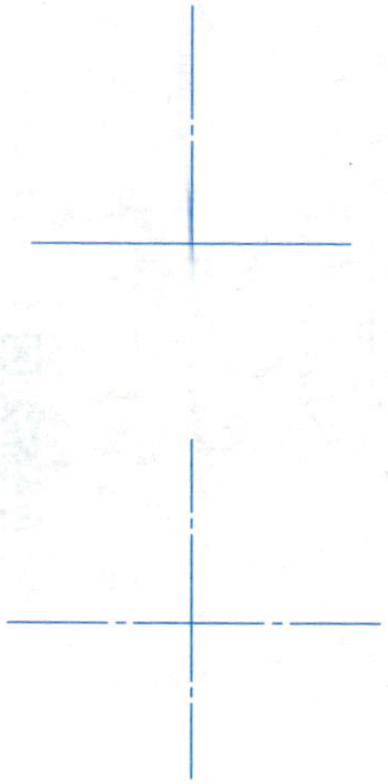

4. 绘制圆锥三视图。

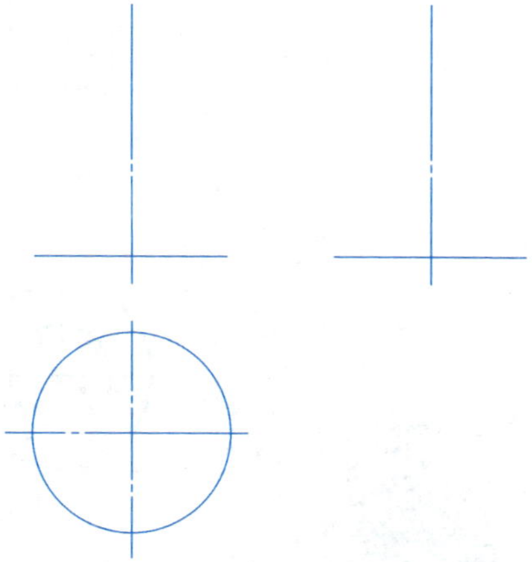

任务实施

5. 绘制球三视图。

2. 3. 1 根据基本题的两视图补画第三视图，并写出基本体的名称

1.

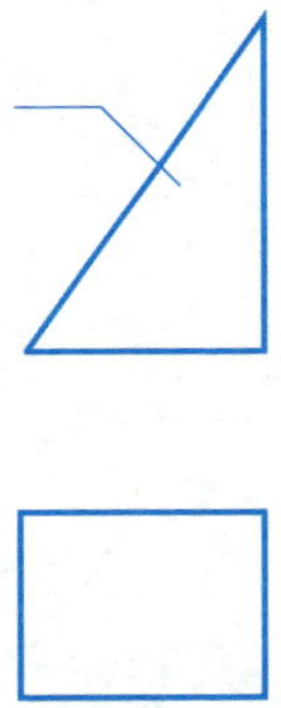

2.

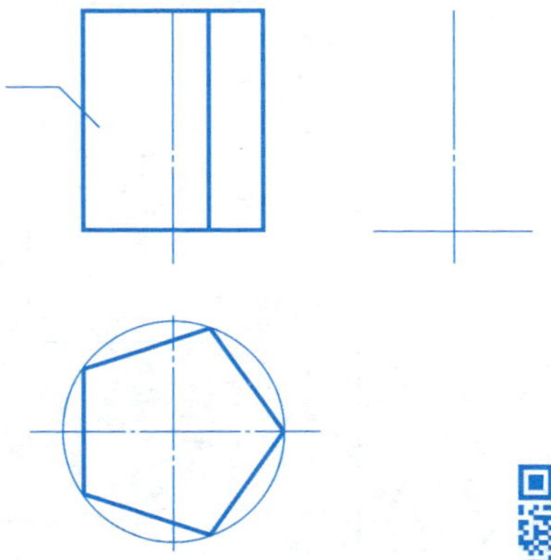

3.

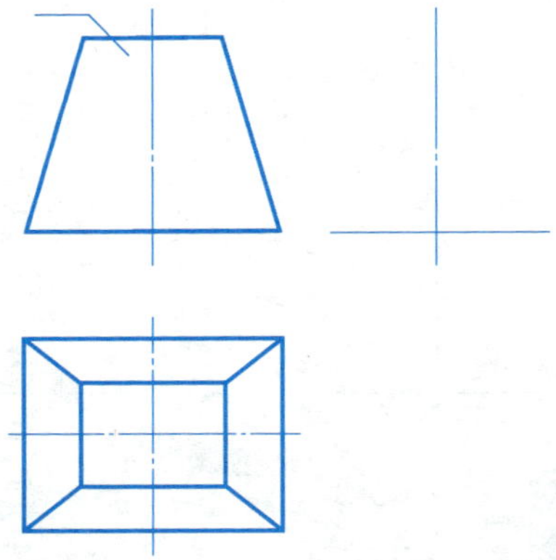

4.

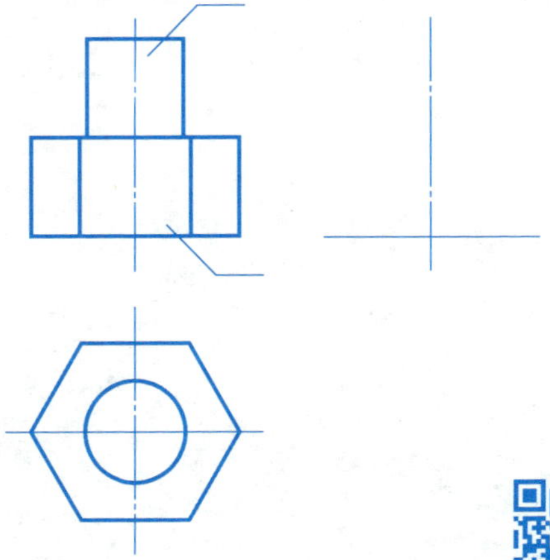

5.

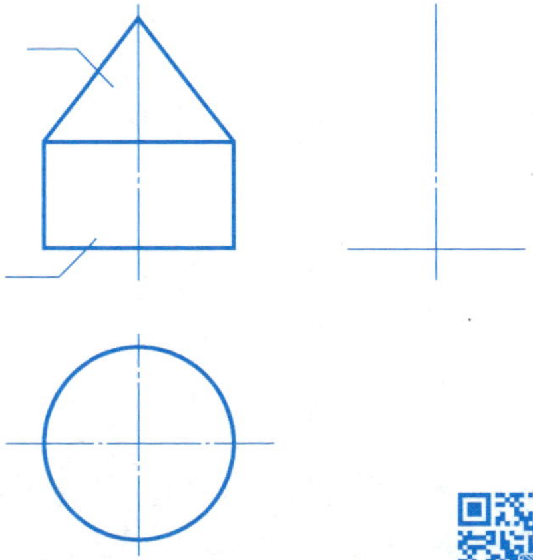

6.

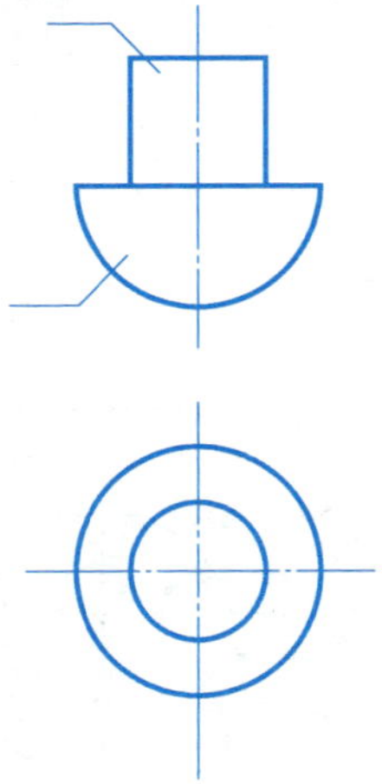

2.3.2 完成平面立体的第三视图，并求其表面上点*M*、*N*的投影

1.

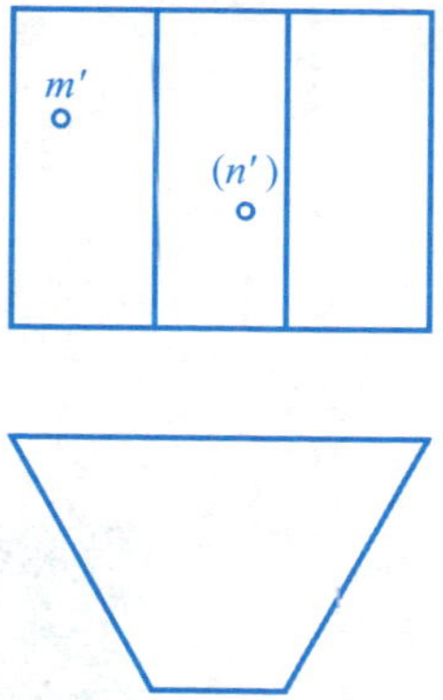

2.

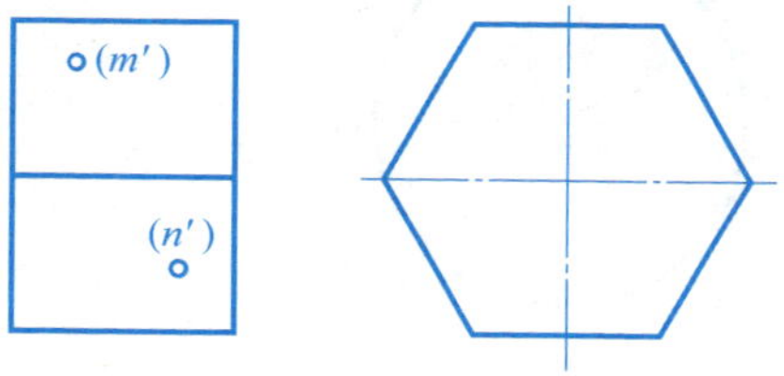

3.

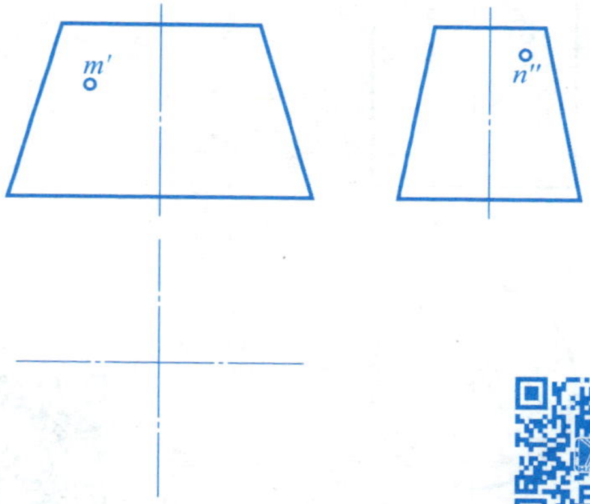

4.

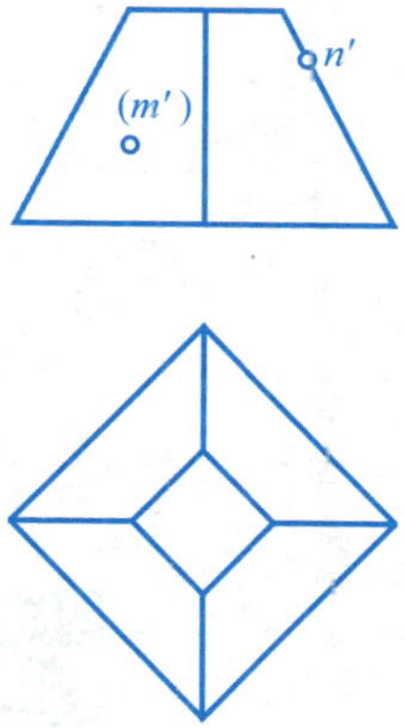

5.

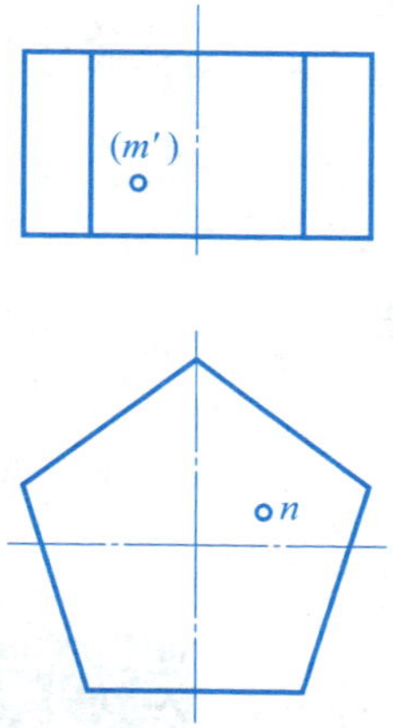

6.

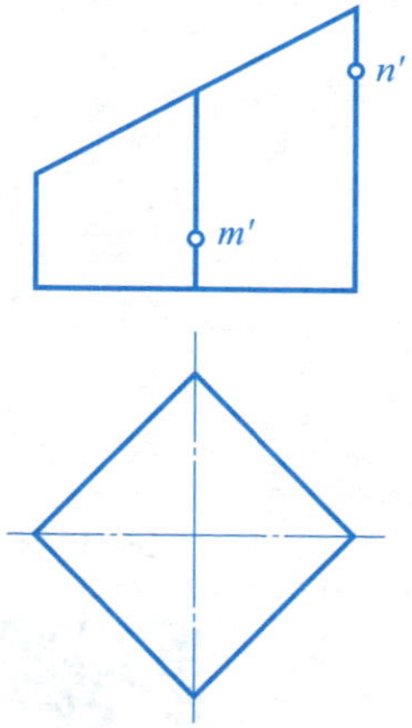

2.3.3 完成曲面立体的第三投影及其表面上点、线的三面投影

1.

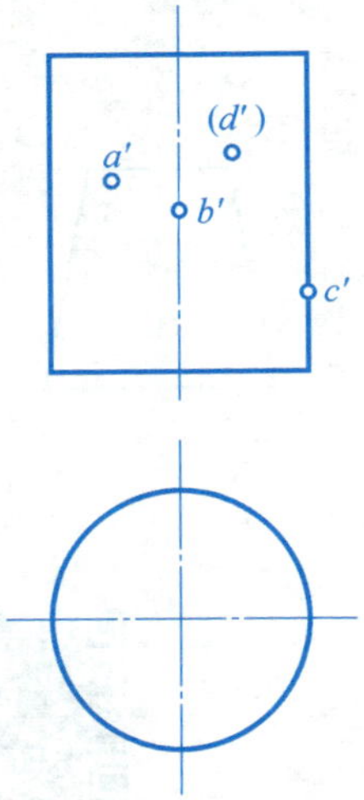

2.

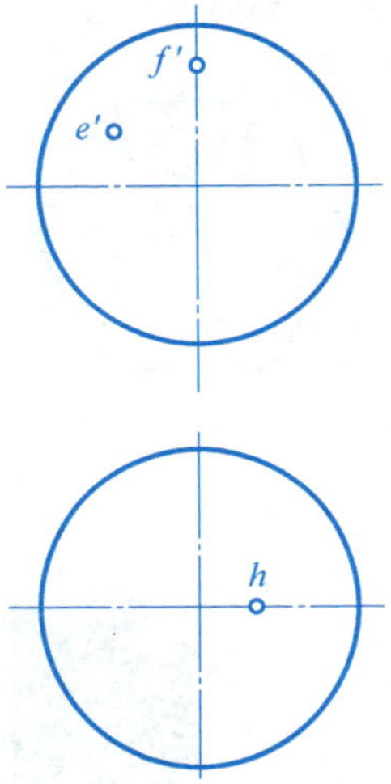

3.

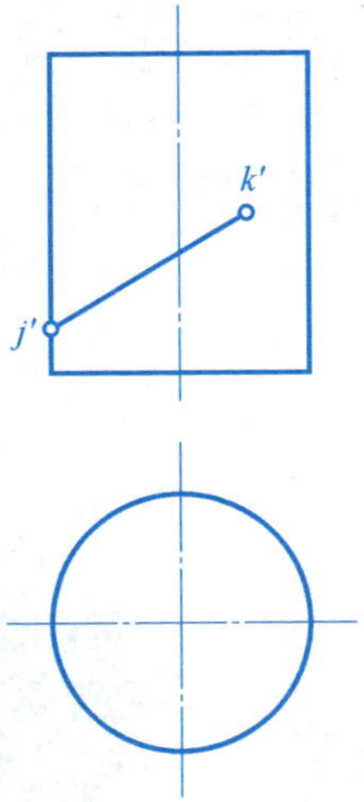

4.

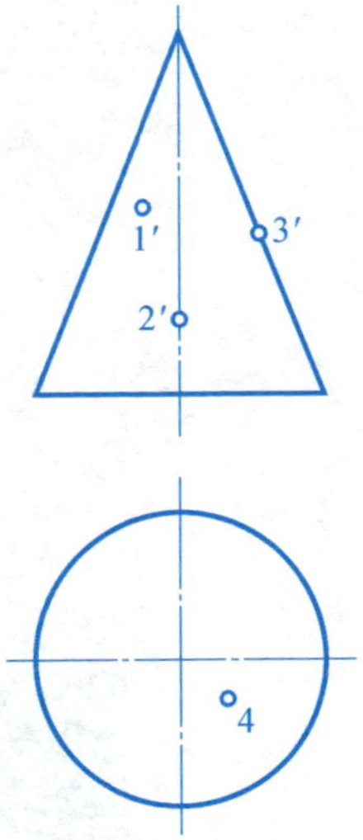

5.

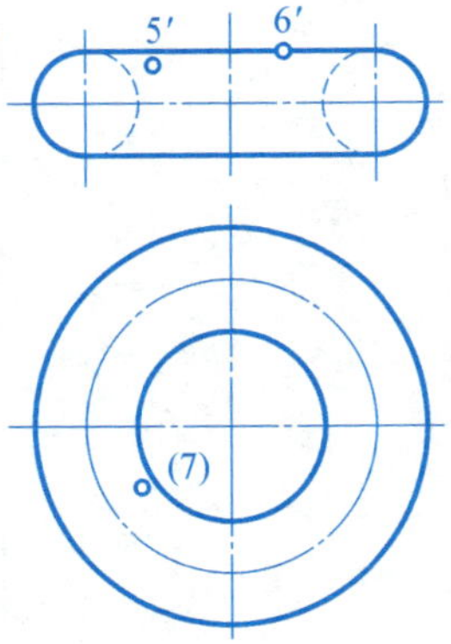

6.

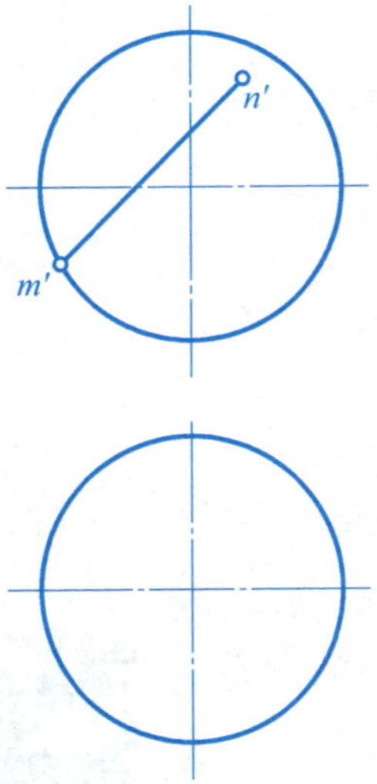

任务四　绘制平面立体截割体的三视图

任务实施

1. 六棱柱被截平面P切割。画出切割后的左视图。

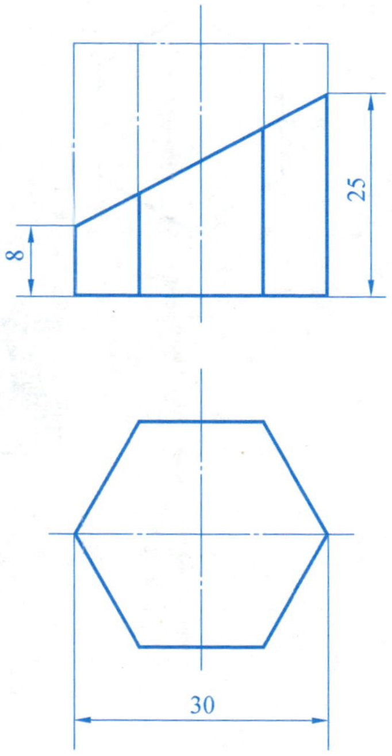

任务实施

2. 绘制如图所示的三棱锥切割体三视图。

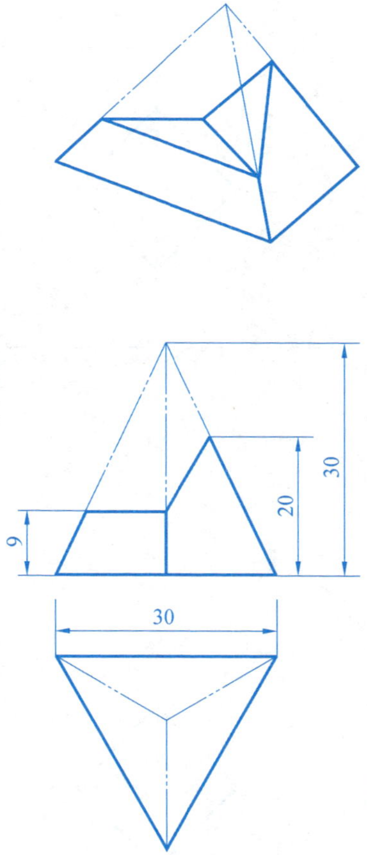

2.4.1 完成平面立体截切后的投影

1.

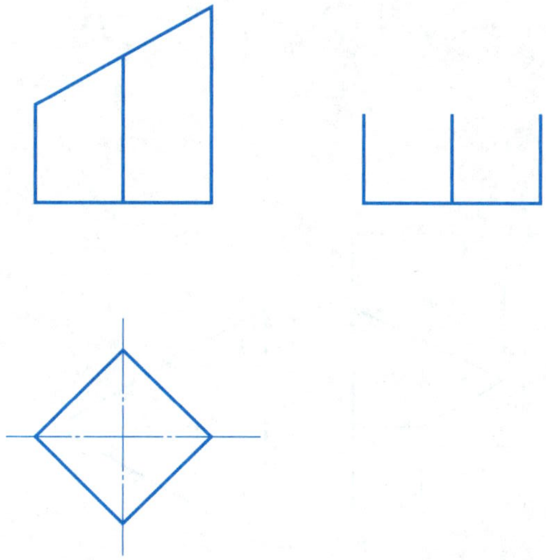

2.

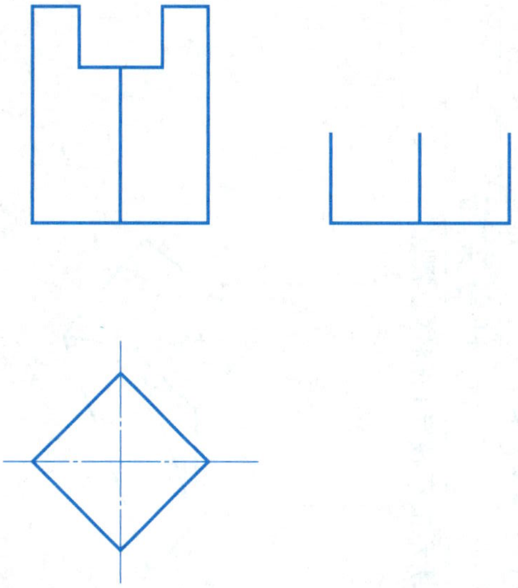

3.

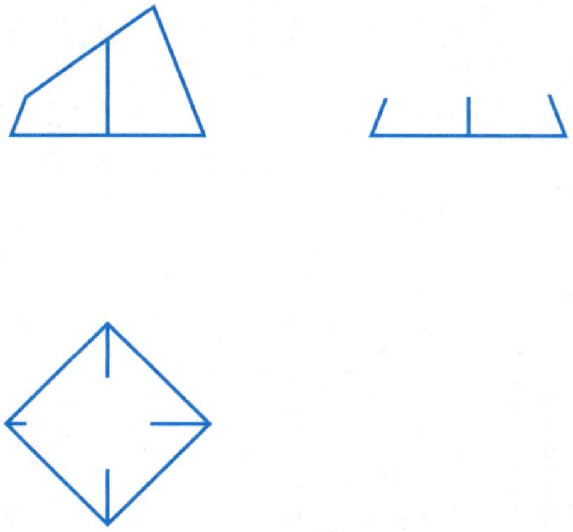

4.

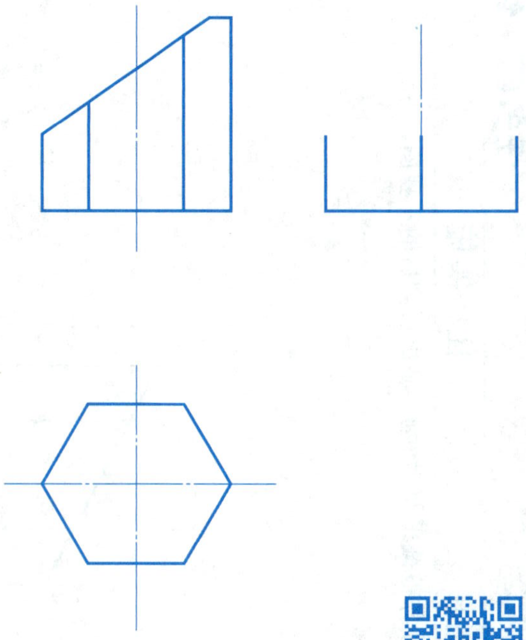

2.4.2 完成平面立体截切后的投影

1.

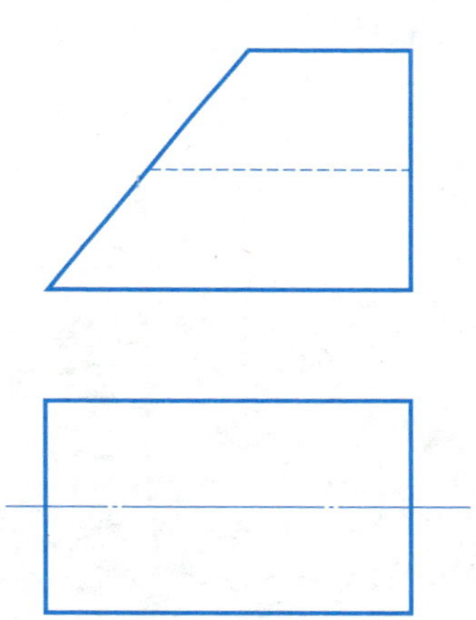

2.

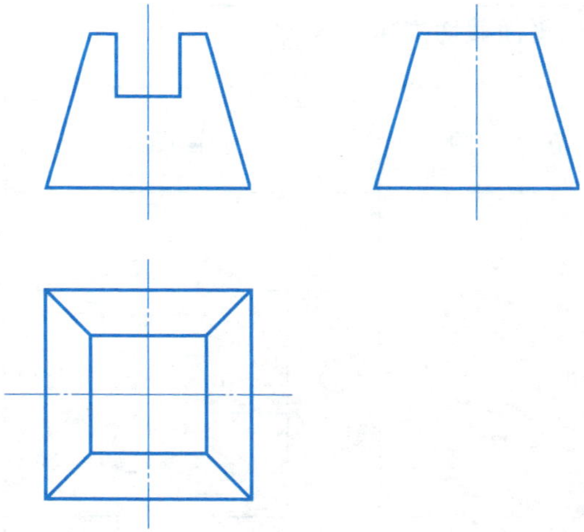

3.

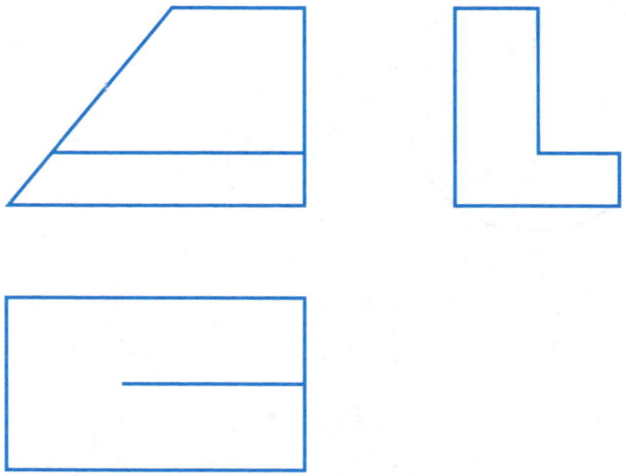

4.

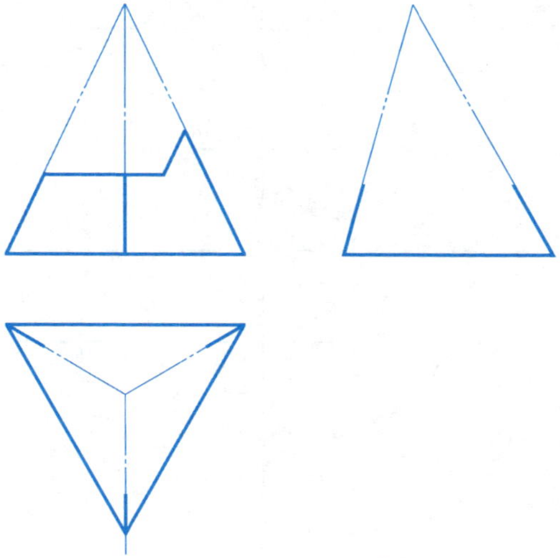

任务五　绘制圆柱切割体三视图

课堂练习

1. 圆柱被单一平面截切规律。

截平面的位置	立体草图	三视图	截交线的形状
垂直于轴线		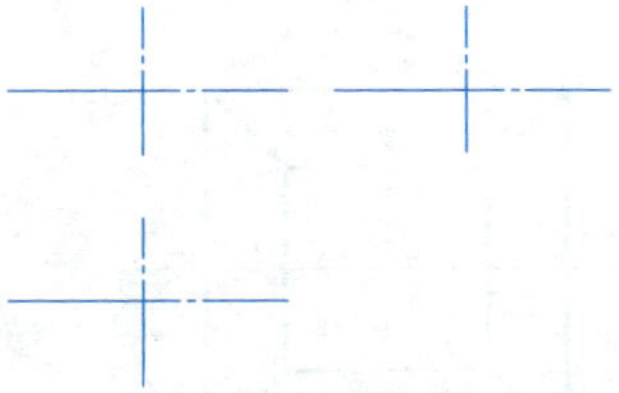	
倾斜于轴线		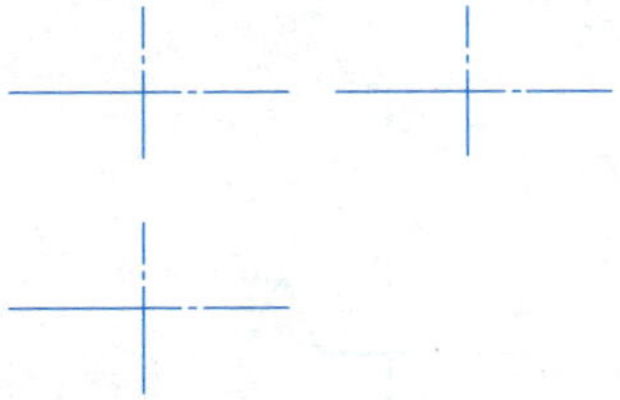	
平行于轴线		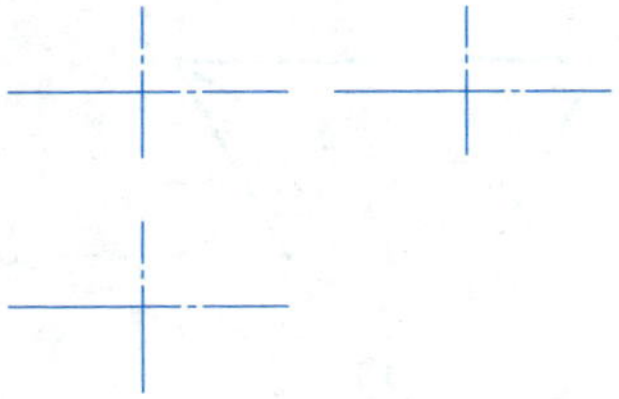	

课堂练习

2. 圆柱被正垂面所切，试画出其左视图。

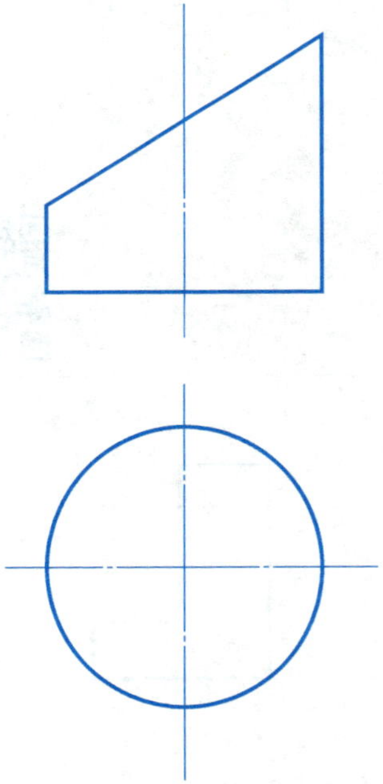

任务实施

1. 采用合适比例，绘制圆柱切割体三视图。

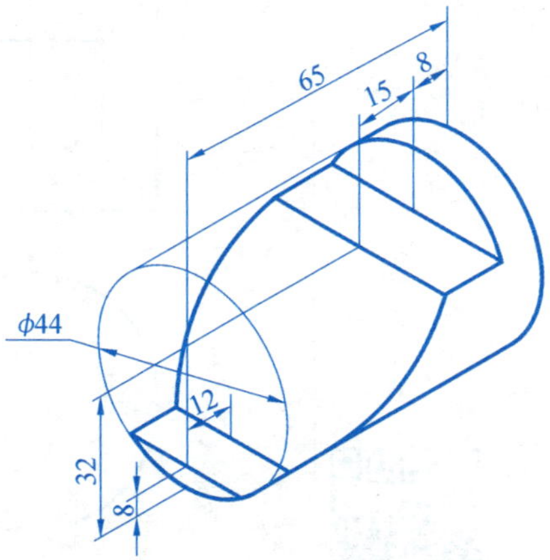

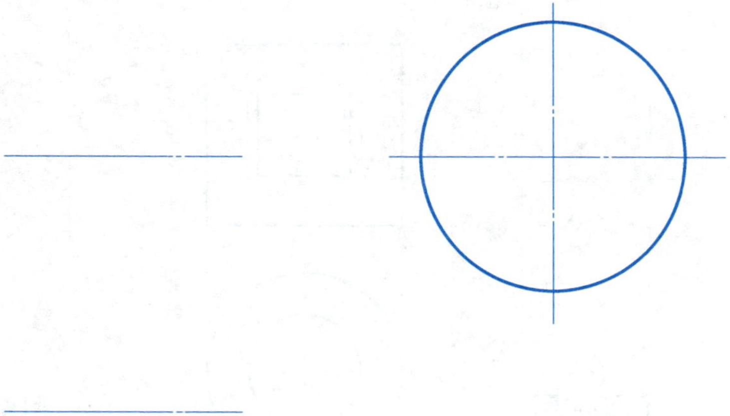

任务实施

2. 采用合适比例，绘制如图所示接头三视图。

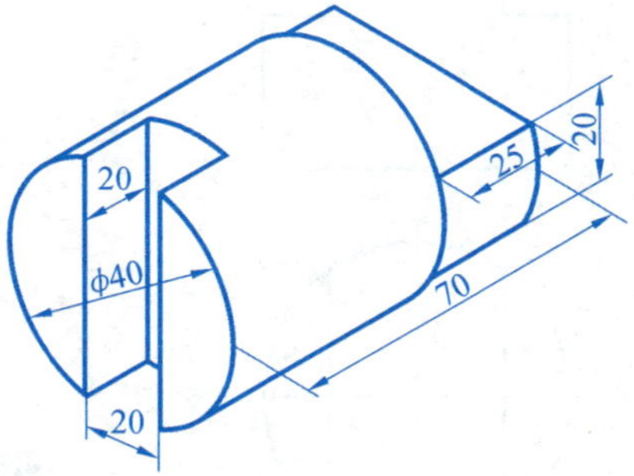

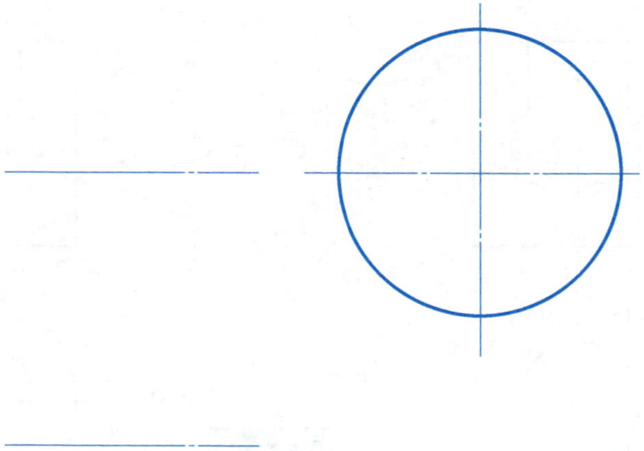

2.5.1 完成曲面立体截切后三面投影图

1.

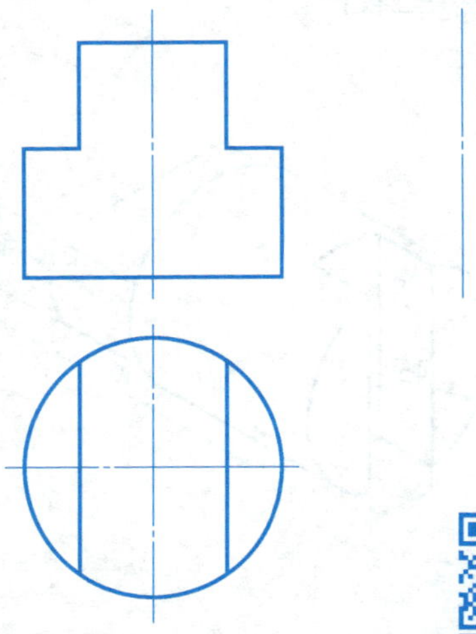

2.

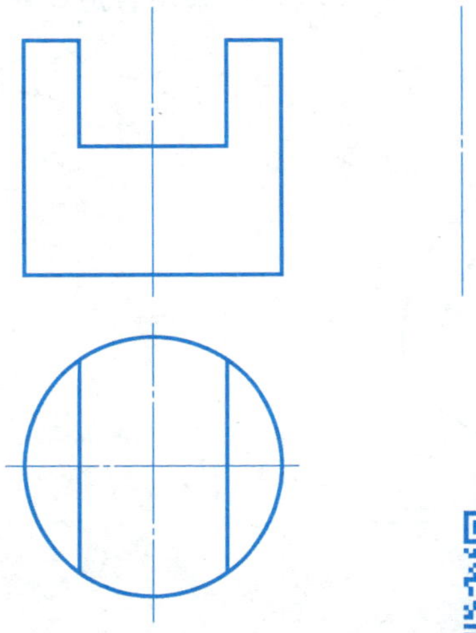

3.

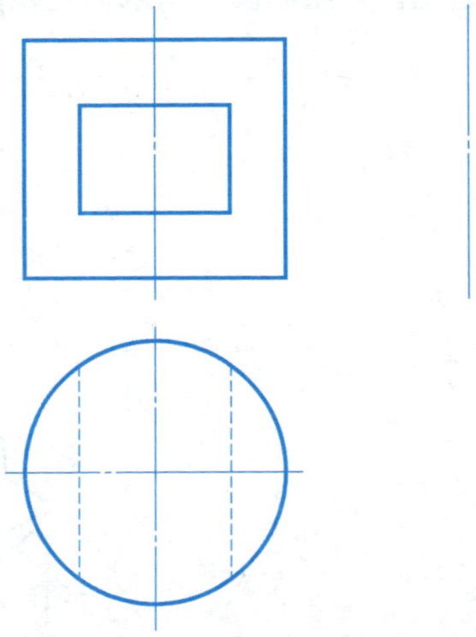

4.

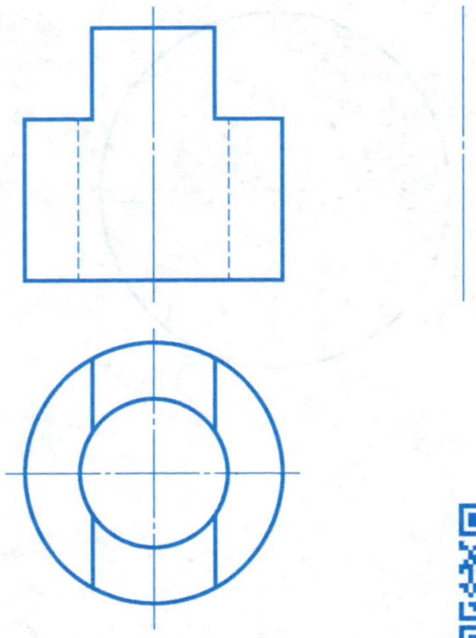

5.

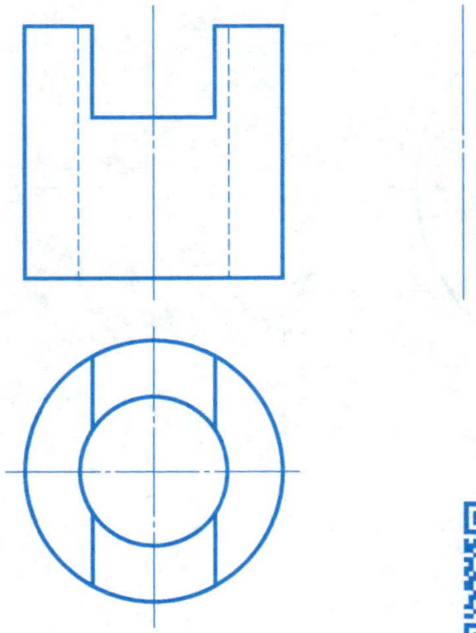

6.

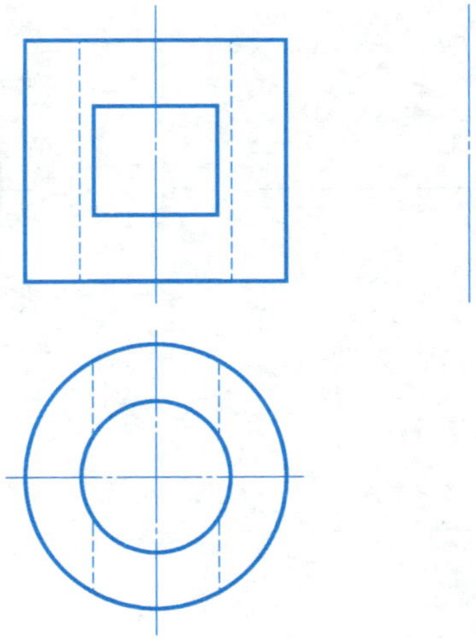

任务六　绘制顶针、阀芯三视图

课堂练习

1. 圆锥被单一平面截切规律。

截平面的位置	立体草图	截交线的形状
垂直于轴线		
过圆锥顶点		
平行于轴线		
平行于任一素线		
倾斜于轴线（但不平行于任一素线）		

课堂练习

2. 圆锥被正平面所切，试完成其三视图。

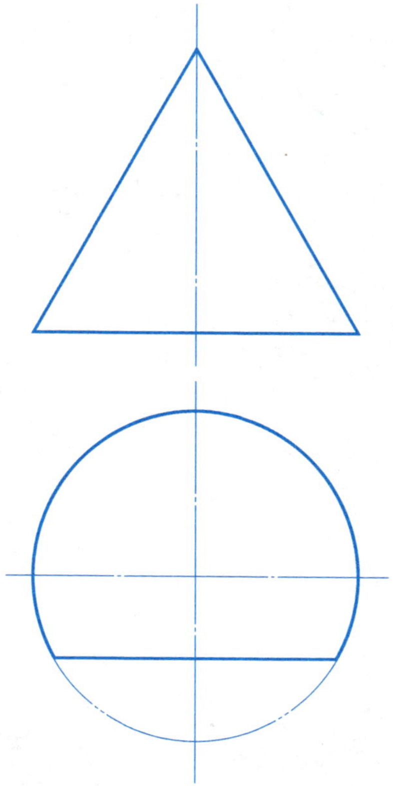

课堂练习

3. 求俯视图。

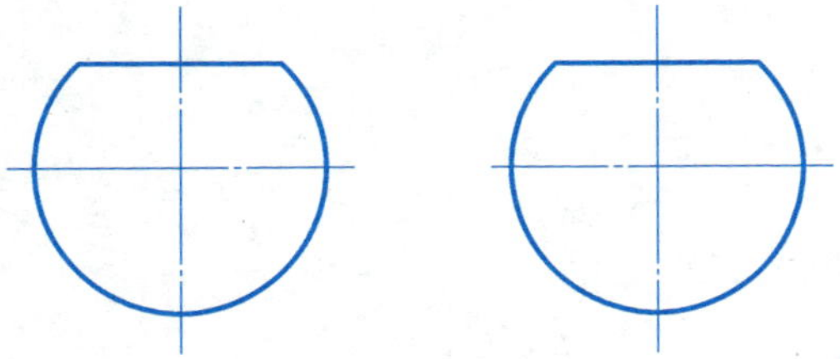

课堂练习

4. 完成正垂面截球的三视图。

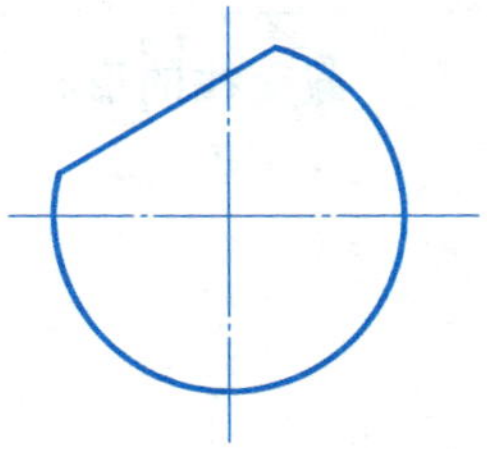

任务实施

1. 已知顶针的主视图和左视图，试绘制其俯视图。

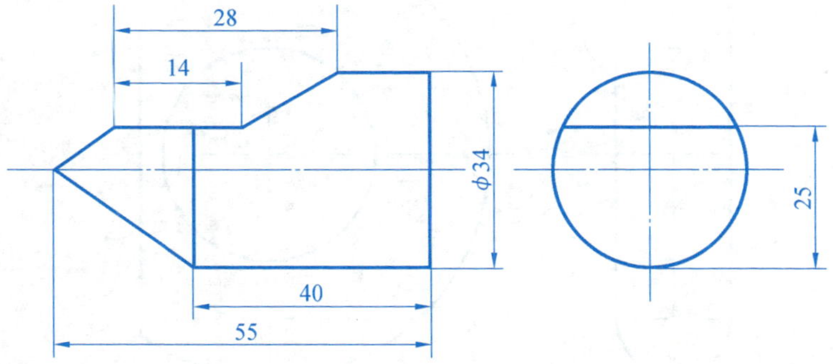

任务实施

2. 试根据主视图完成阀芯的俯视图和左视图。

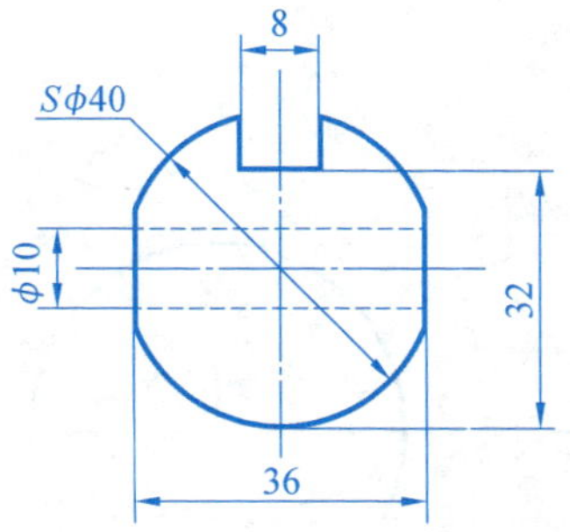

2.6.1 完成曲面立体截切后三面投影图

1.

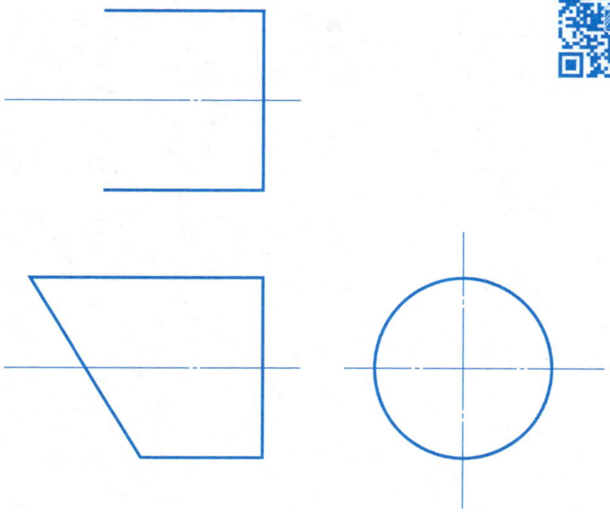

2.

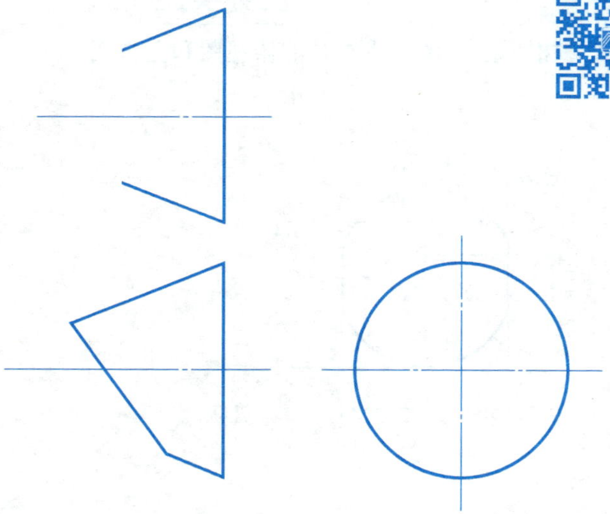

3.

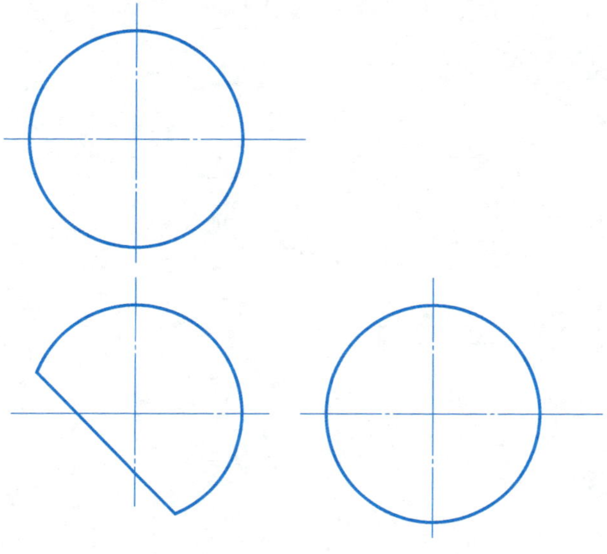

4.

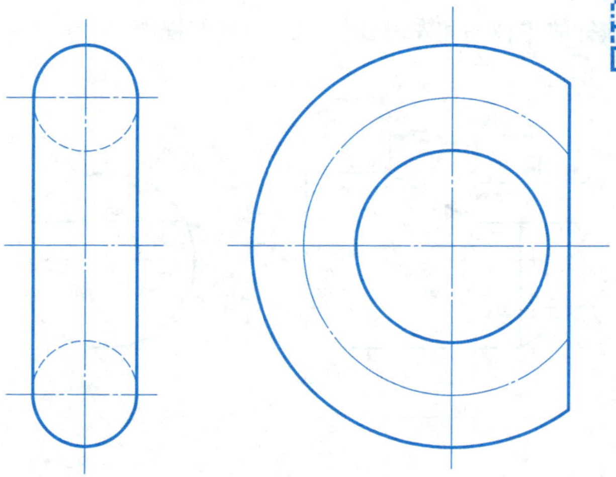

2.6.2 完成曲面立体截切后三面投影图

1.

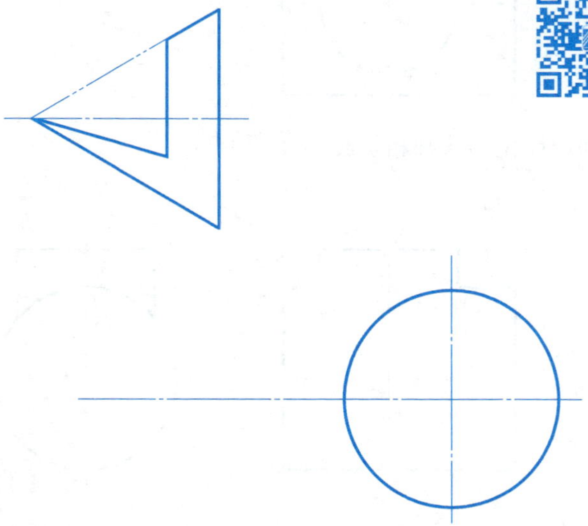

2.

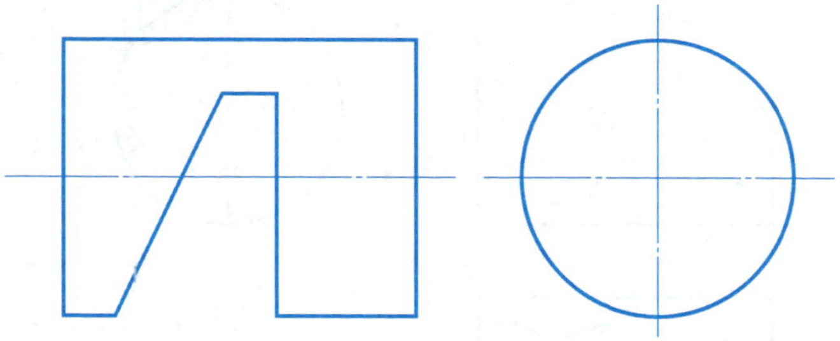

3.

4.

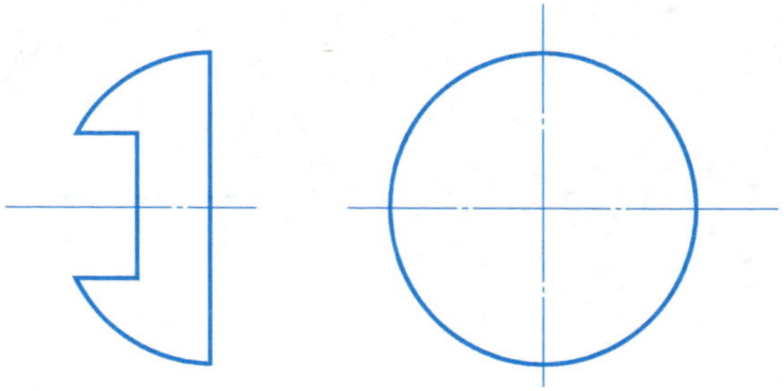

任务七　绘制三通管三视图

课堂练习

1. 补全棱柱与圆柱相交的主视图、俯视图。

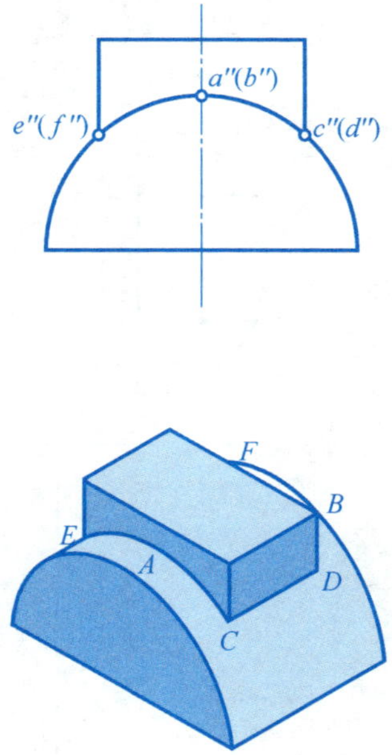

课堂练习

2. 补全两圆柱正交相贯的主视图。

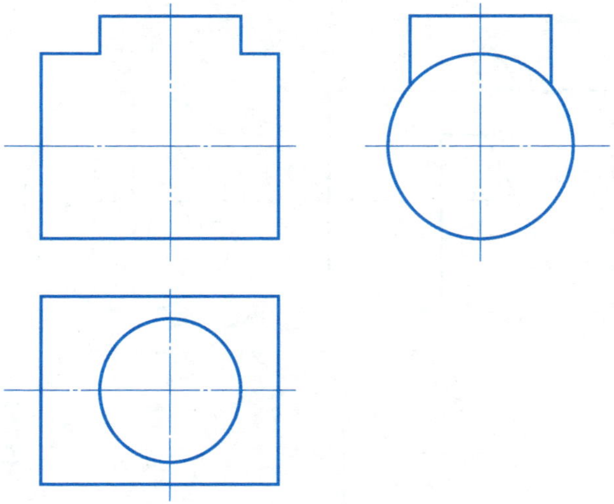

3. 利用简化画法画相贯线。

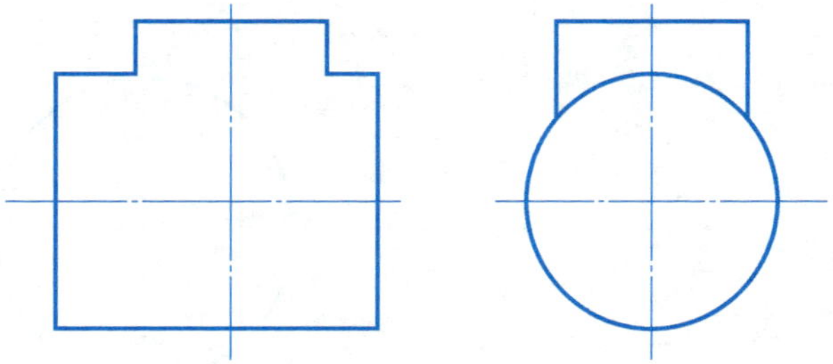

课堂练习

4. 根据正交相贯线的变化规律完成主视图。

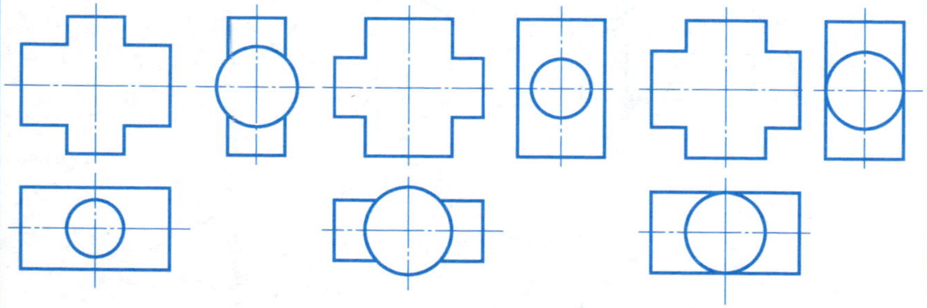

5. 根据孔相贯规律完成主视图。

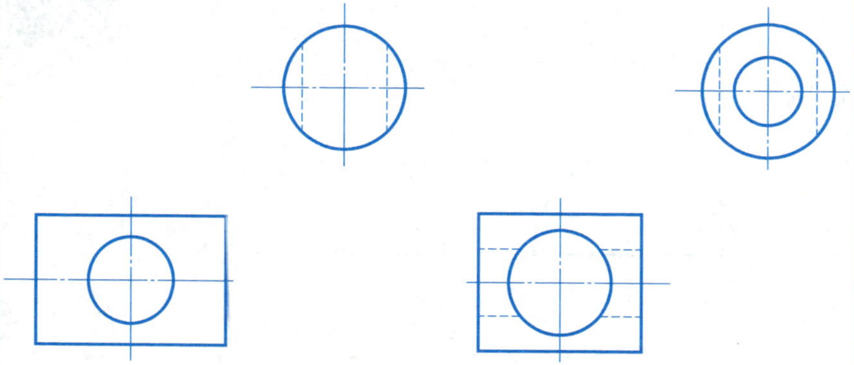

任务实施

1. 完成三通管三视图。

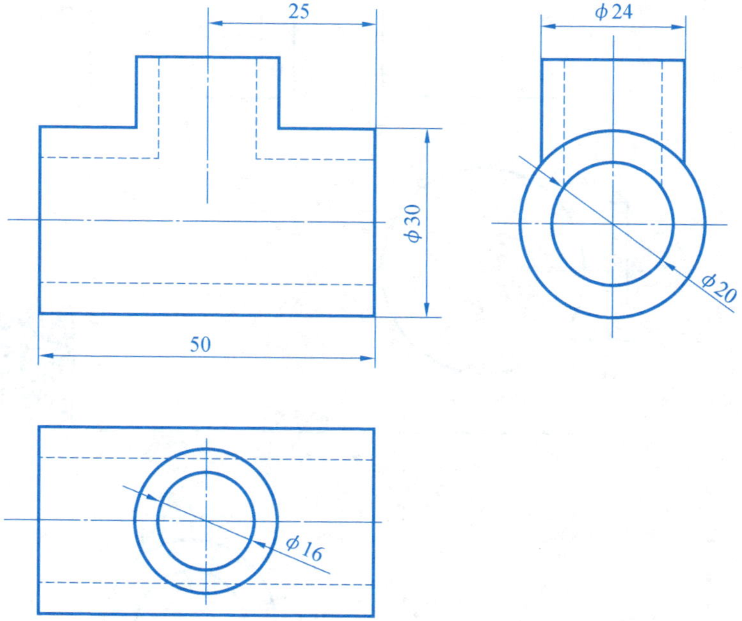

2.7.1 求平面立体与曲面立体相贯的三视图

1.

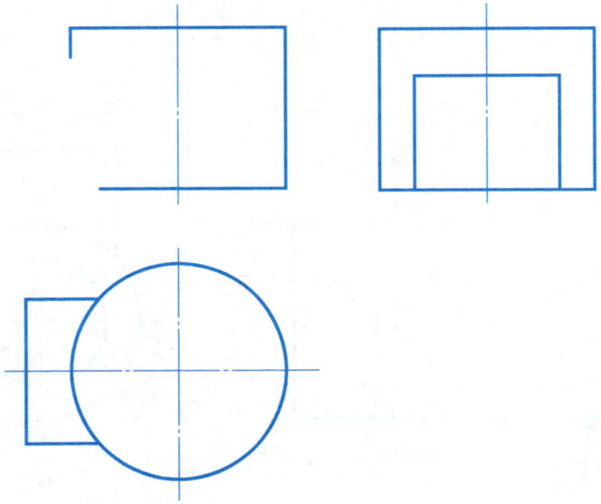

2.

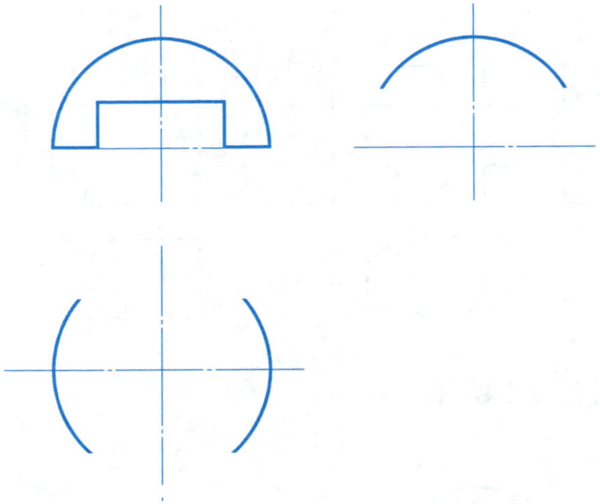

3.

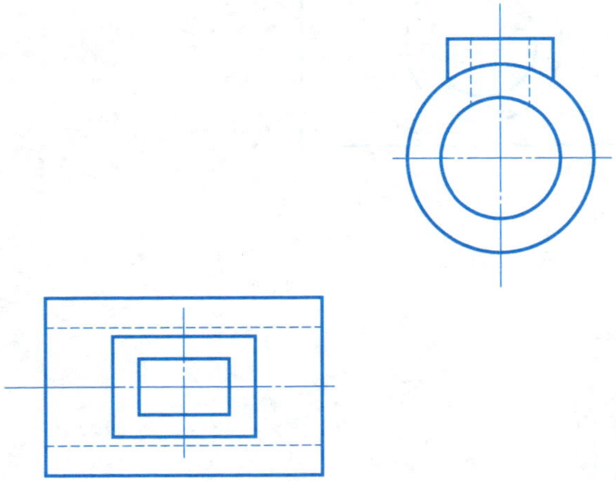

4.

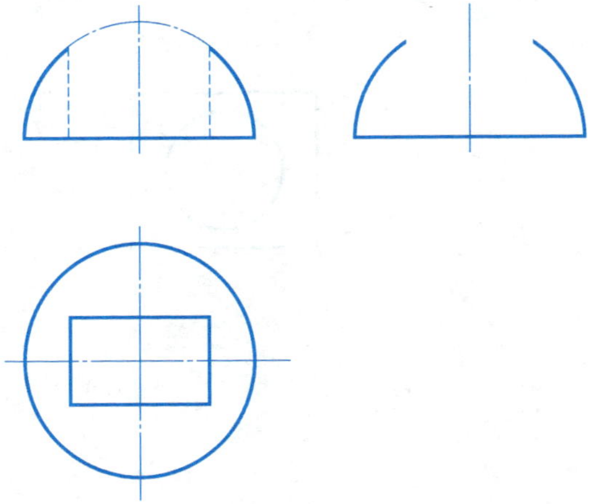

2.7.2 求曲面立体相贯的三视图

1.

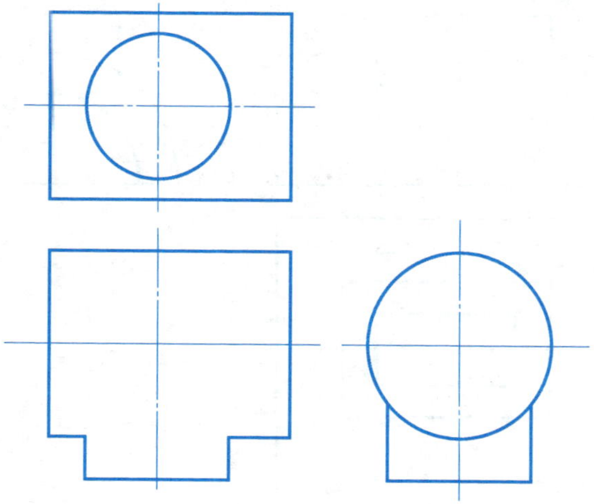

2.

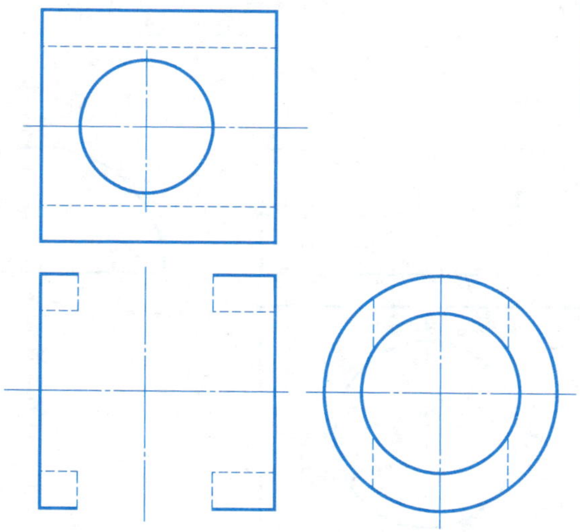

3.

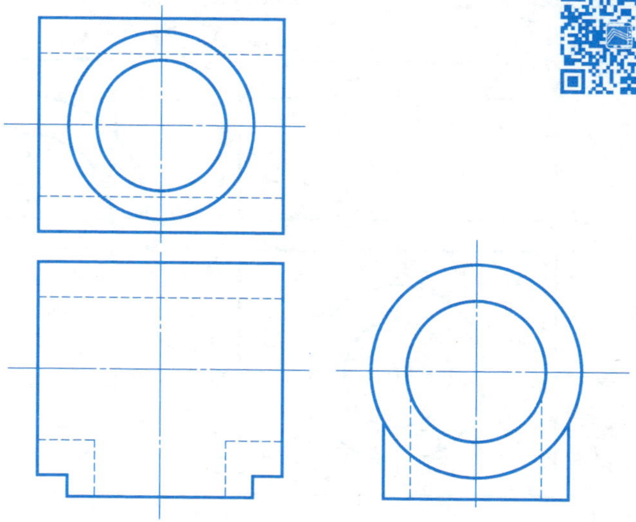

4.

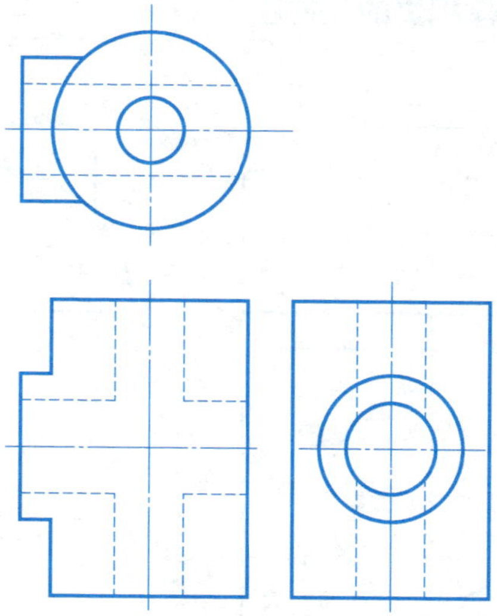

2.7.3 求曲面立体相贯的三视图

1.

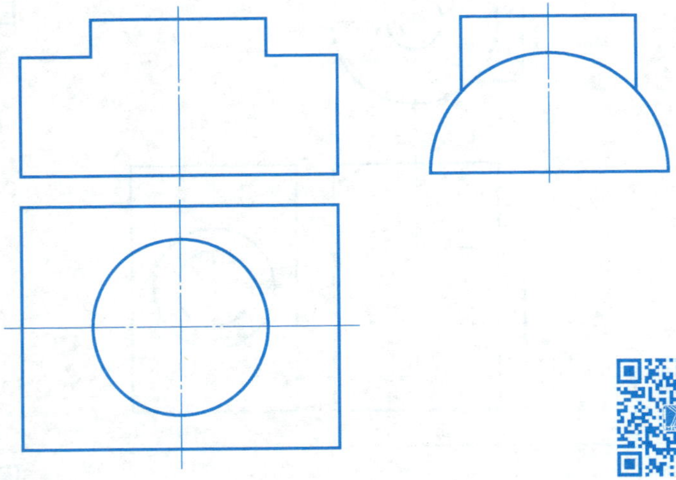

2.

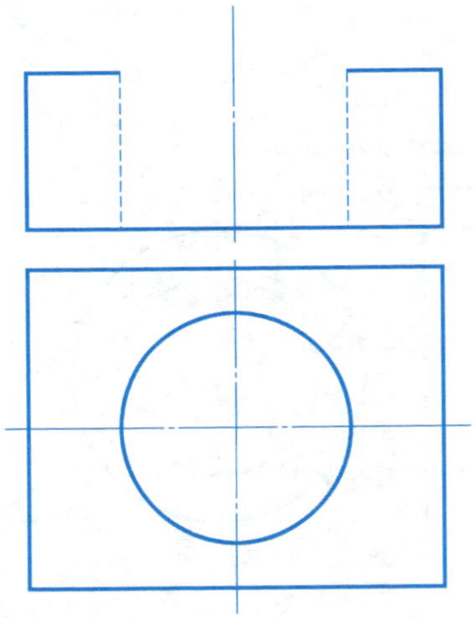

3.

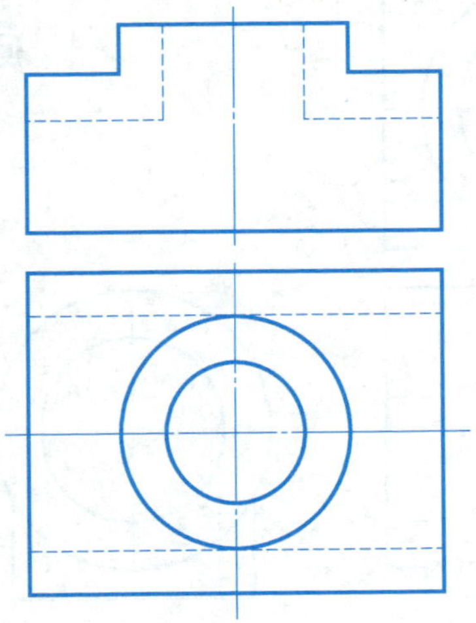

4.

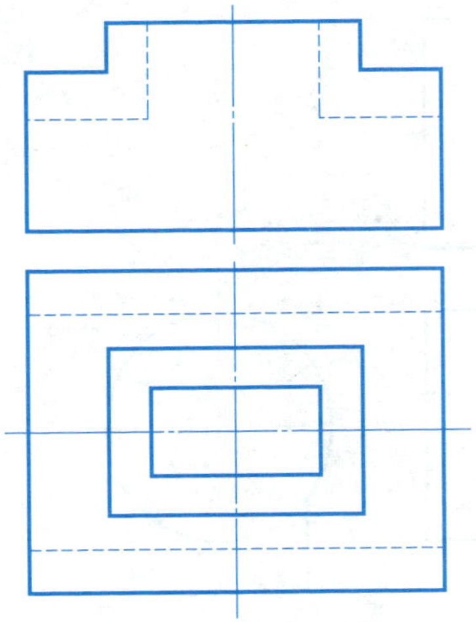

2.7.4 选择正确的左视图，在括号内画“√”

1.

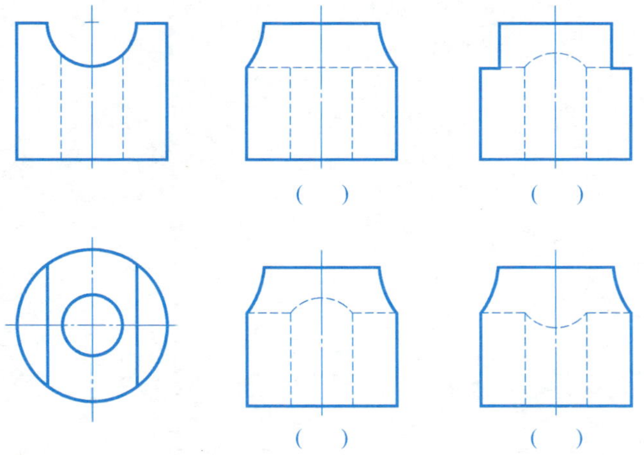

2.

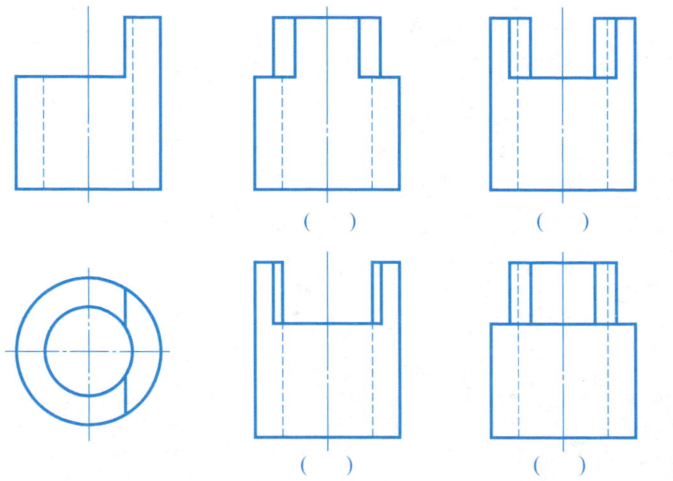

3.

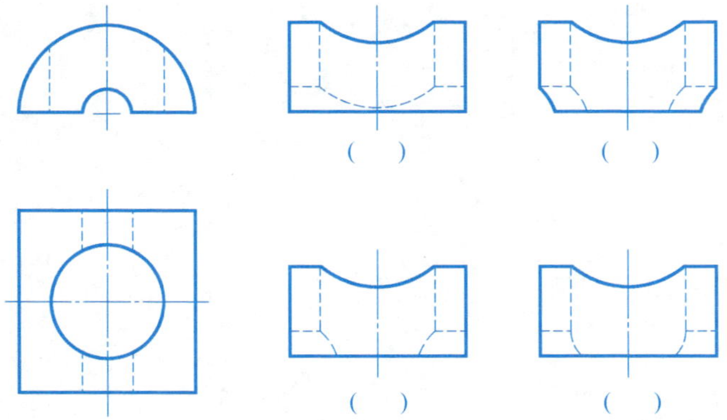

4.

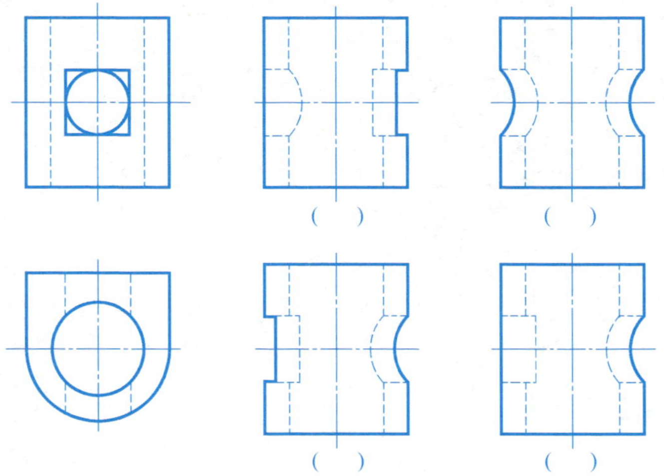

模块3　轴测图绘制

任务一　绘制平面立体正等轴测图

课堂练习

1. 绘制正等轴测轴。

2. 根据六棱柱的两视图绘制其正等轴测图。

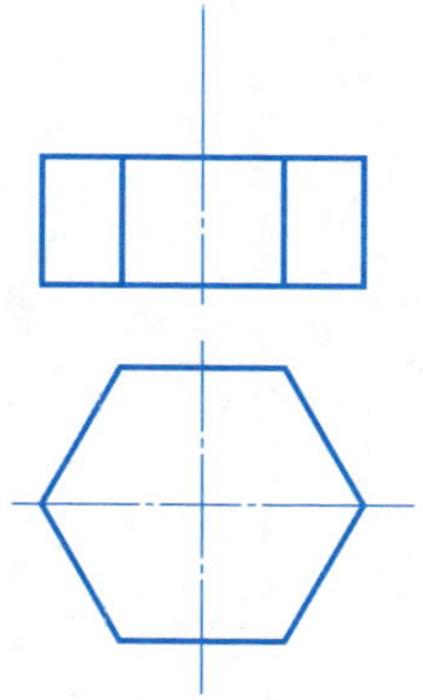

任务实施

1. 绘制三棱锥的正等轴测图。

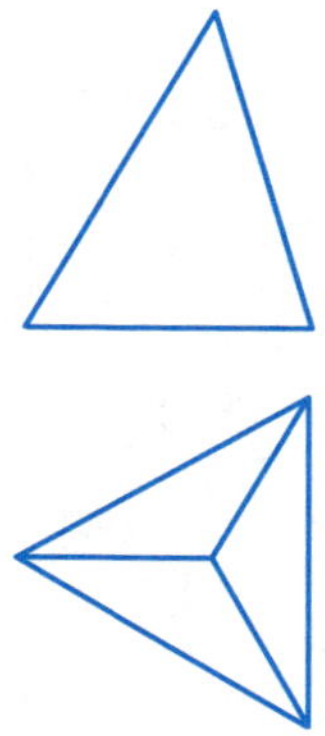

3.1.1 根据三视图绘制正等轴测图

1.

2.

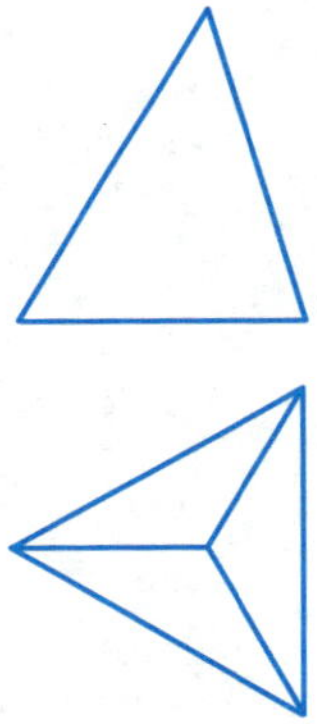

任务二 绘制弯板正等轴测图

课堂练习

1. 圆的正等轴测图画法。

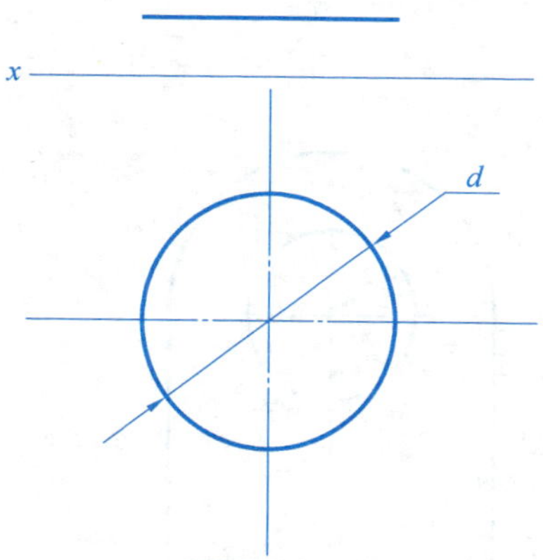

课堂练习

2. 绘制圆柱的正等轴测图。

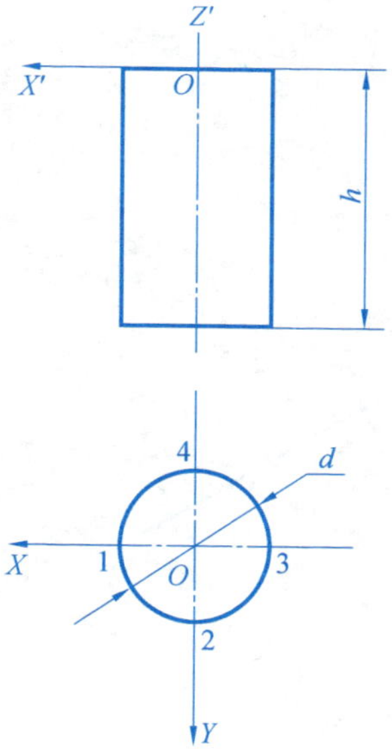

课堂练习	任务实施
3. 圆的正等轴测图画法规律。 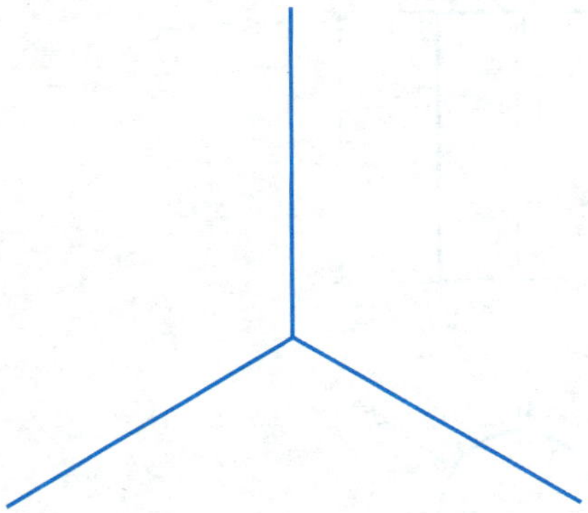	1. 根据弯板的两视图绘制其正等轴测图。 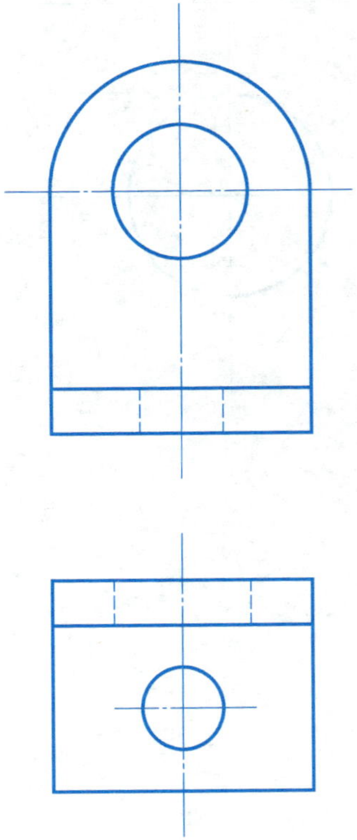

3. 2. 1 根据视图绘制正等轴测图

1.

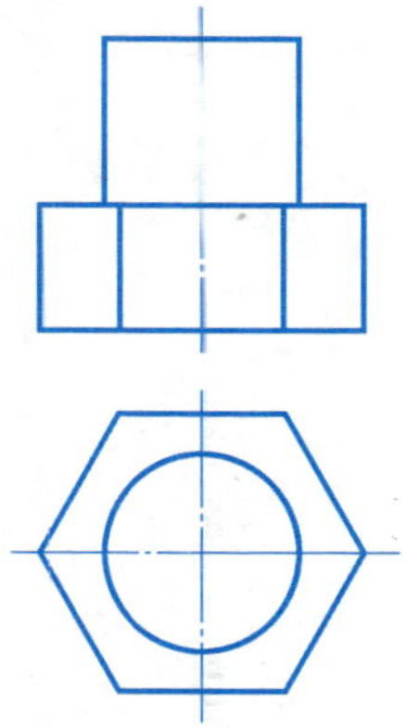

2.

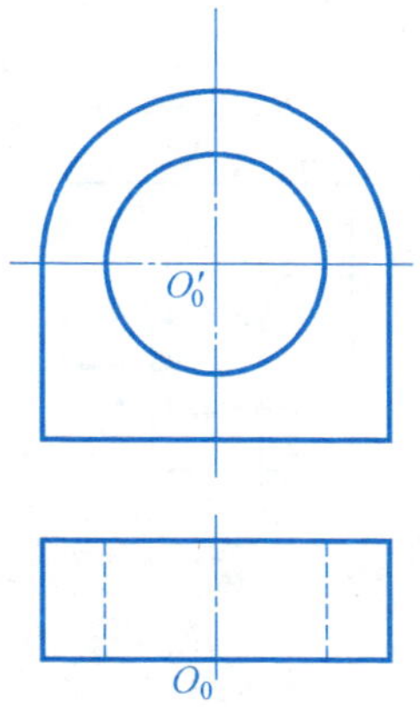

3.

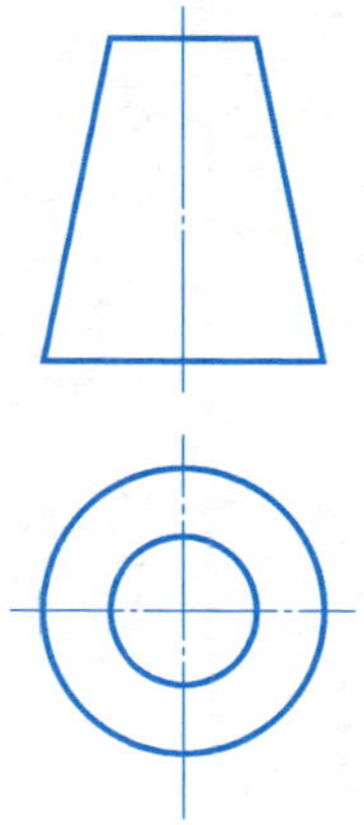

4.

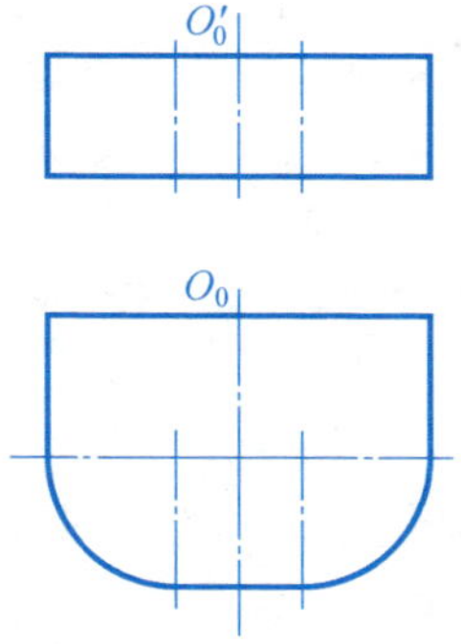

任务三　绘制压板正等轴测图

任务实施

1. 根据压板的三视图在右侧线框内绘制其正等轴测图。

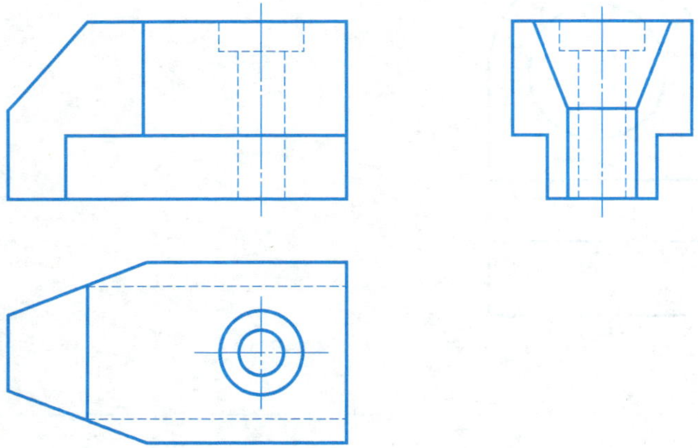

任务实施

3.3.1 根据三视图绘制正等轴测图并补全三视图

1.

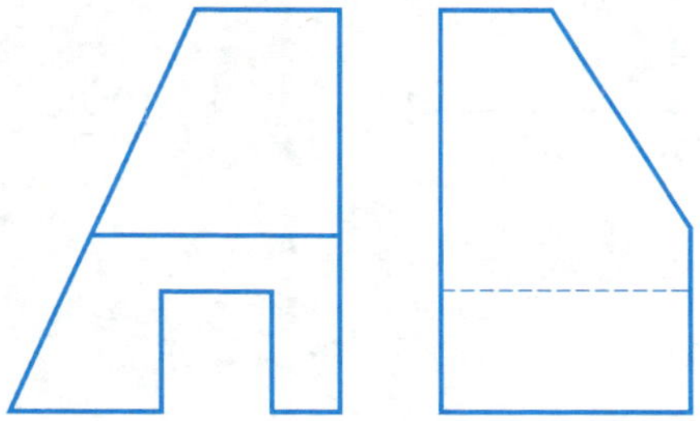

2.

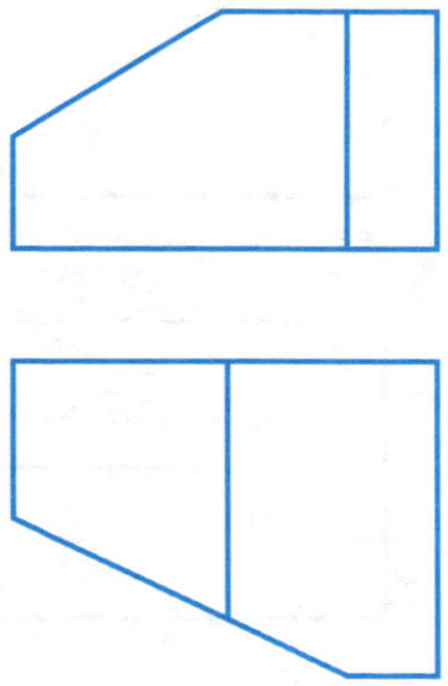

3.

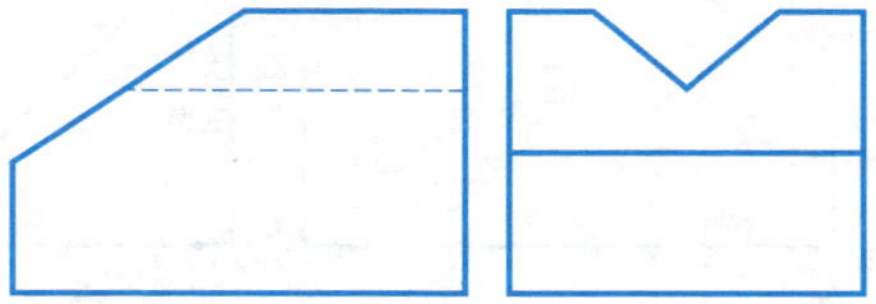

3.3.2 补画视图中的漏线，并在给定的轴测图轮廓内徒手完成轴测草图

1.

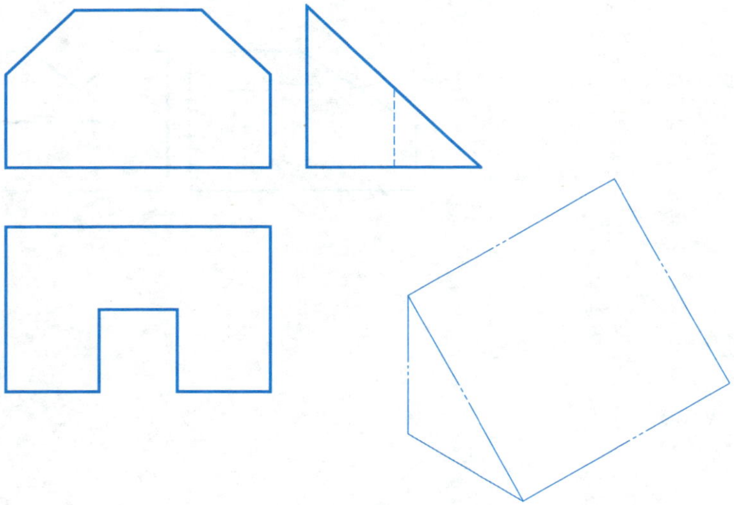

2.

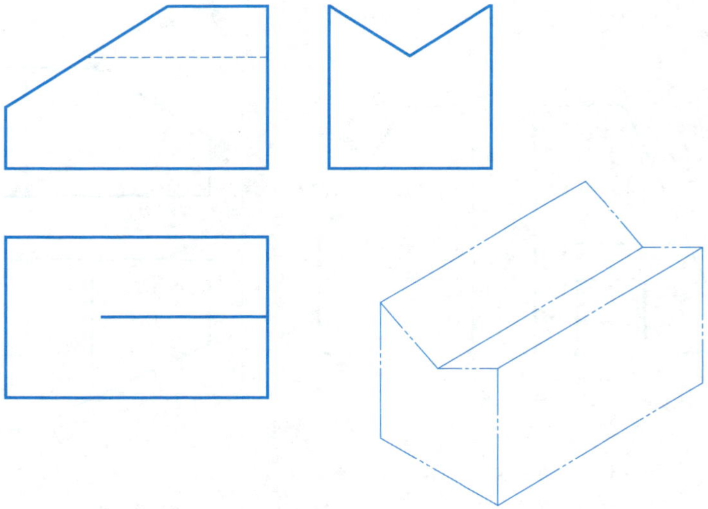

3.

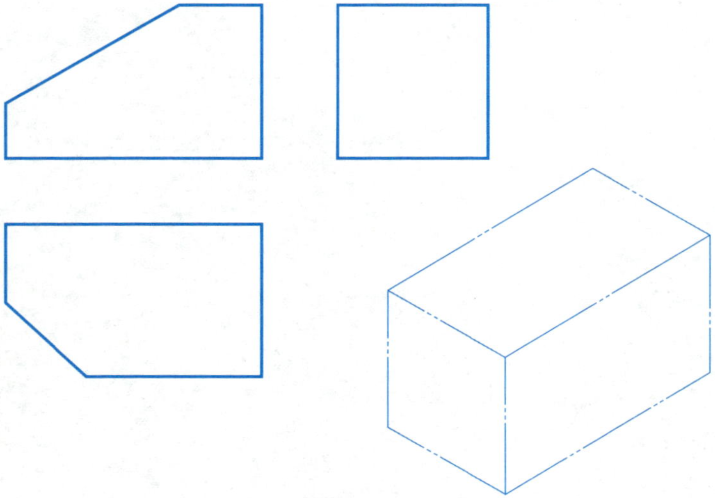

4.

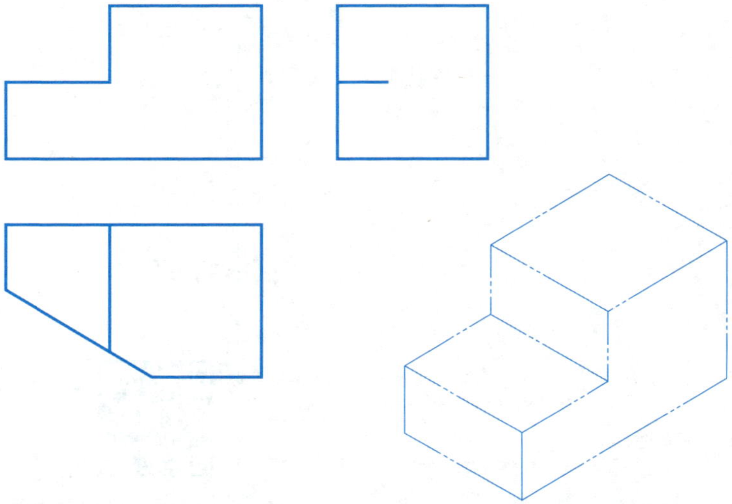

3.3.3　补画视图中的漏线，并在给定的轴测图轮廓内徒手完成轴测草图

1.

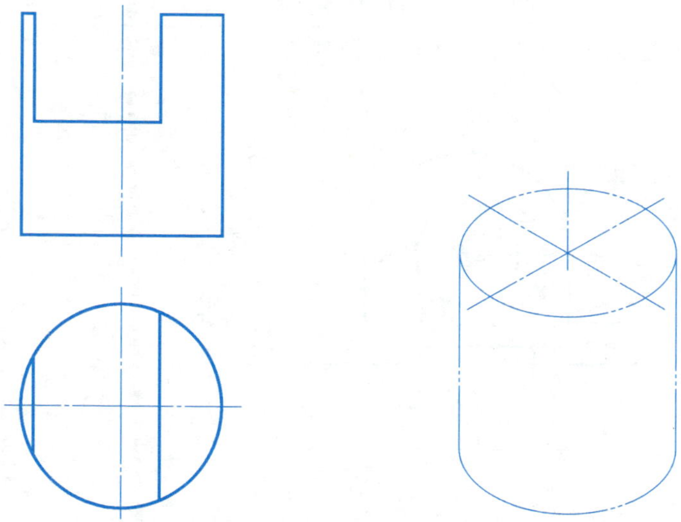

2.

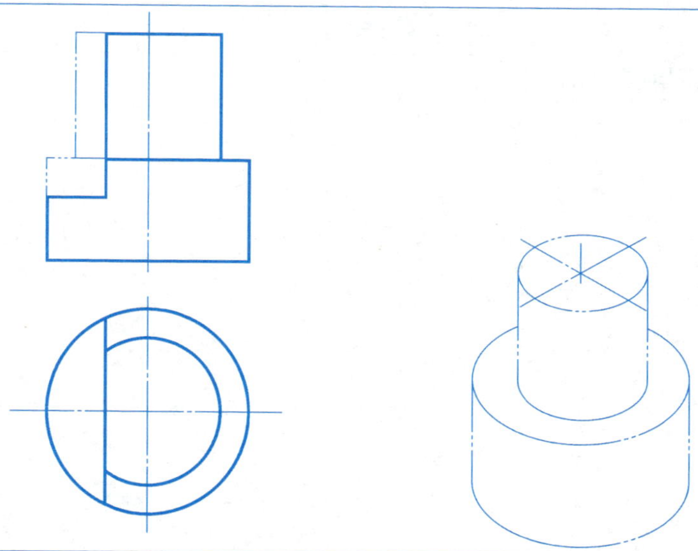

3.

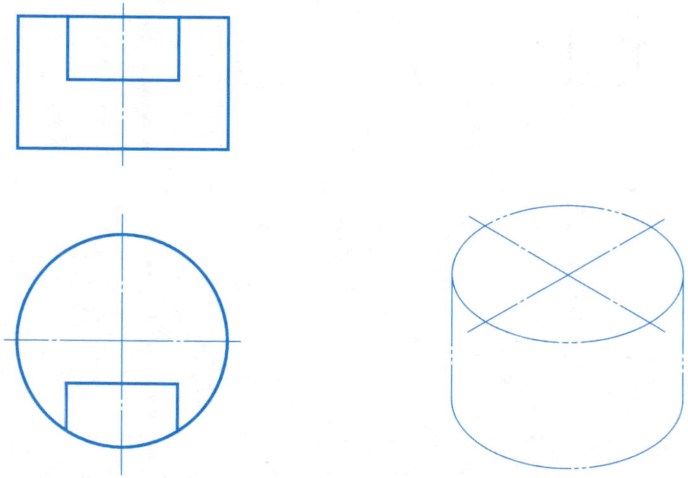

4.

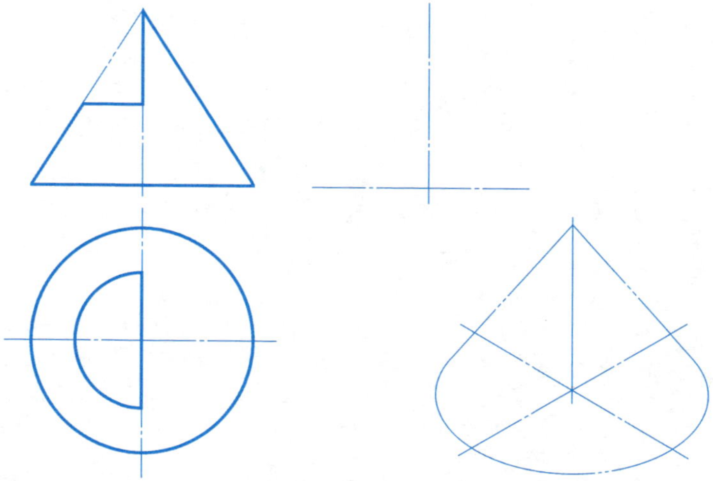

任务四　绘制支架斜二轴测图

课堂练习

1. 斜二轴测轴的画法。

任务实施

1. 根据支架的两视图绘制其斜二轴测图。

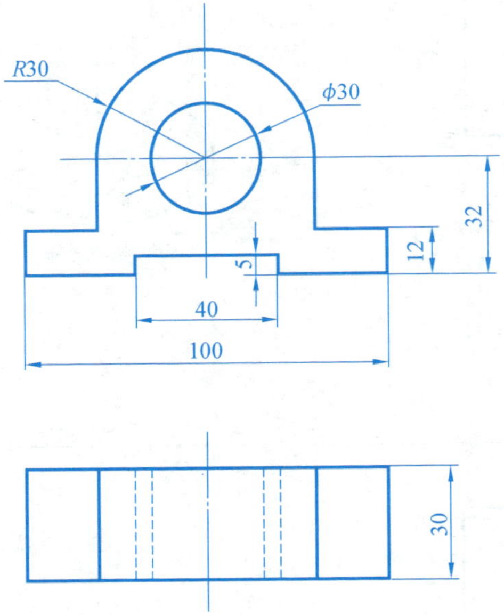

3.4.1 根据二视图，绘制斜二轴测图

1.

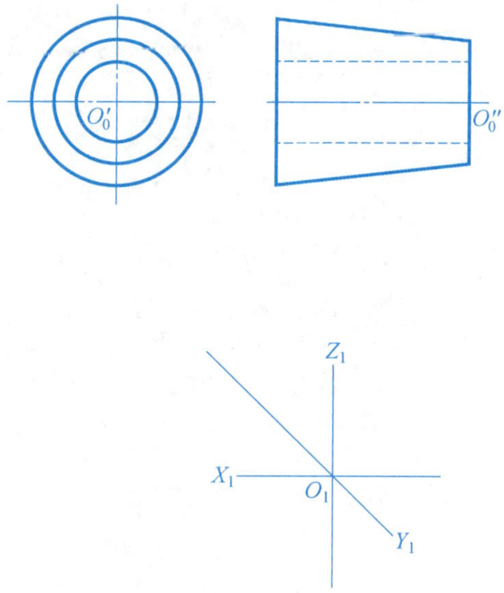

2.

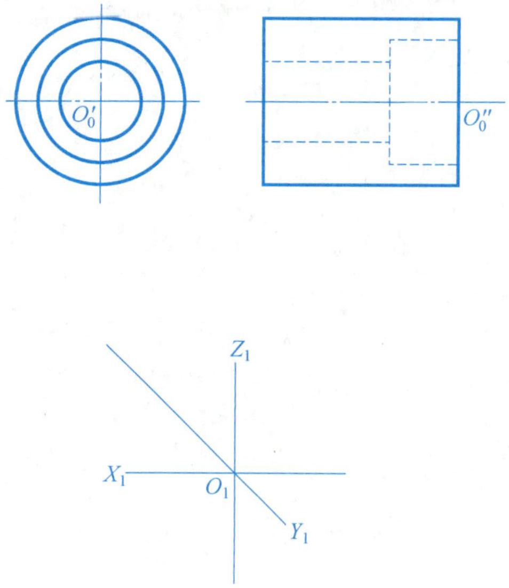

3.

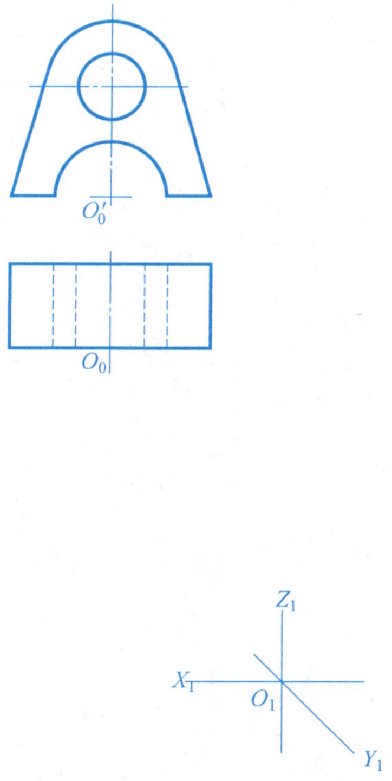

4.

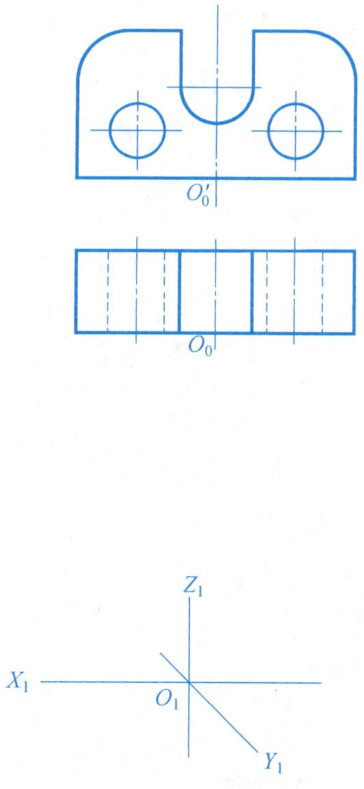

模块 4　复杂形体三视图识读与绘制

任务一　绘制轴承座三视图

课堂练习

1. 判断视图正误，错误的指明错误原因。

①

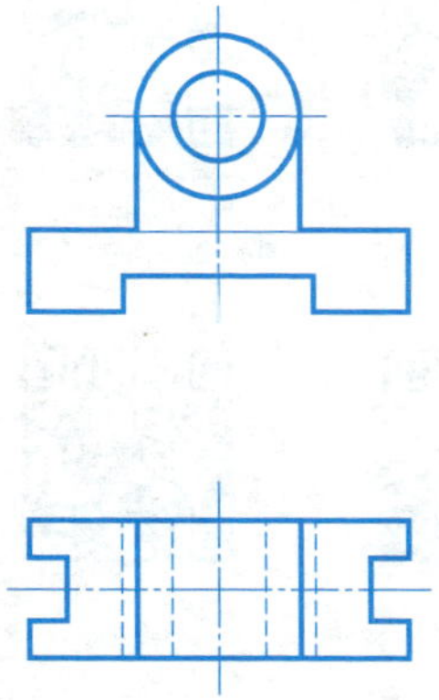

②

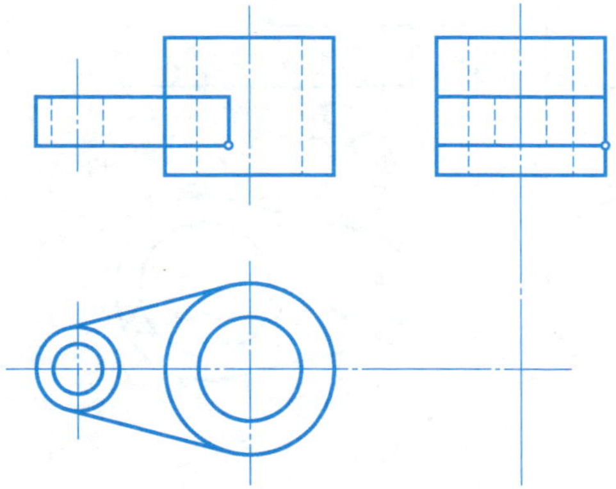

③

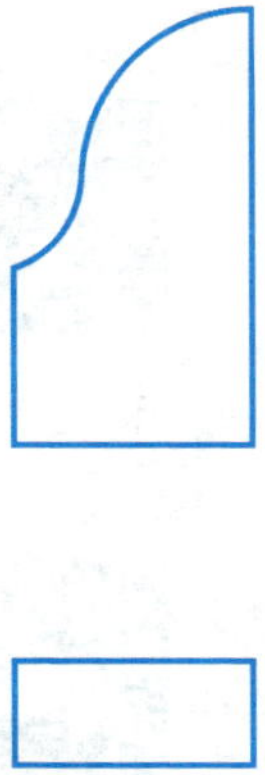

④

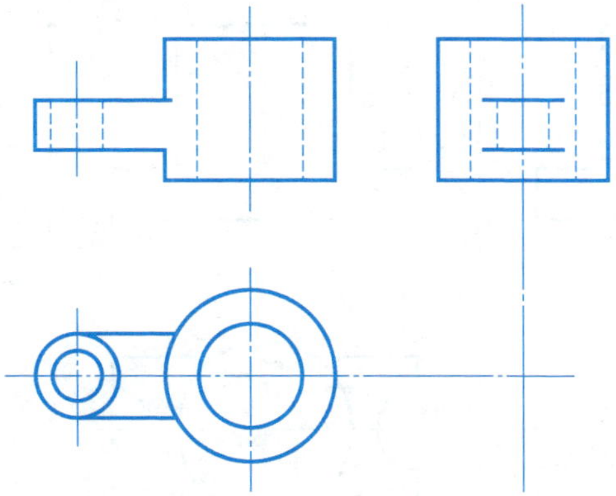

任务实施

1. 根据轴承座的立体图绘制其三视图。

4.1.1 补画下列组合体表面交线

1.

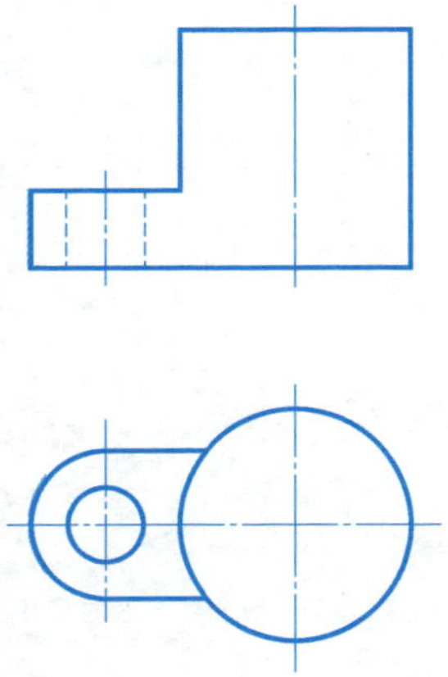

2.

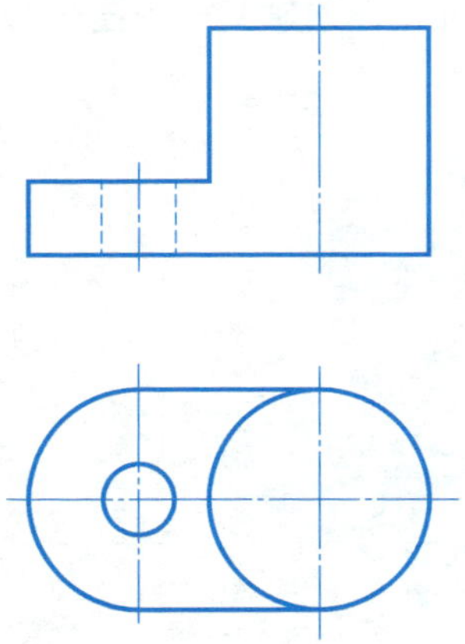

3.

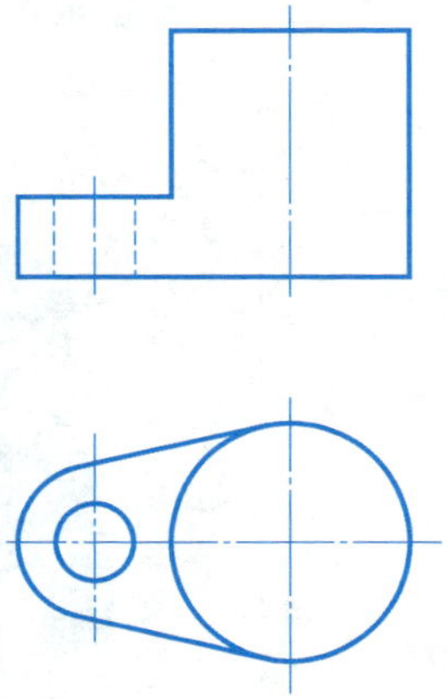

4.

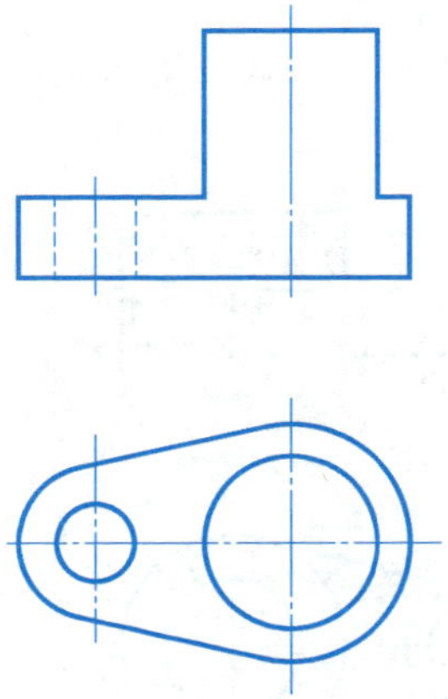

1. 2. 3. 4.

5.

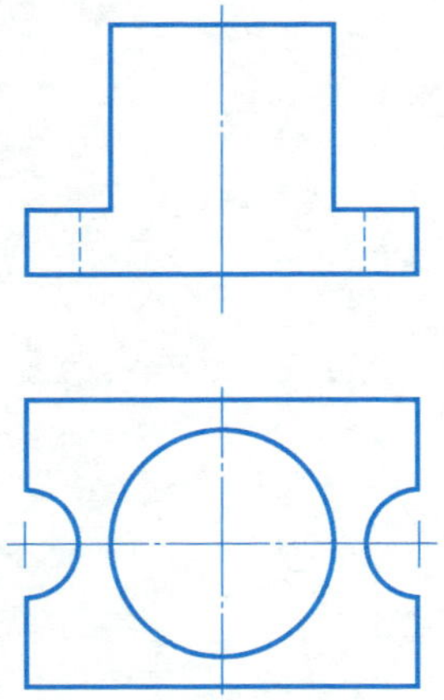

6.

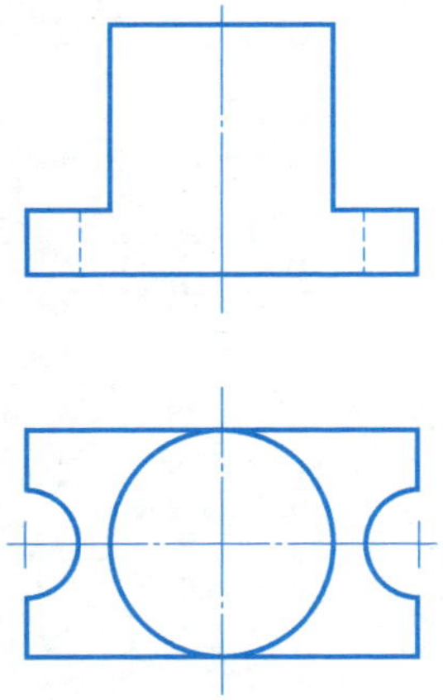

7.

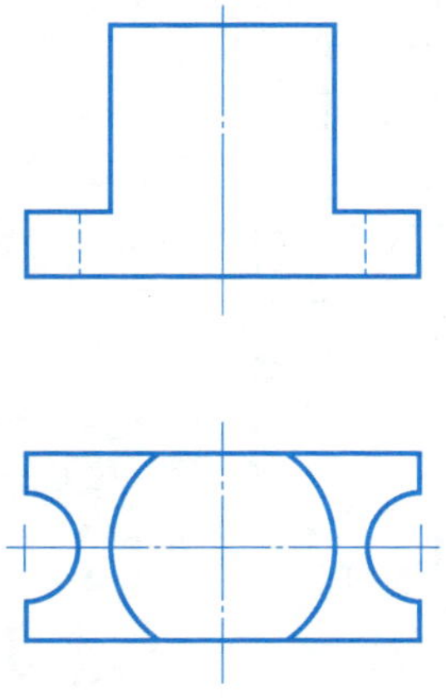

8.

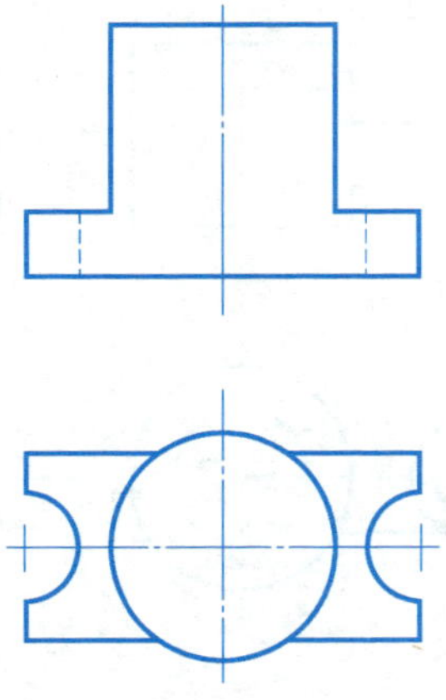

5. 6. 7. 8.

4.1.2 参照轴测图，补画三视图中的漏线

1.

2.

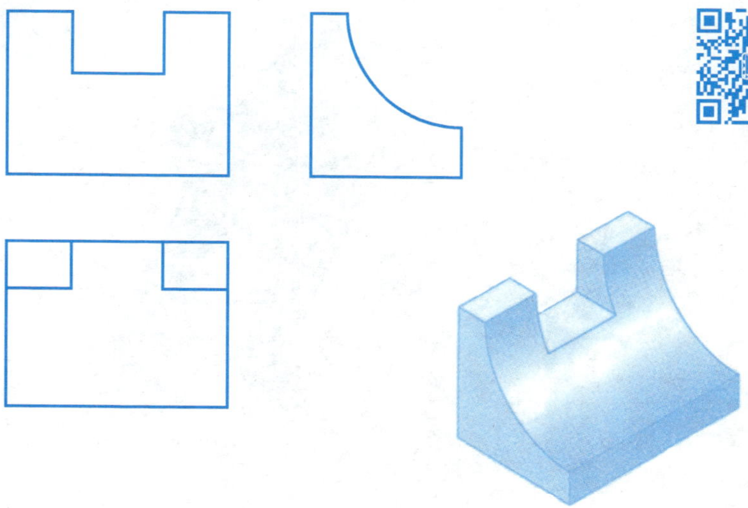

3.

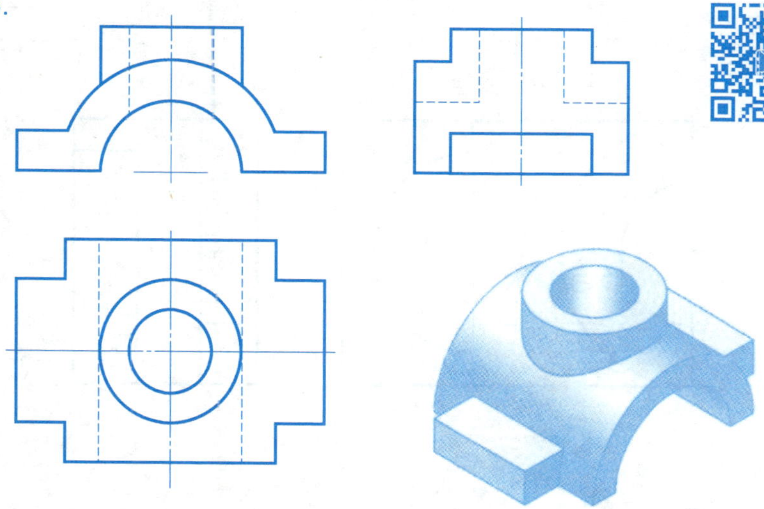

4.

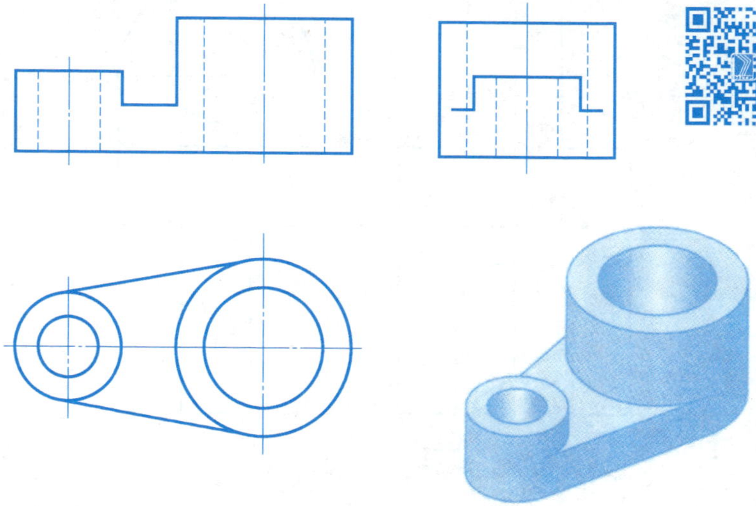

4.1.3 根据两视图，补画第三视图

1.

2.

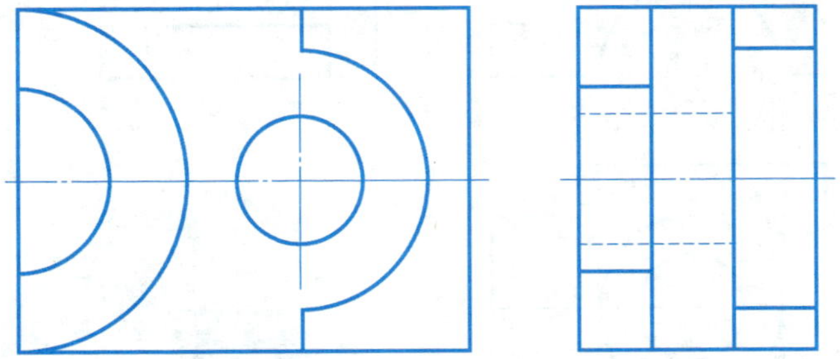

任务二　轴承座三视图的尺寸标注

课堂练习

1. 找出下图长、宽、高三个方向的尺寸基准。

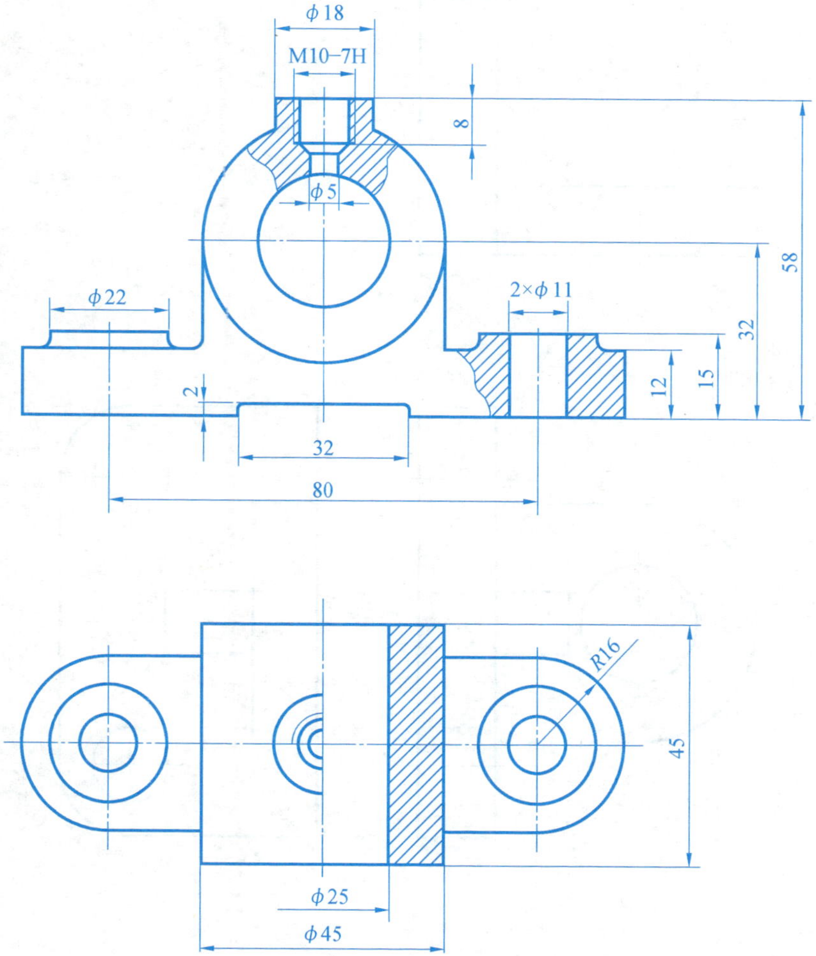

任务实施

1. 完成轴承座三视图尺寸标注。

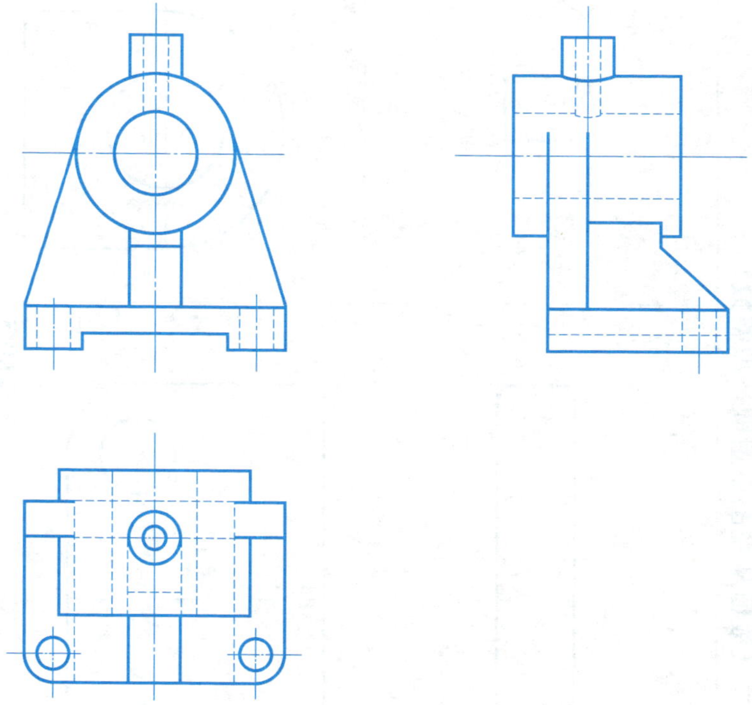

4.2.1 标注尺寸（数值从视图中量取，取整数）

1.

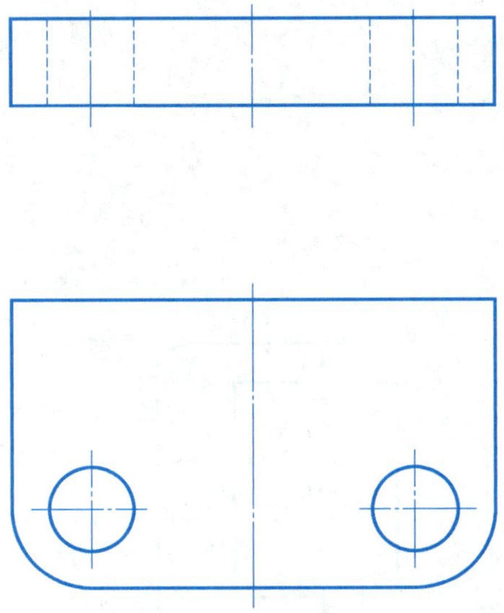

2.

3.

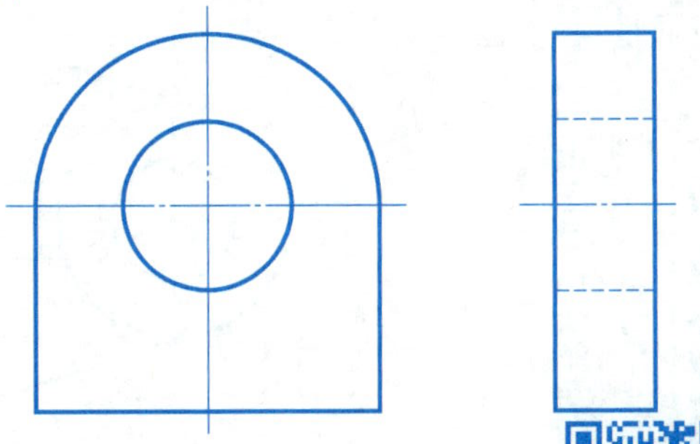

4.

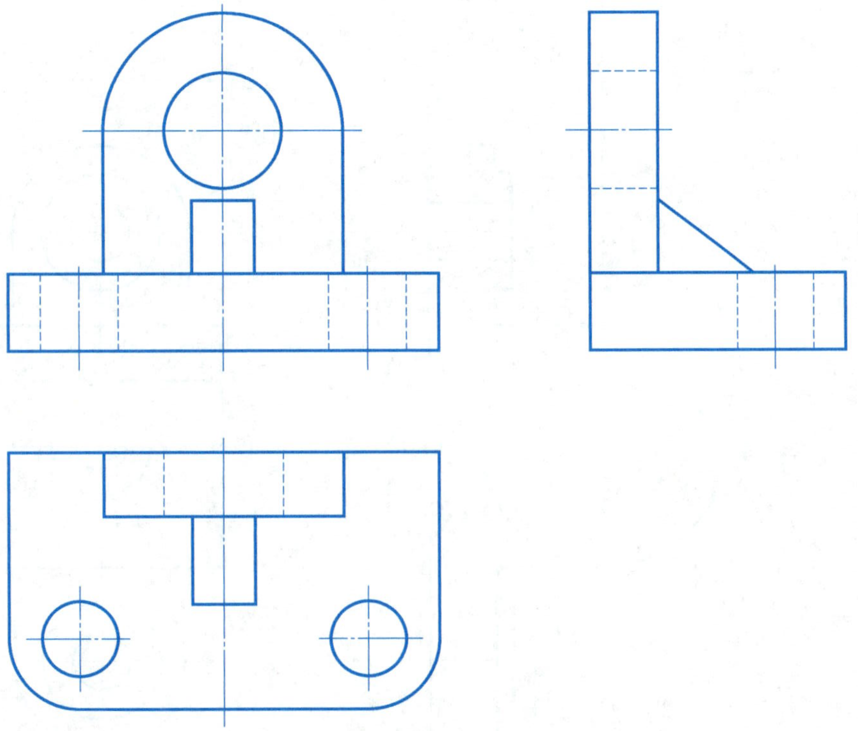

4.2.2 用合适符号标出宽度、高度方向尺寸主要基准，并补注视图中遗漏的尺寸（选取合适比例，数值从图中量取）

1.

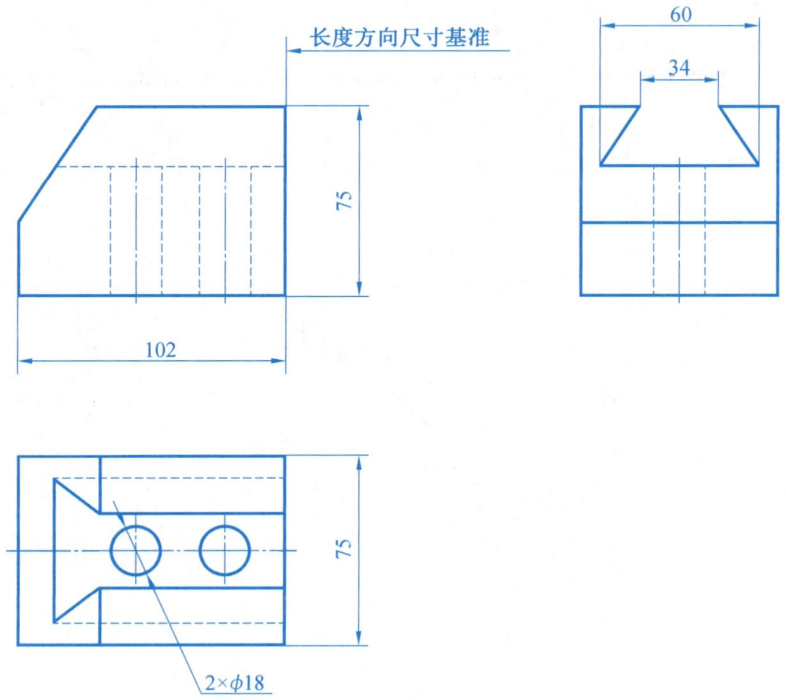

2.

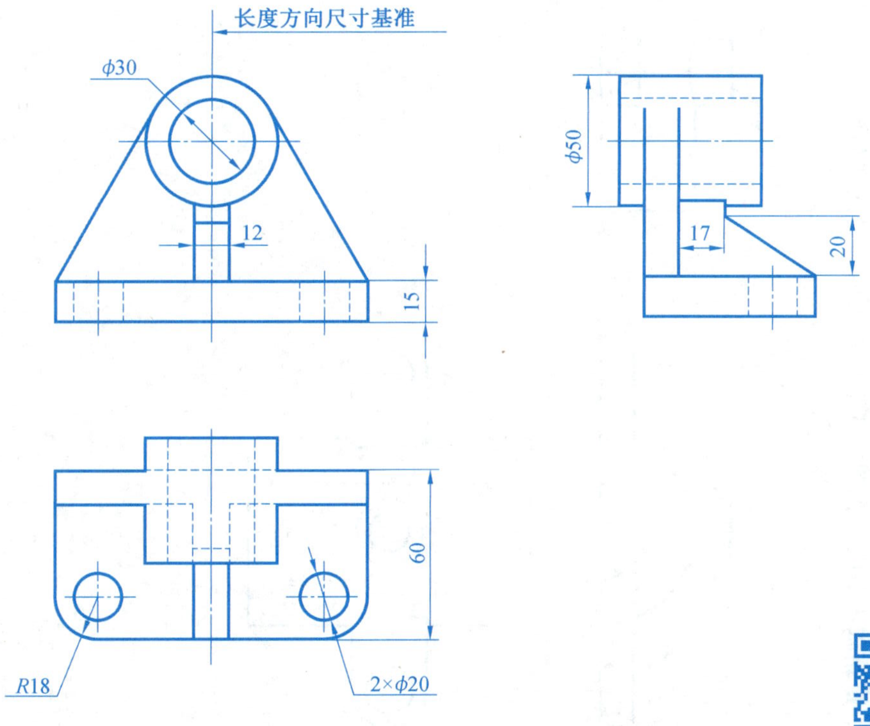

任务三　识读轴承盖三视图

任务实施	任务实施
1. 根据轴承盖的三视图，在右侧线框内画出其轴测草图。 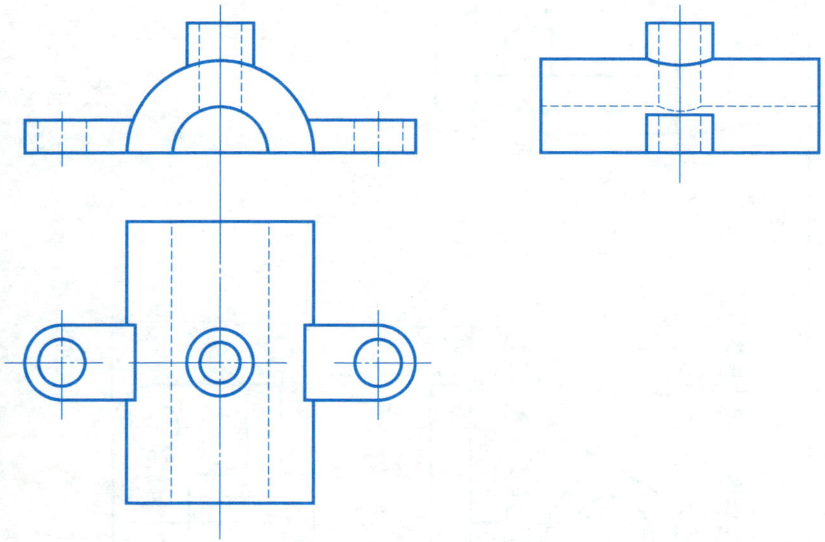	

4.3.1 读懂所给的两视图，补画第三视图

1.

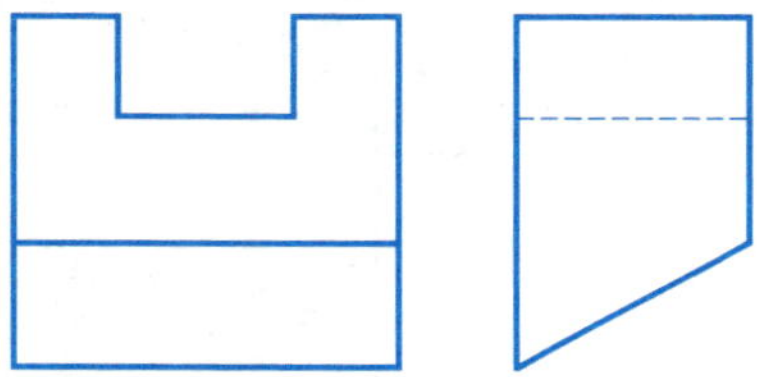

2.

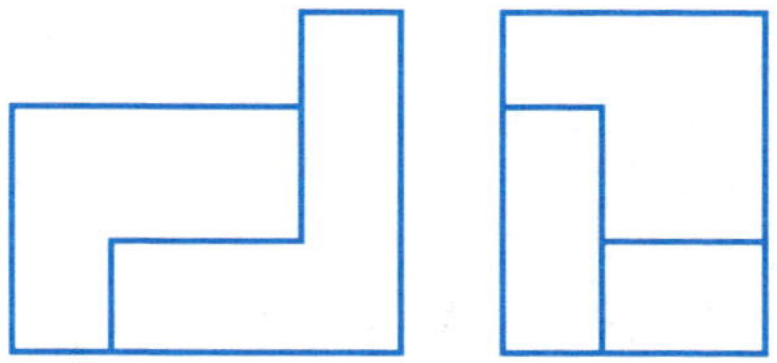

3.

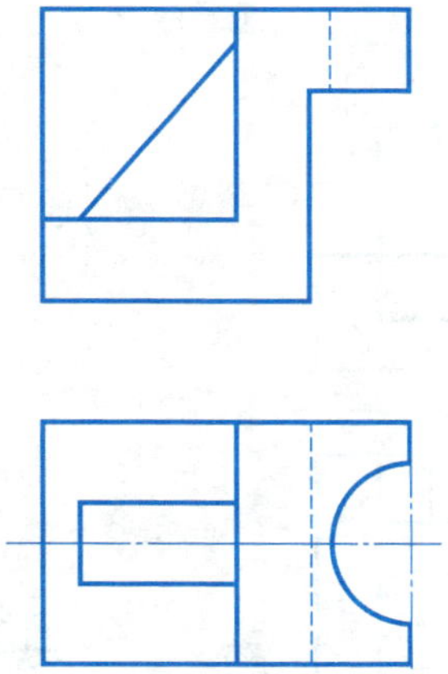

4.

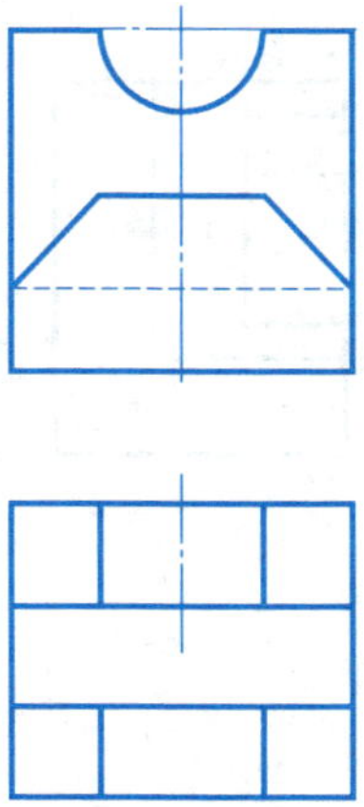

4.3.2 读懂所给的两视图，补画第三视图

1.

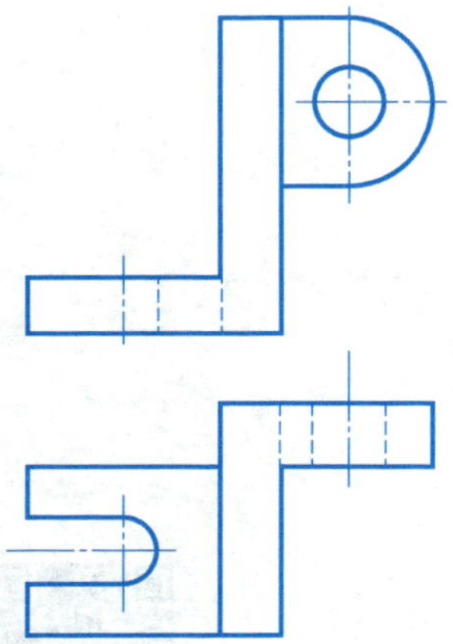

2.

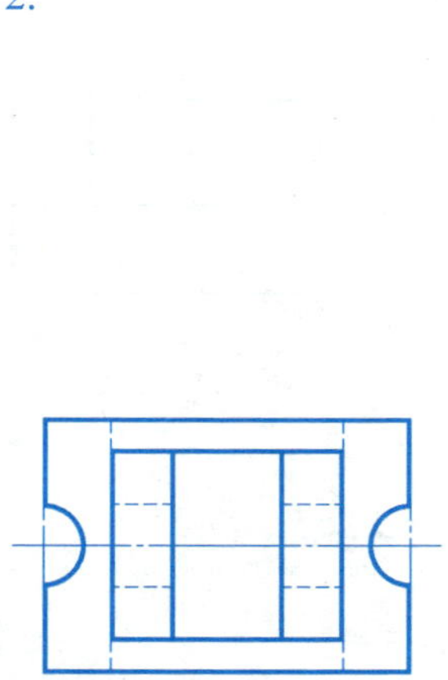

3.

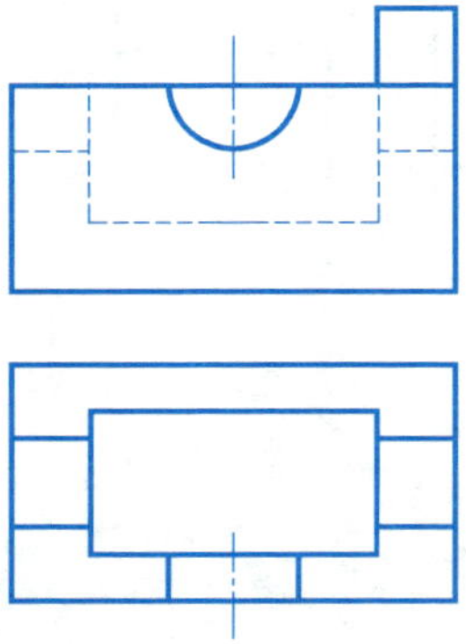

4.

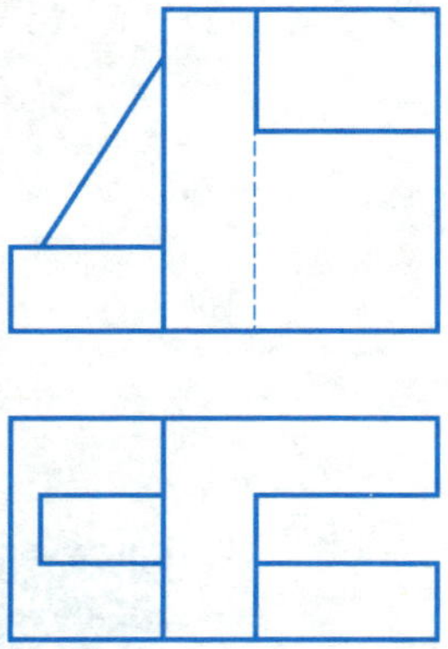

5.

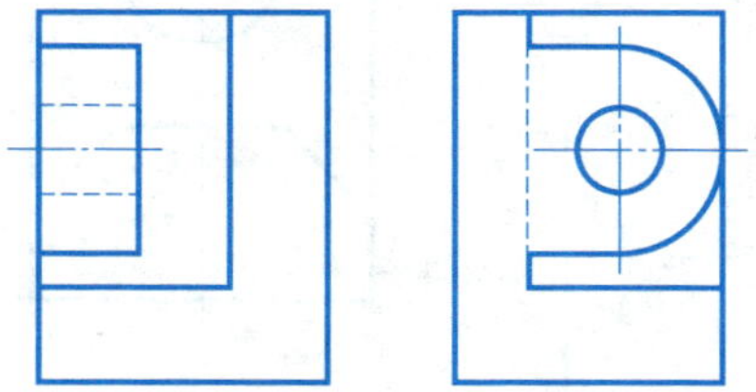

6.

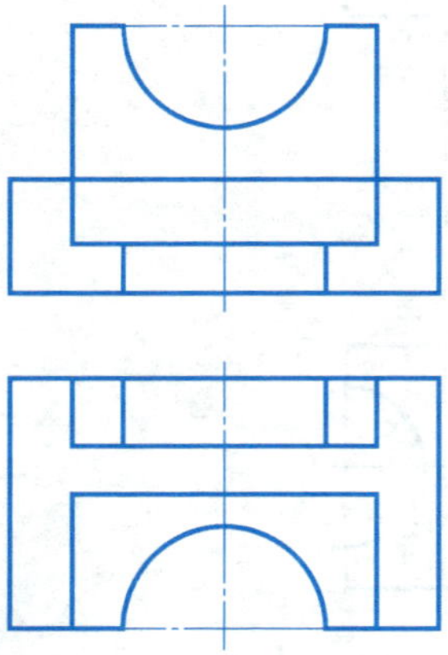

4.3.3 选择正确的左视图，在括号内画“√”

1.

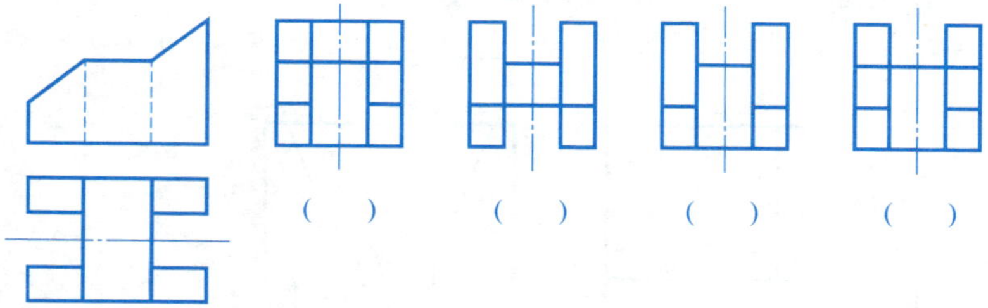

(　) (　) (　) (　)

2.

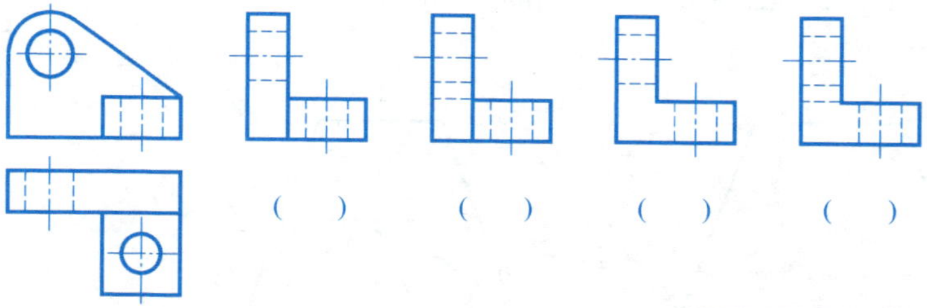

(　) (　) (　) (　)

3.

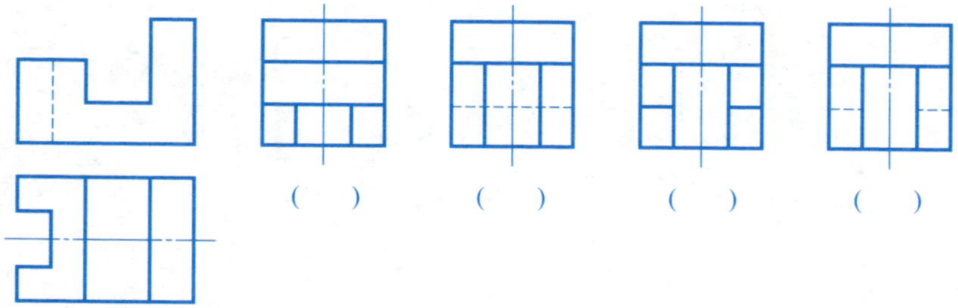

(　) (　) (　) (　)

4.

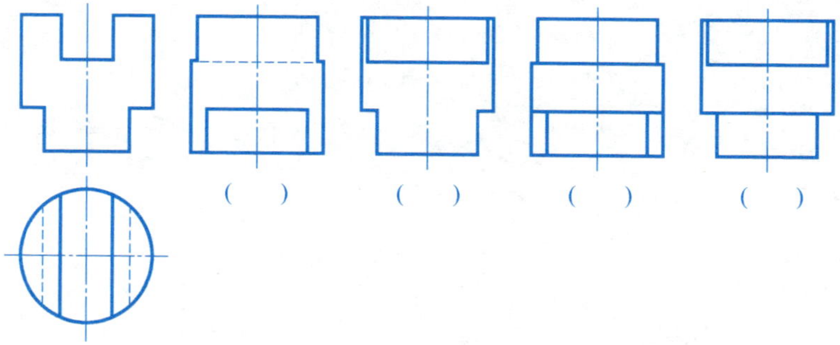

(　) (　) (　) (　)

任务四　识读夹铁、压板三视图

任务实施

1. 根据线面分析法画出夹铁的轴测草图。

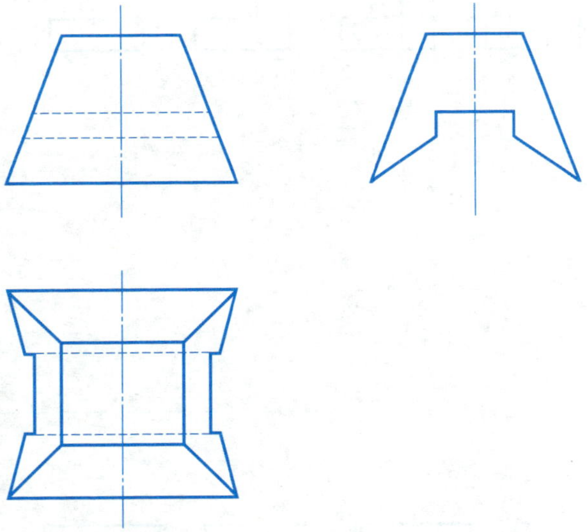

任务实施

2. 根据压板的三视图，画出其轴测草图。

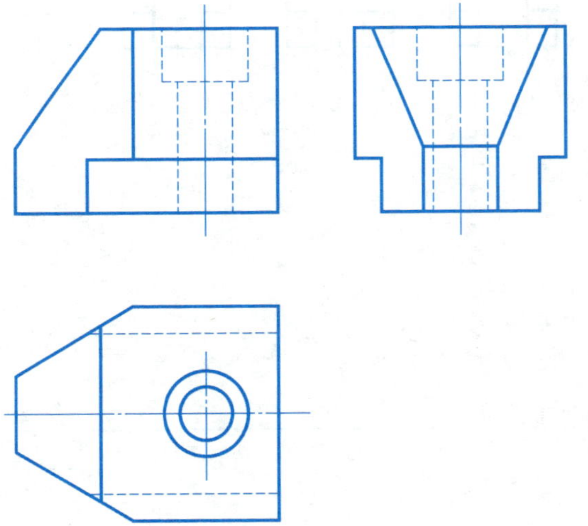

4.4.1 读懂所给的三视图，补齐漏画的图线

1.

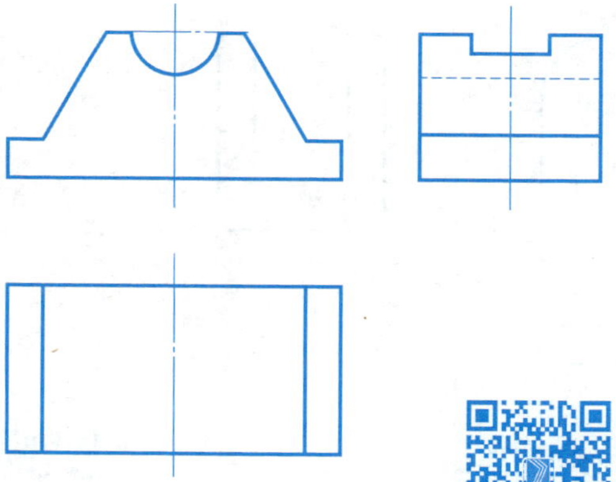

2.

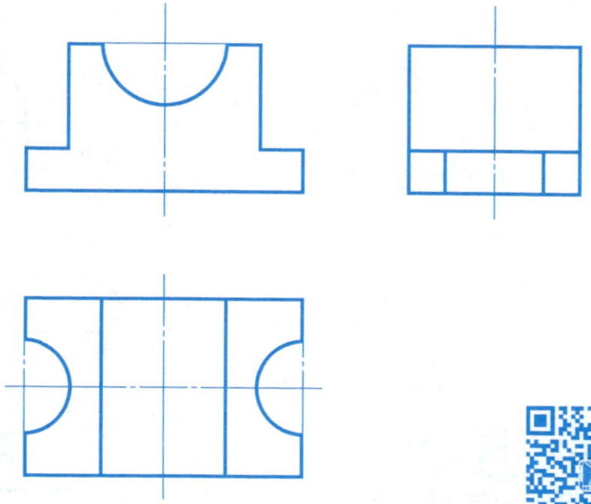

3.

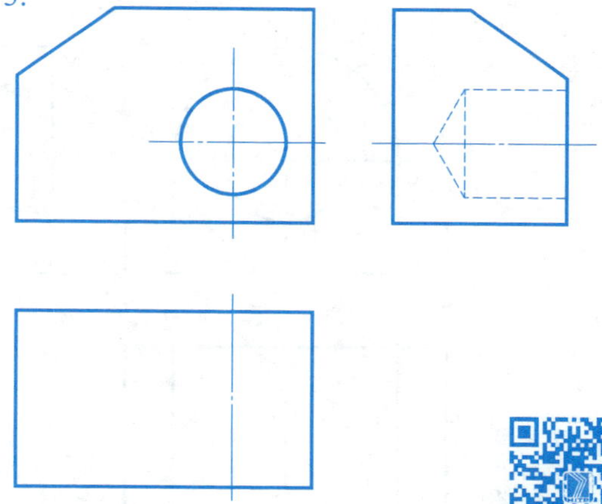

4.

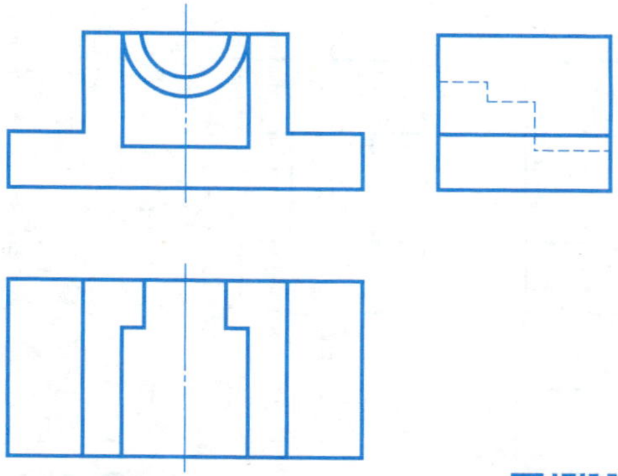

5.

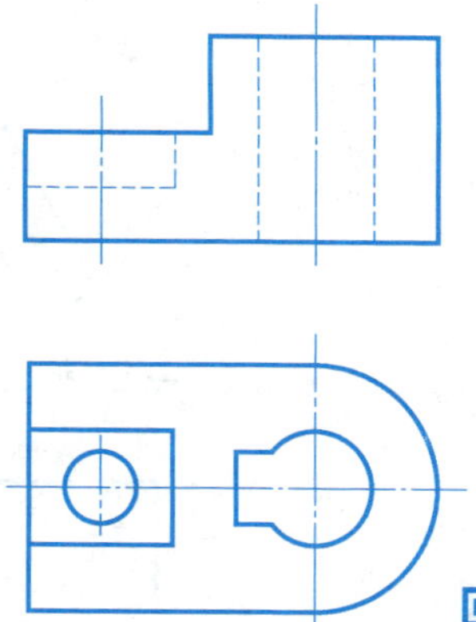

6.

4.4.2 读懂所给的三视图，补齐漏画的图线

1.

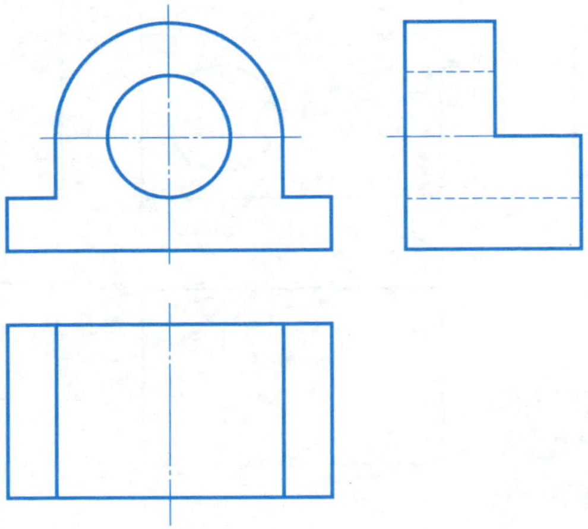

2.

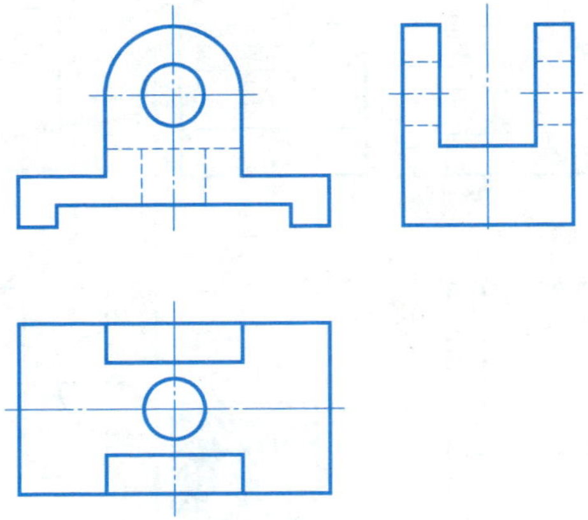

3.

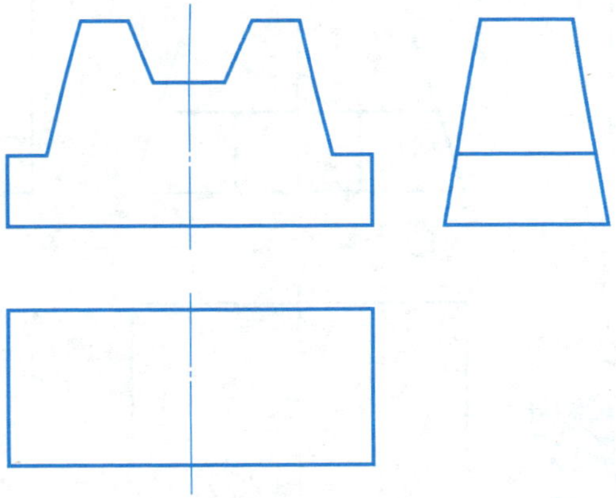

4.

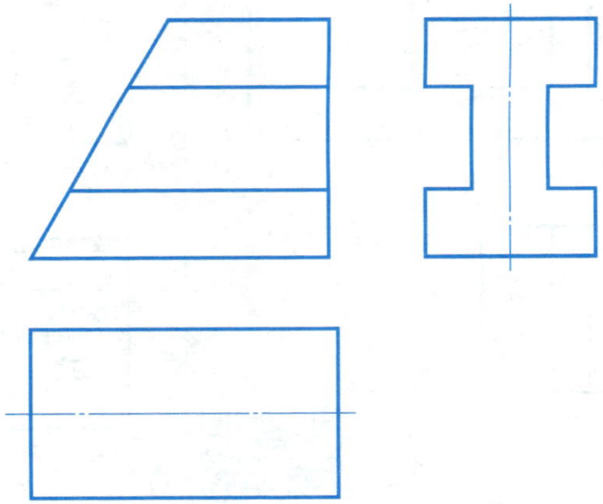

4.4.2 读懂所给的三视图，补齐漏画的图线（续上页）

5.

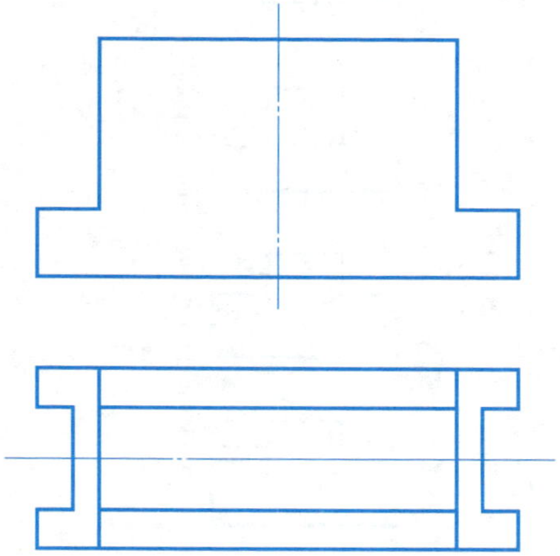

6.

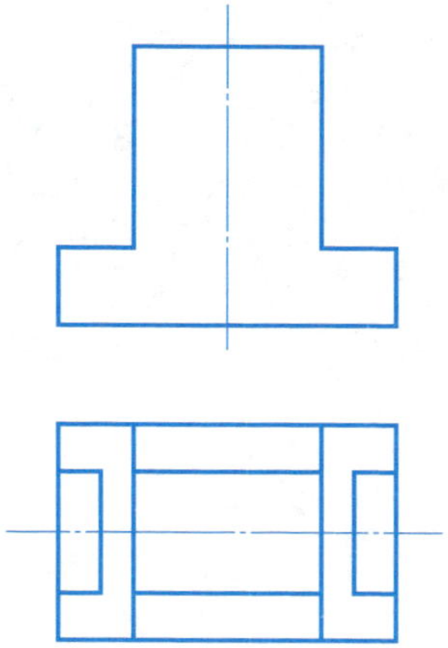

7.

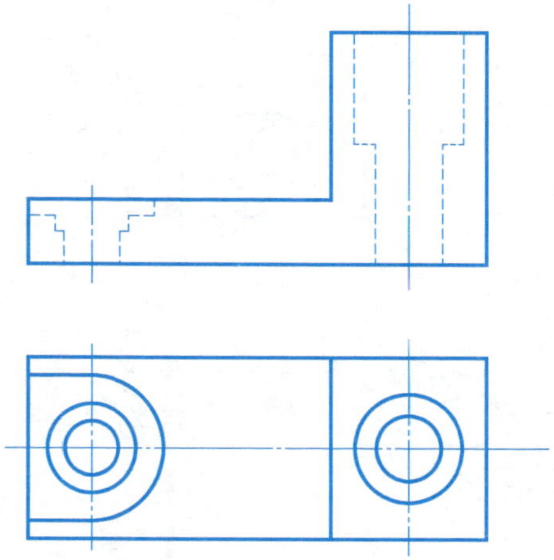

8.

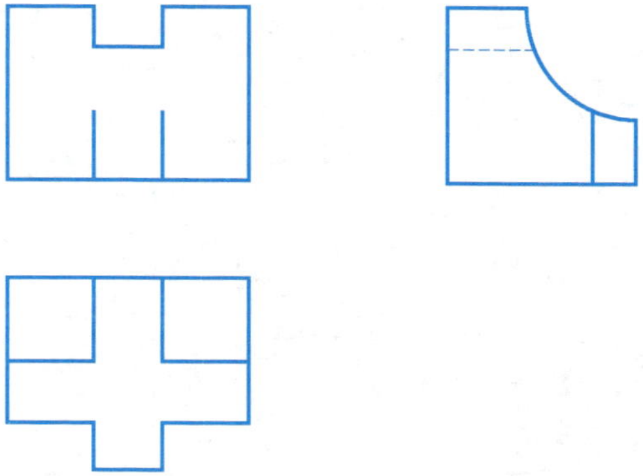

4.4.3 选择正确的视图，在括号内画“√”

1. 选择正确的俯视图。

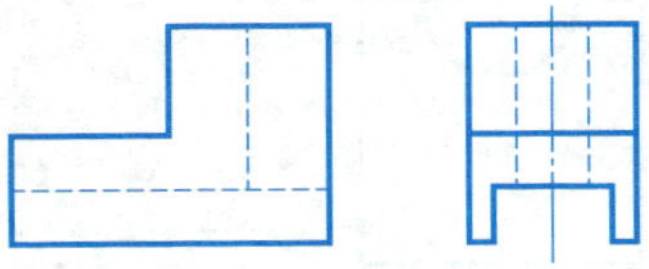

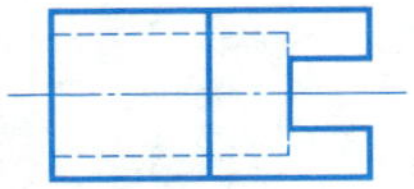
（ ）

（ ）

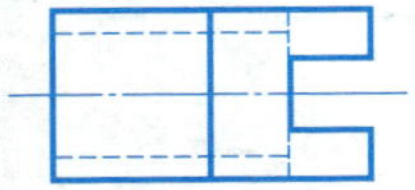
（ ）

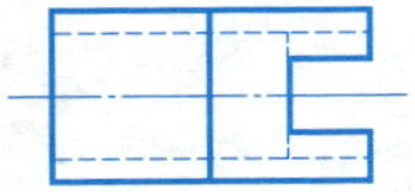
（ ）

2. 选择正确的主视图。

（ ）
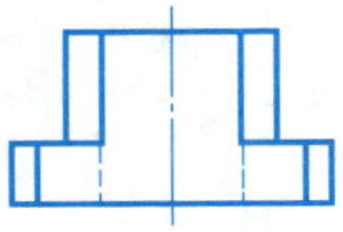

（ ）
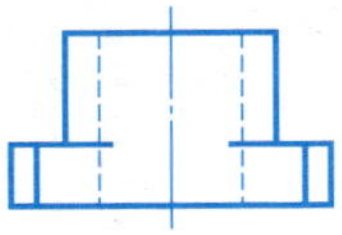

（ ）
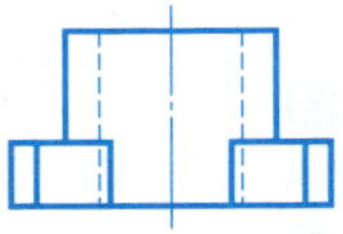

（ ）
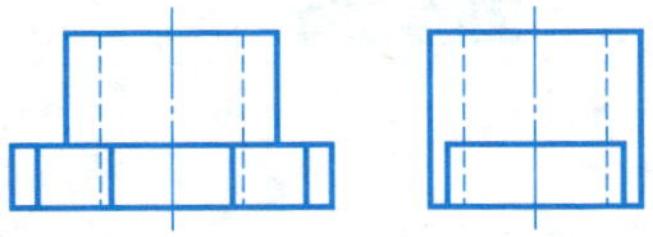

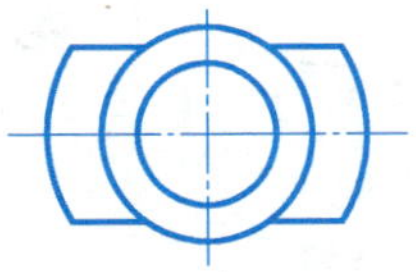

3. 选择正确的主视图。

（ ）
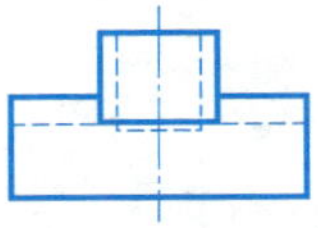

（ ）
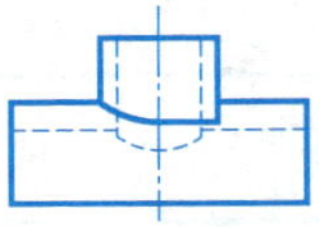

（ ）
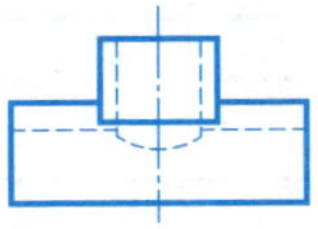

（ ）
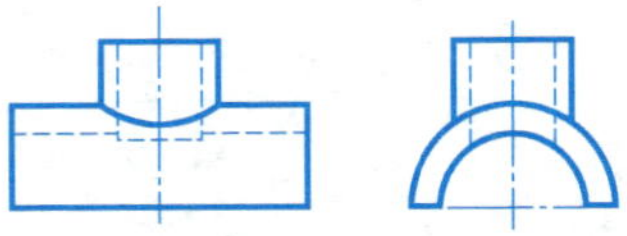

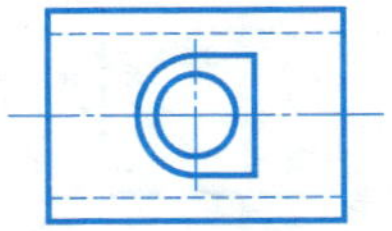

4.4.4 读懂所给的两视图，补画第三视图

1.

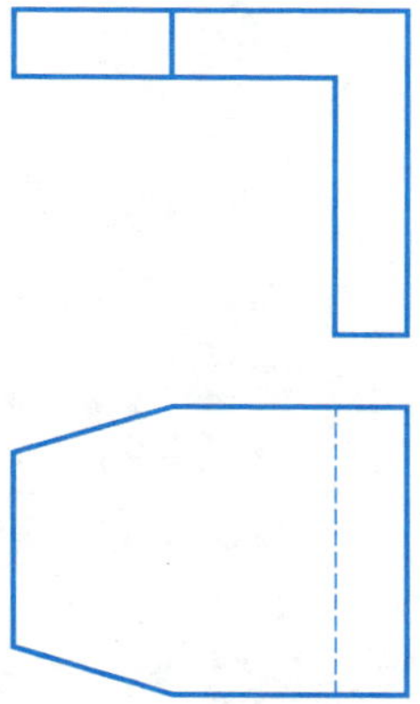

2.

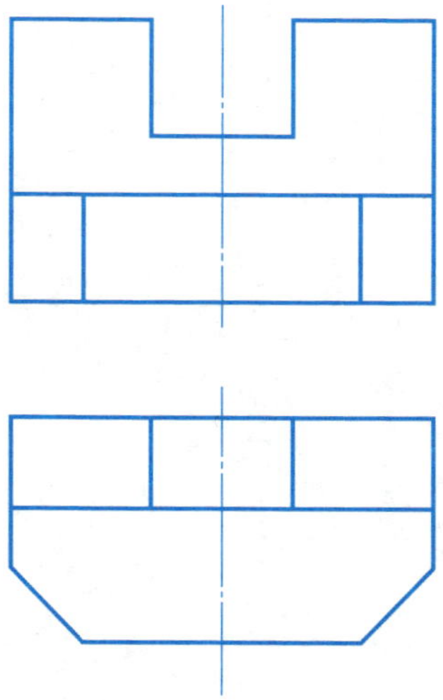

3.

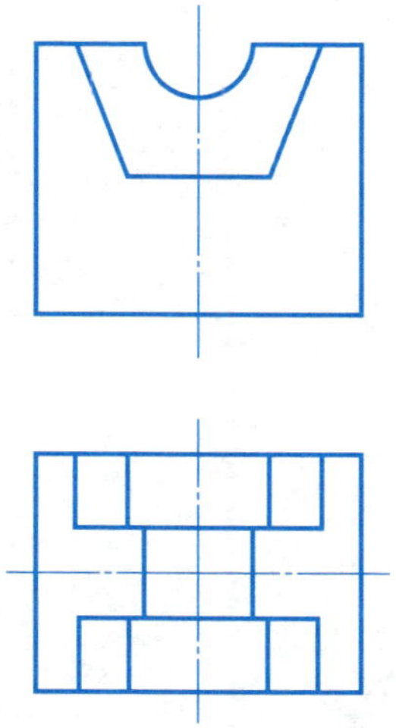

模块 5　机械零件的表达

任务一 阀体、压紧杆的表达

课堂练习

1. 绘制图示零件基本视图。

课堂练习

2. 绘制下图零件A向、B向视图（宽度参考教材）。

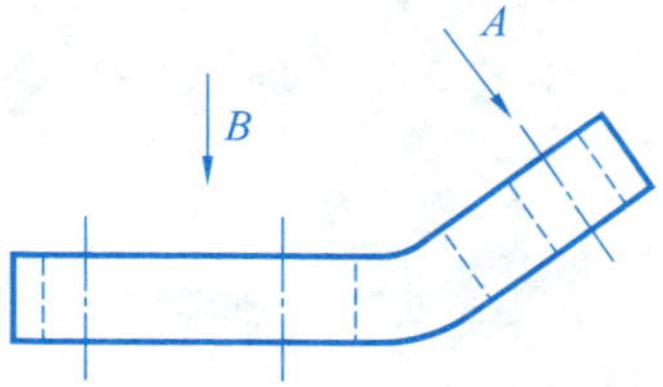

3. 绘制下图零件A向局部视图。

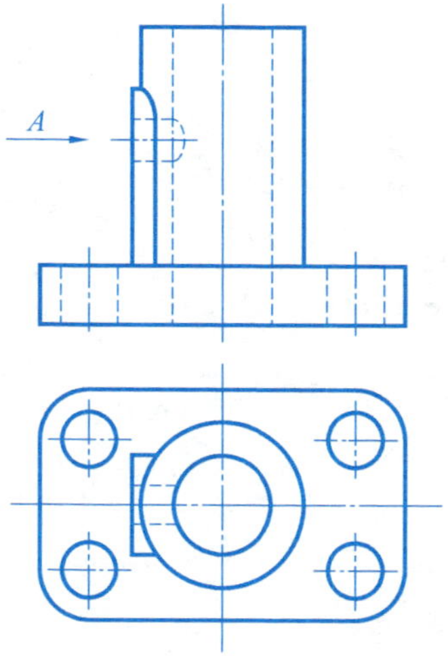

任务实施	任务实施
1. 采用合适的表达方法绘制阀体。 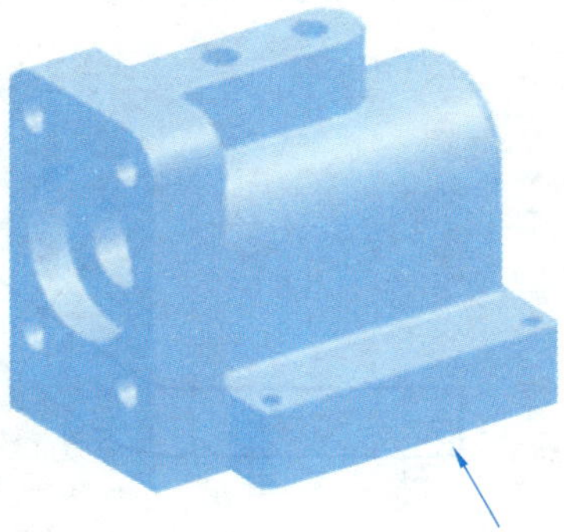	2. 选用更合适的方法表达压紧杆（可在图上修改）。 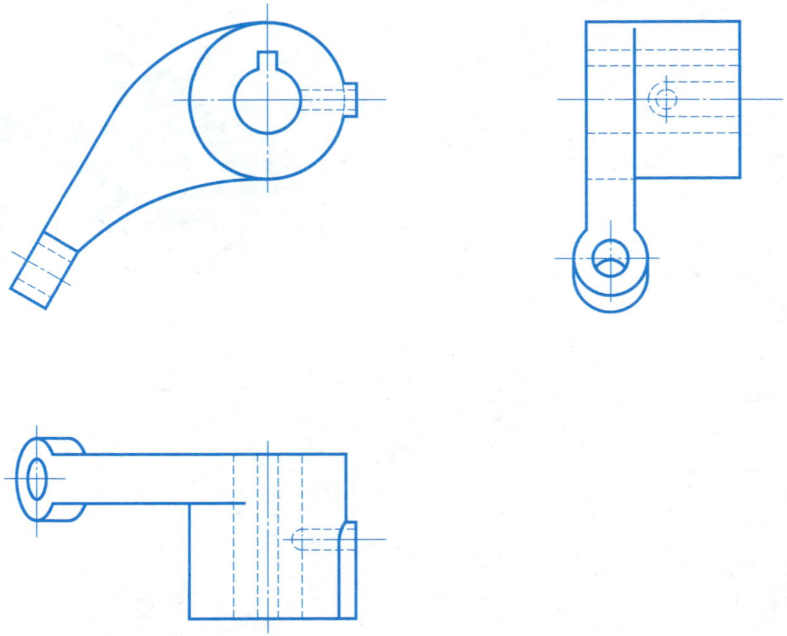

5.1.1 **根据主、俯、左视图，补画右、仰、后视图**

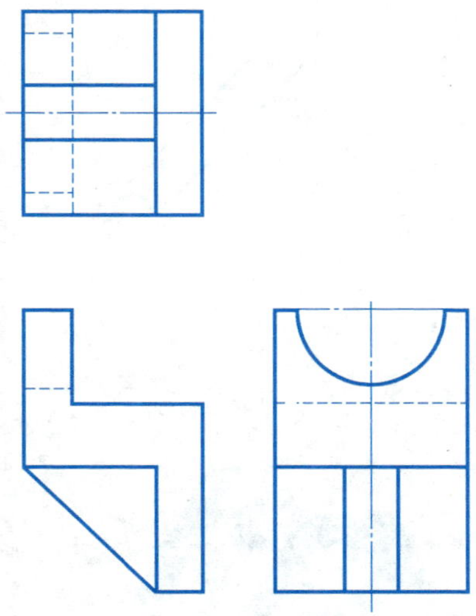

5.1.2 **在指定位置画出*A*、*B*向视图**

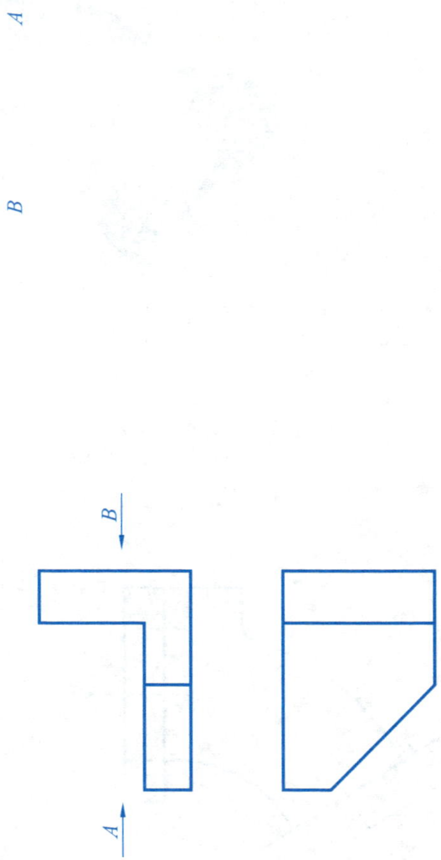

5.1.3 在指定位置作局部视图和斜视图

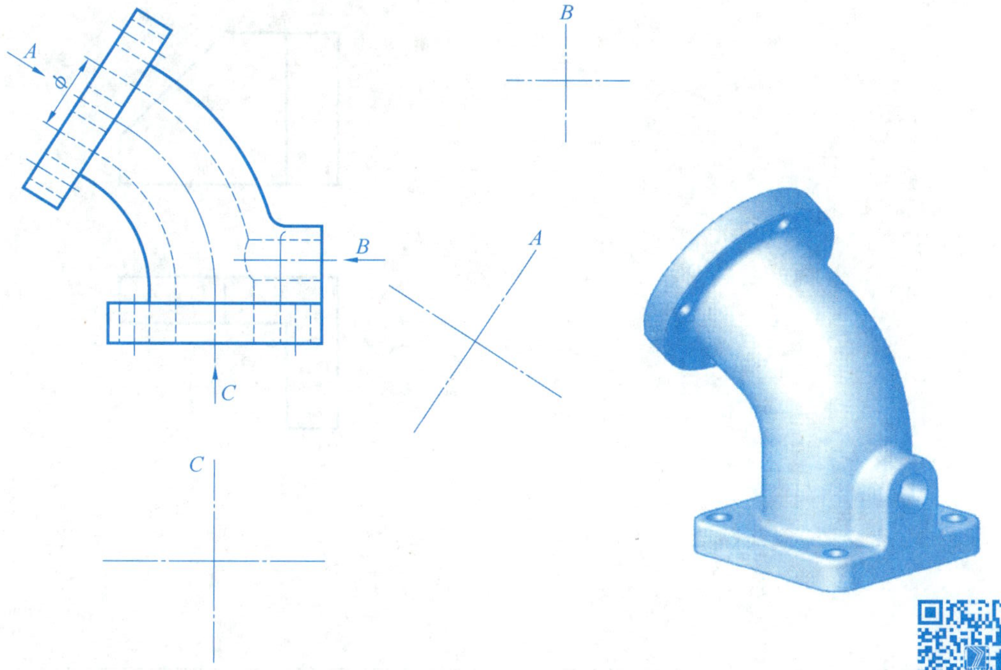

5.1.4 参照轴测图，在指定位置作局部视图和斜视图，并标注尺寸，除给定尺寸，其他尺寸在主视图上量取

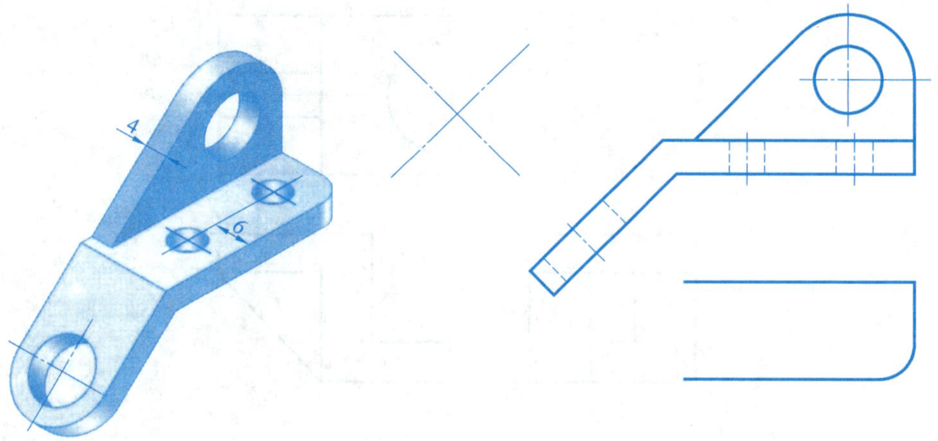

5.1.5 按第三角画法在指定位置画出支座右部凸台的局部视图，并考虑是否需要标注

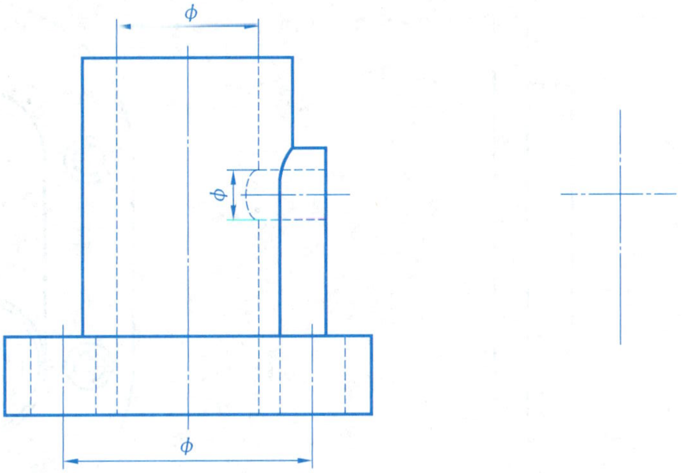

5.1.6 读懂弯板的各部分形状后，完成局部视图和斜视图，并按规定标注（不注尺寸）

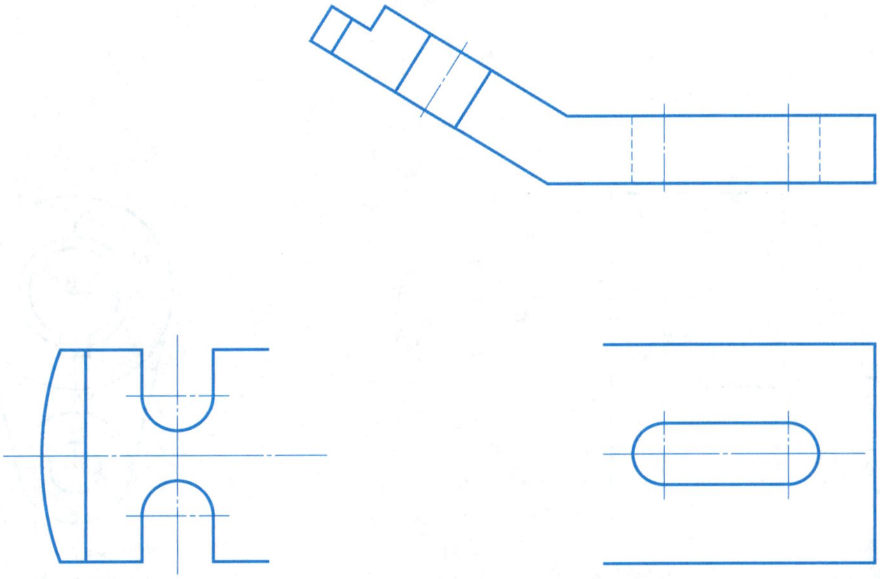

任务二　泵盖的表达

课堂练习

1. 将主视图画成全剖视图。

任务实施

1. 将主视图画成全剖视图。

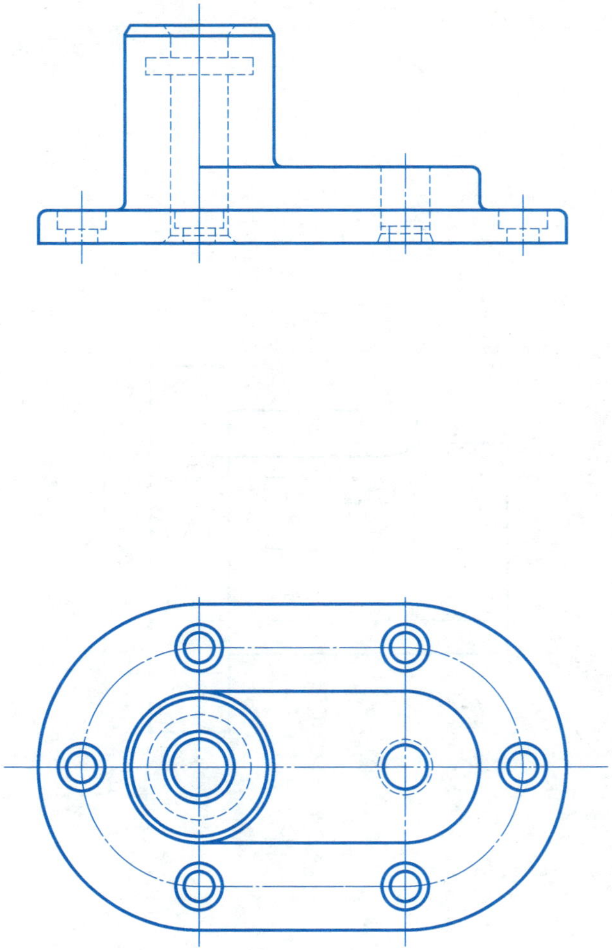

5. 2. 1 补画剖视图中所缺的图线

1.

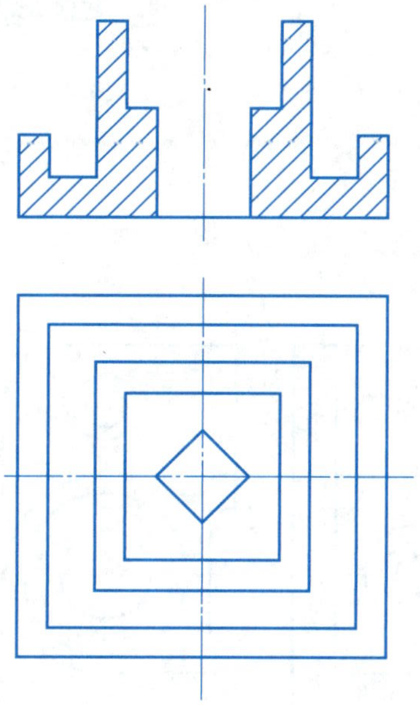

2.

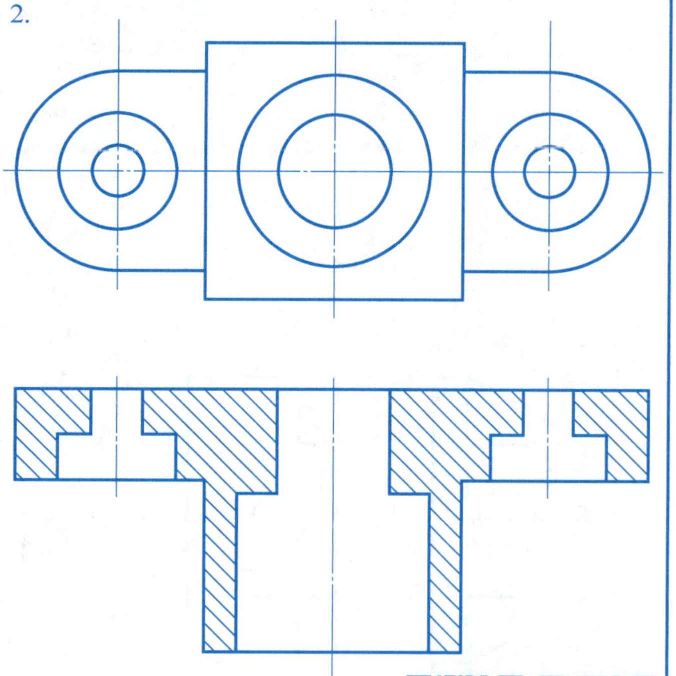

3.

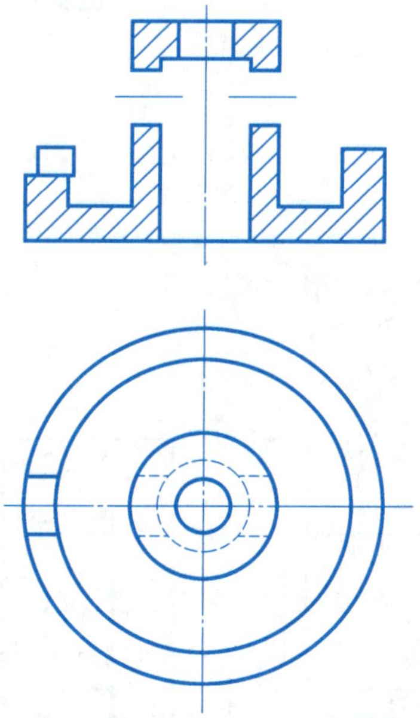

4.

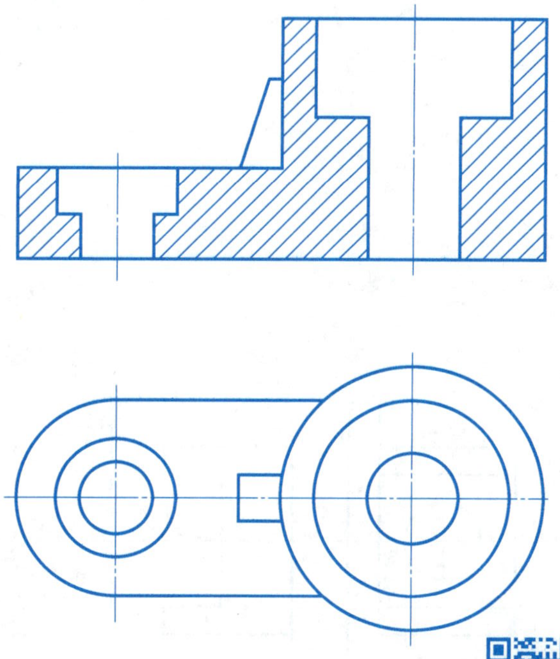

5.2.2 补画全剖的左视图

1.

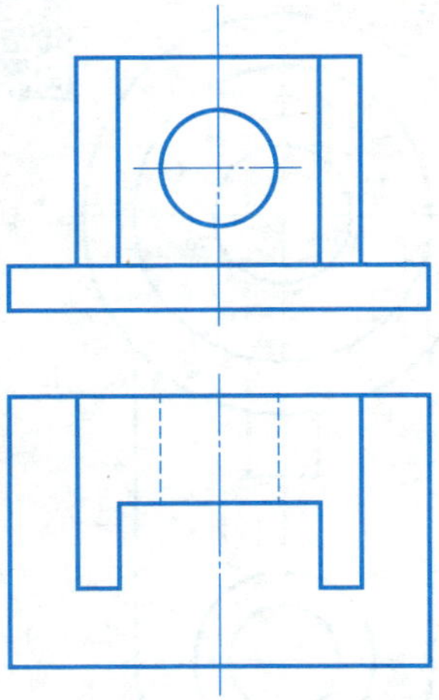

2.

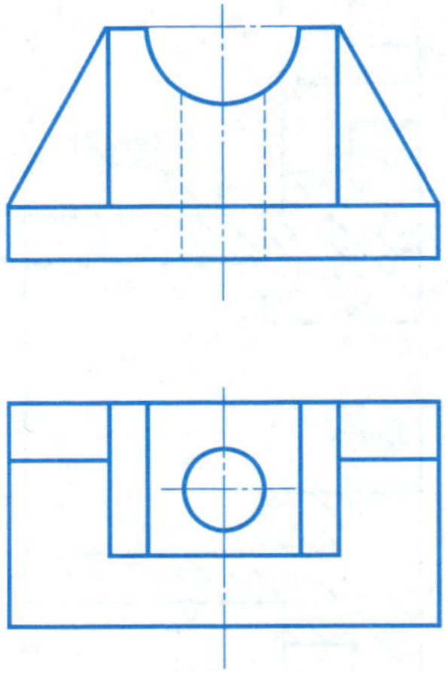

3.

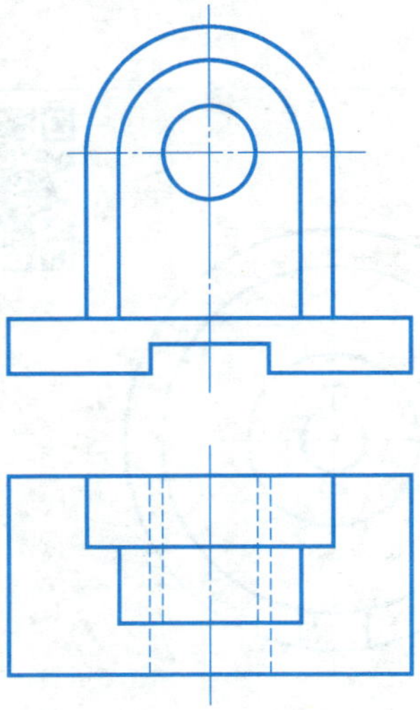

4.

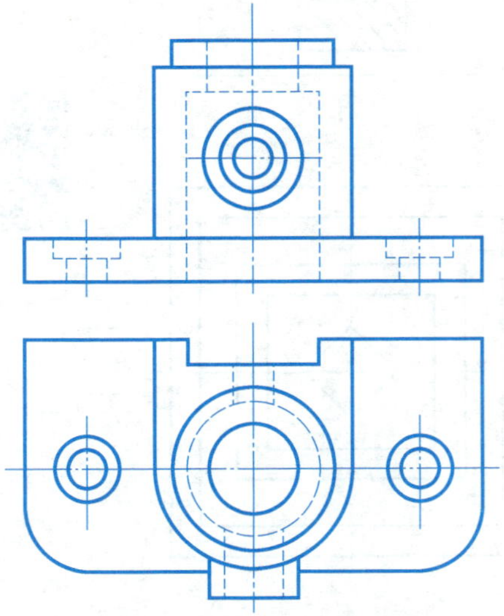

5.2.3 在指定位置将主视图画成全剖视图

1.

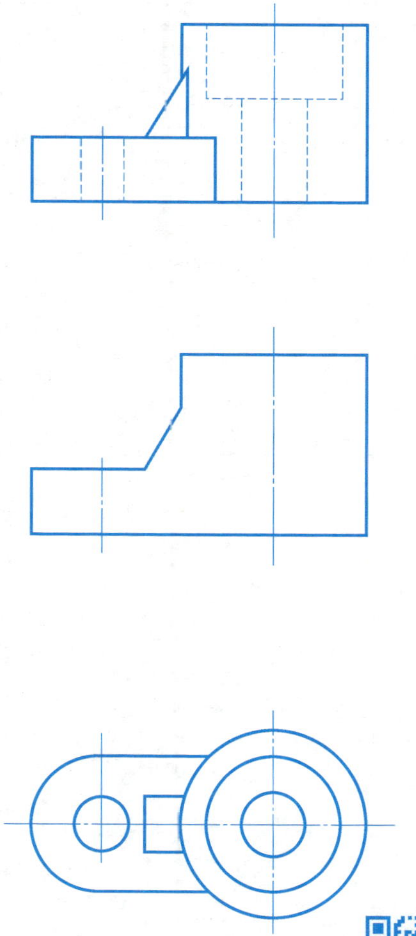

2.

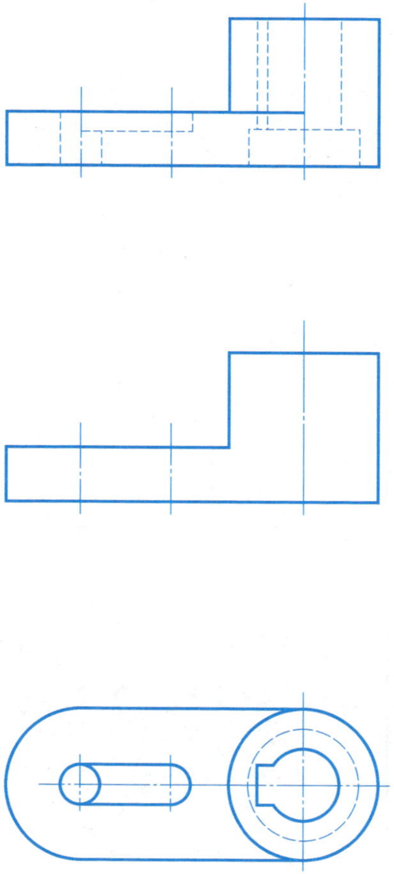

3.

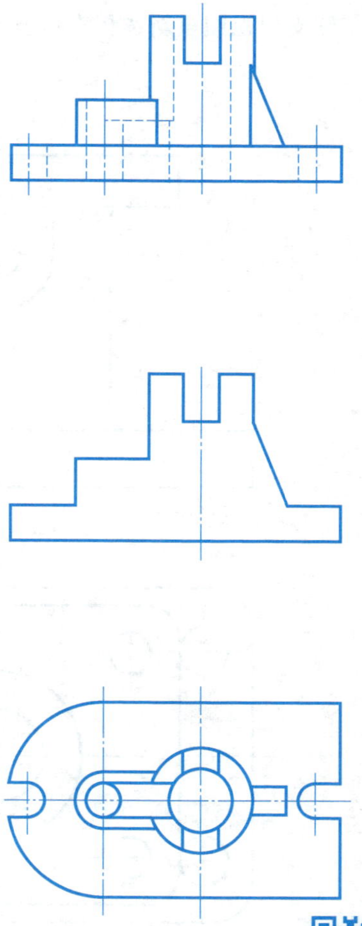

任务三　支架的表达

任务实施	任务实施
1. 将左侧支架视图重新选择表达方案，画在右侧线框内。 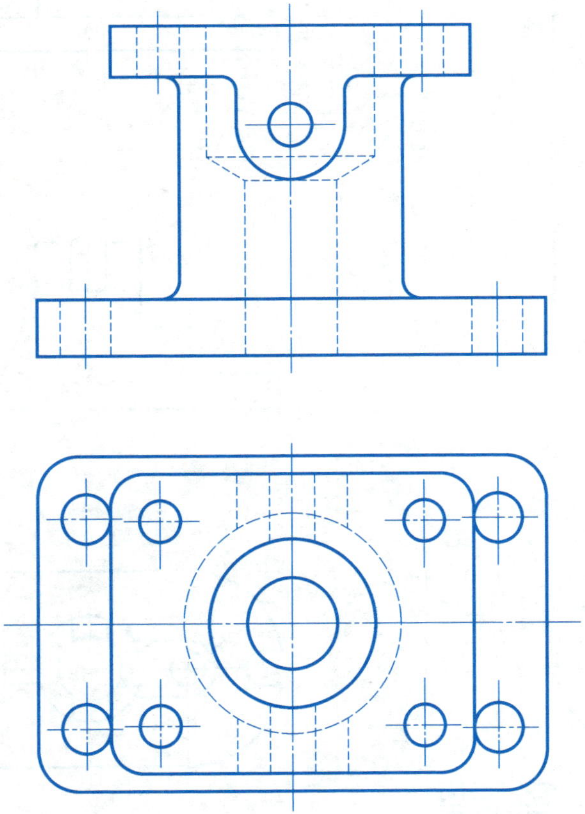	

5.3.1 将主视图画成半剖视图

1.

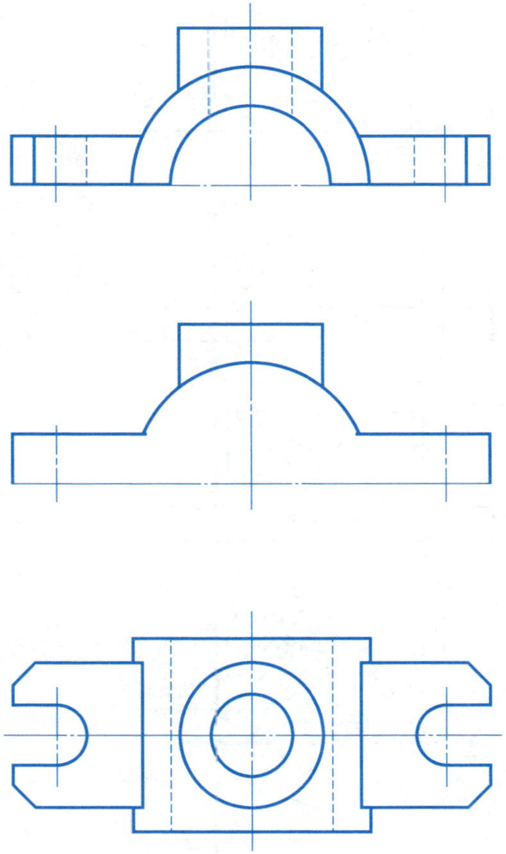

2.

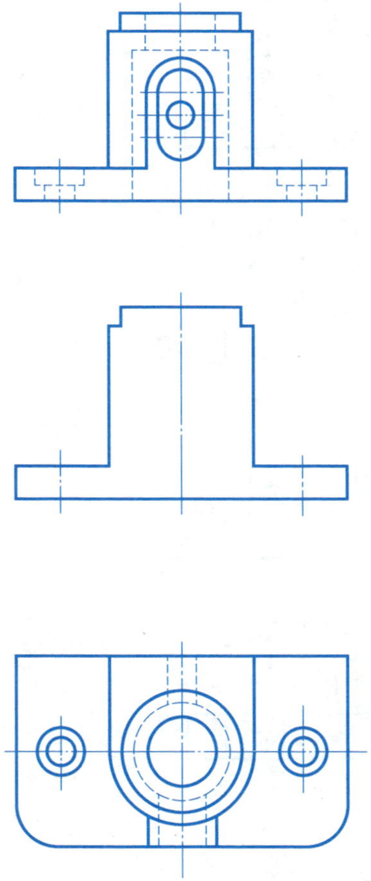

3.

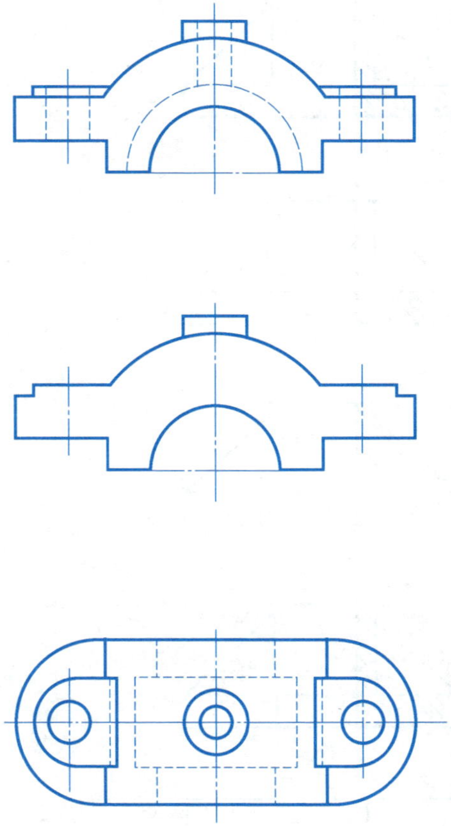

5.3.2 根据给出的俯视图选择正确的主视图

1.

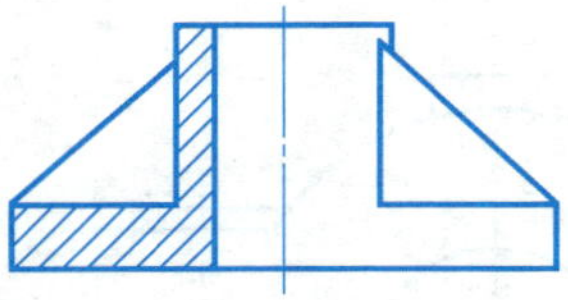

(   )

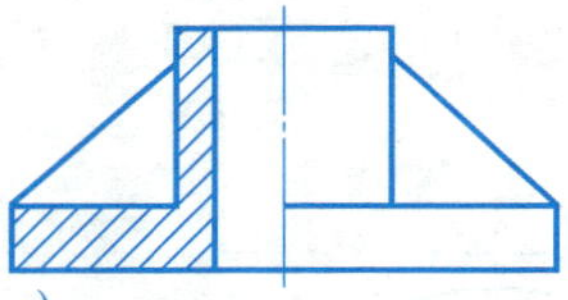

(   )

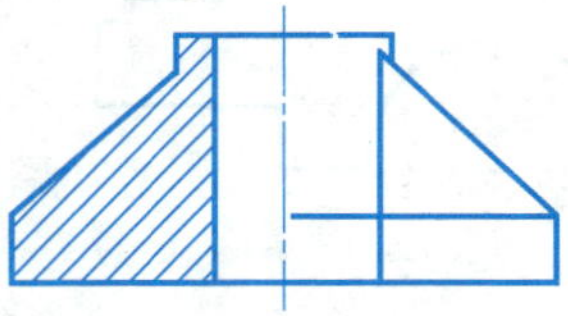

(   )

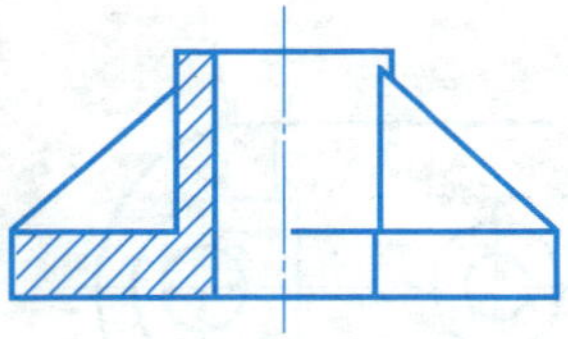

(   )

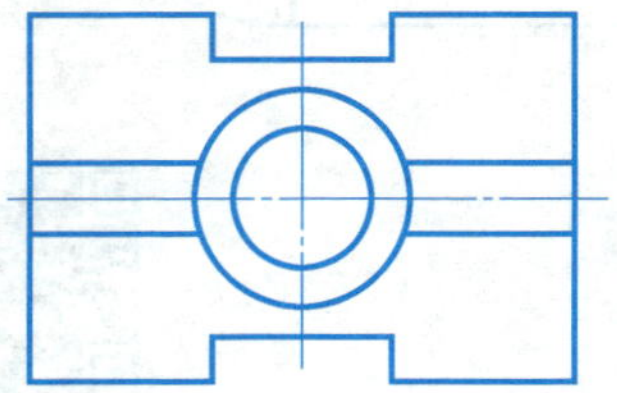

2.

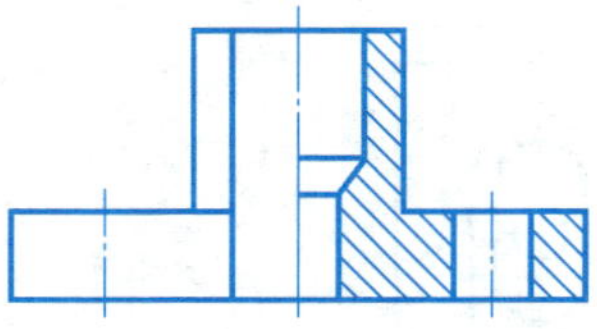

(   )

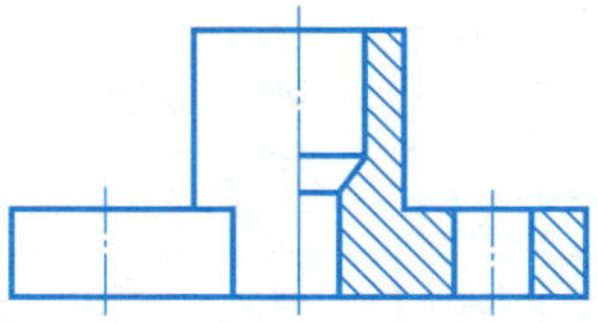

(   )

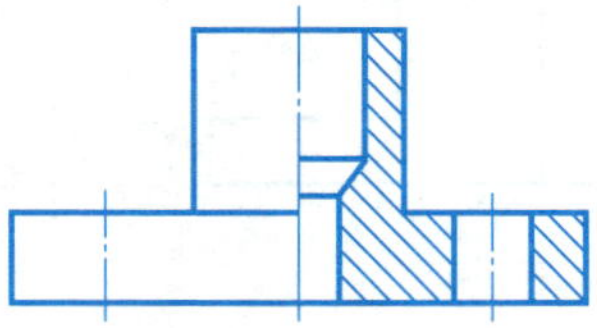

(   )

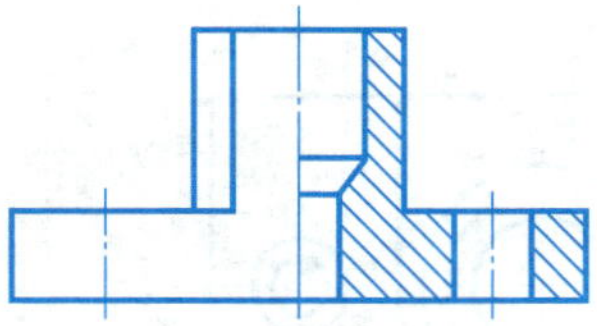

(   )

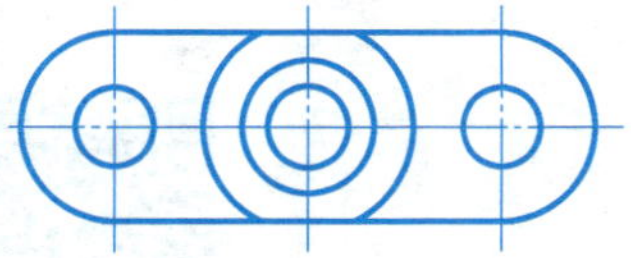

3.

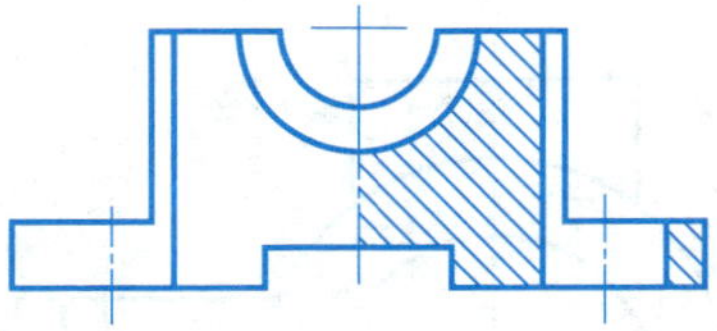

(   )

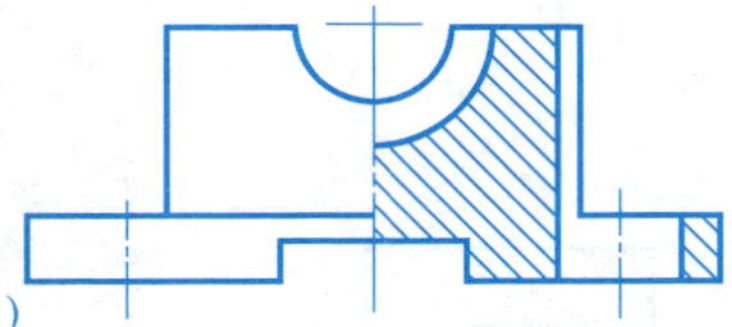

(   )

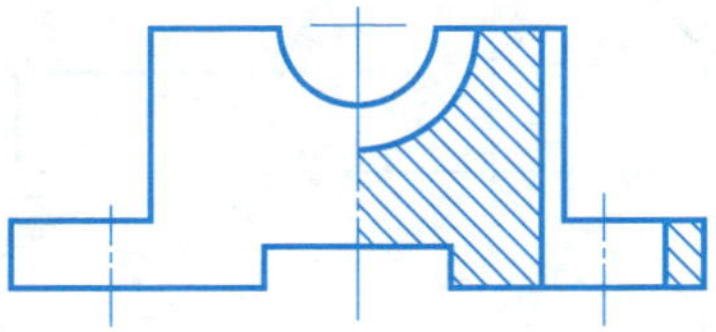

(   )

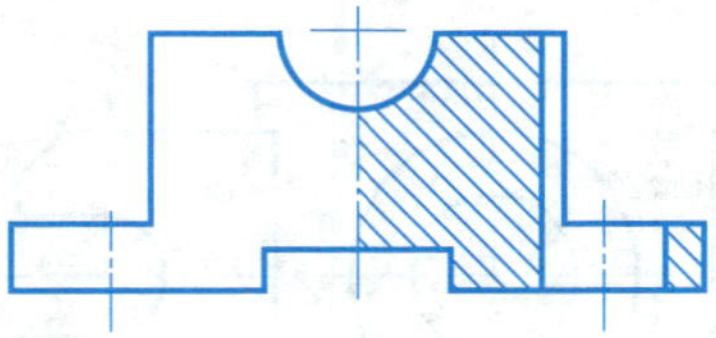

(   )

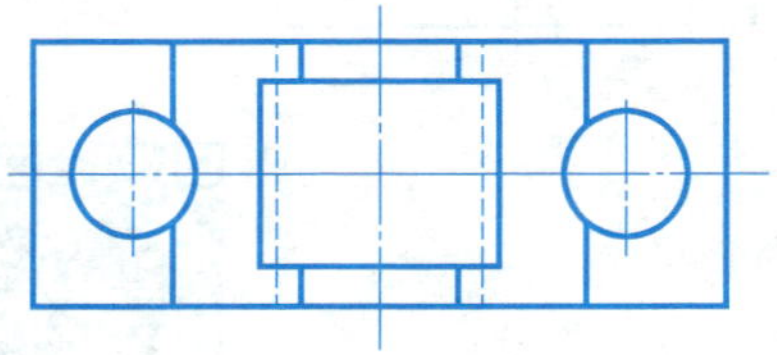

5.3.3 选择正确的局部剖视图

1.

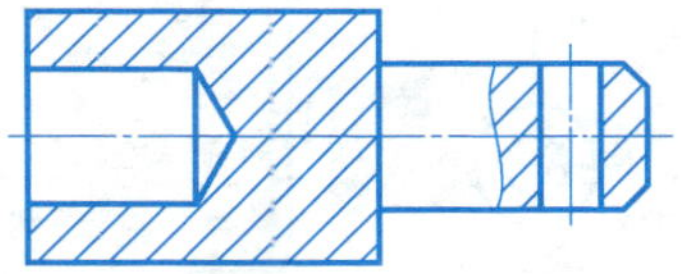

(　　)

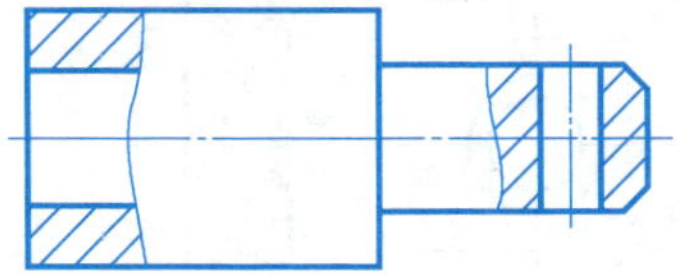

(　　)

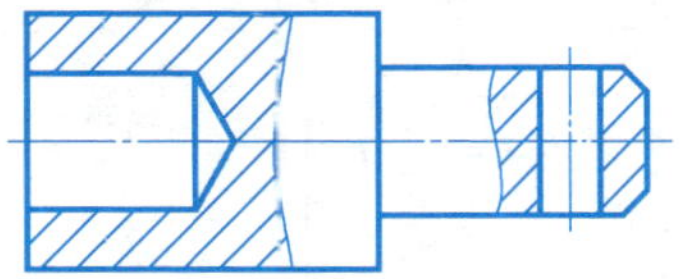

(　　)

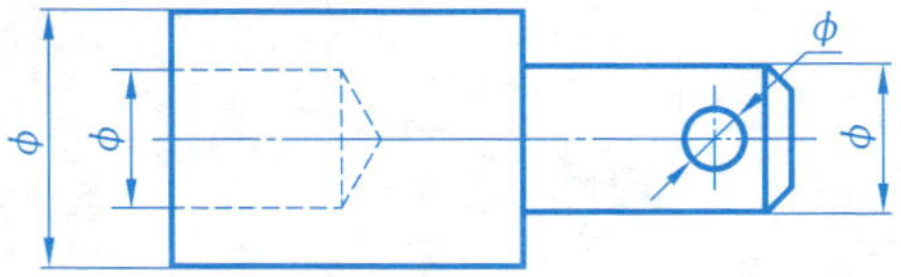

2.

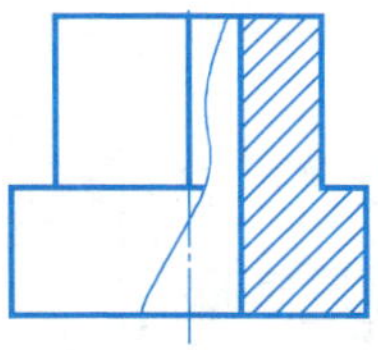

(　　)

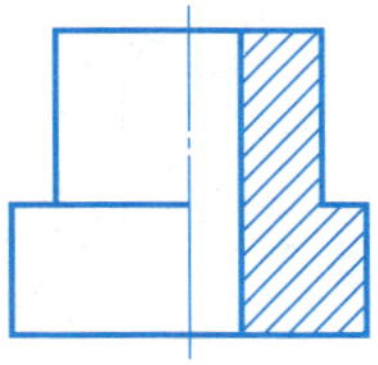

(　　)

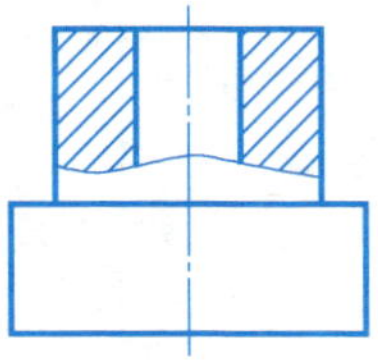

(　　)

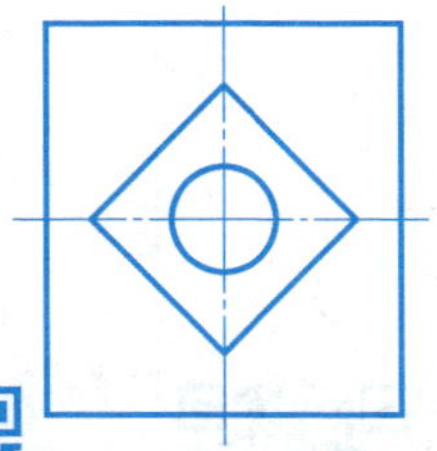

3.

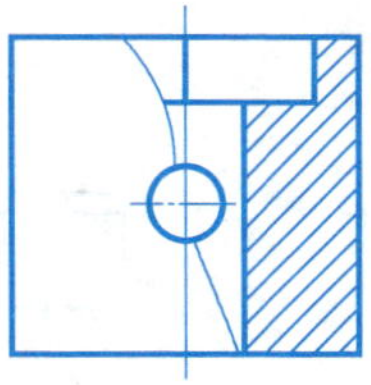

(　　)

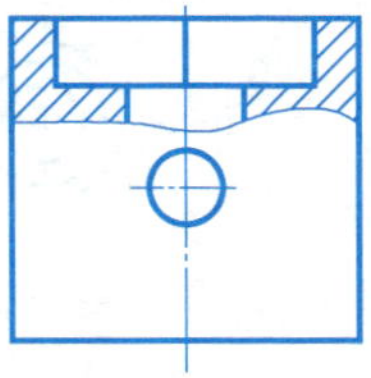

(　　)

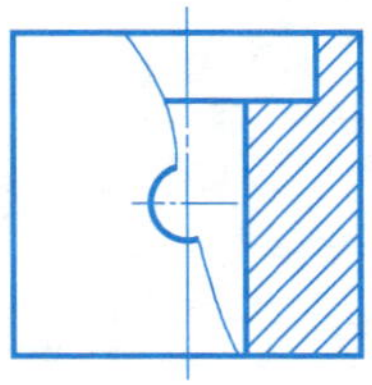

(　　)

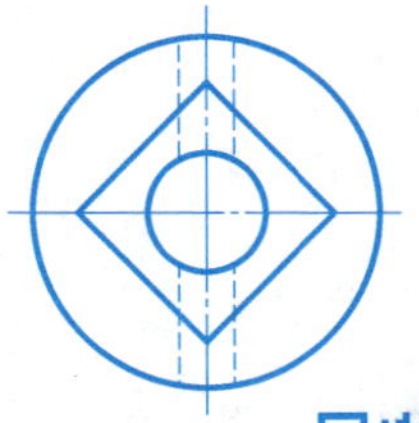

4.

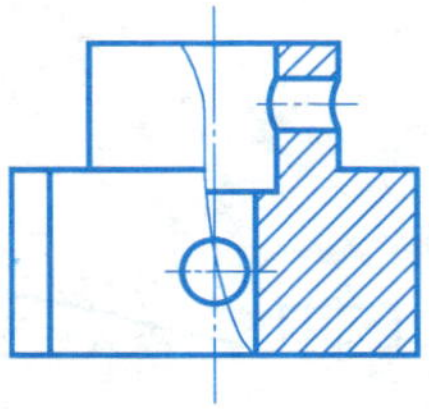

(　　)

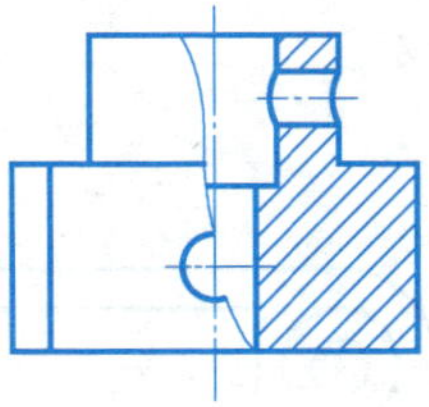

(　　)

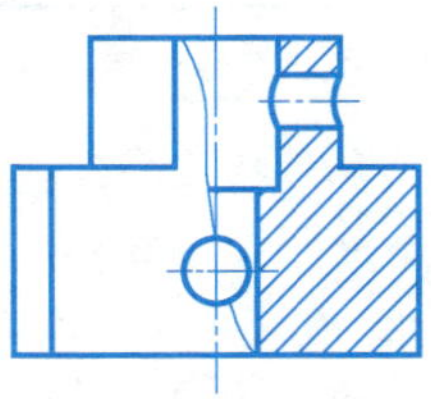

(　　)

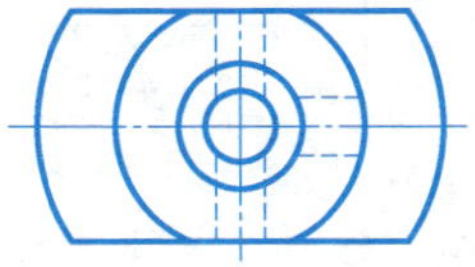

5.3.4 求作各视图局部剖视图

1.

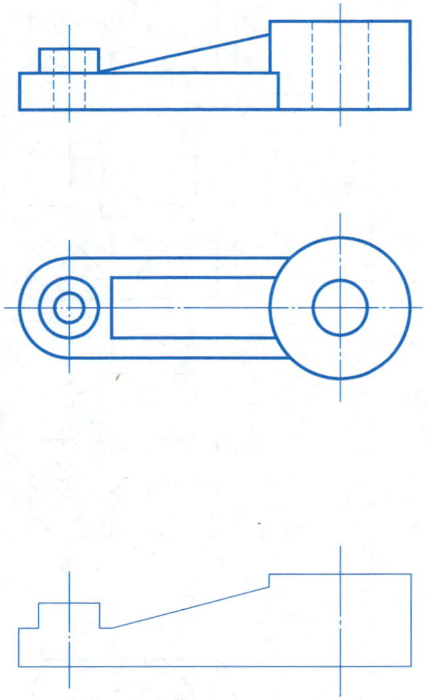

2.

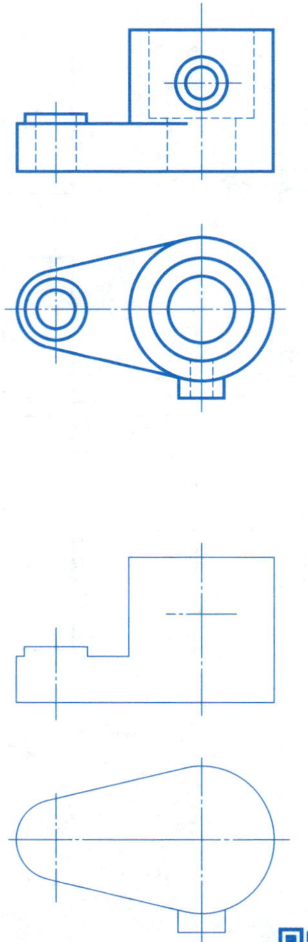

3.

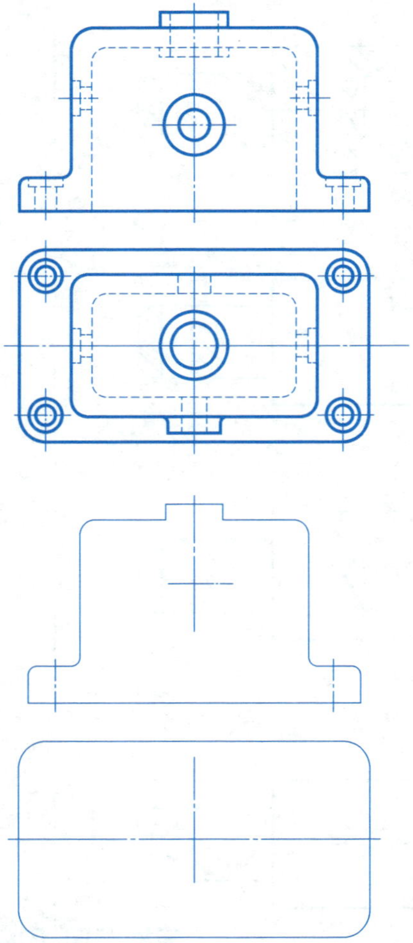

任务四 模板、摇臂的表达

任务实施

1. 采用平行剖切的方法将主视图画成全剖视图。

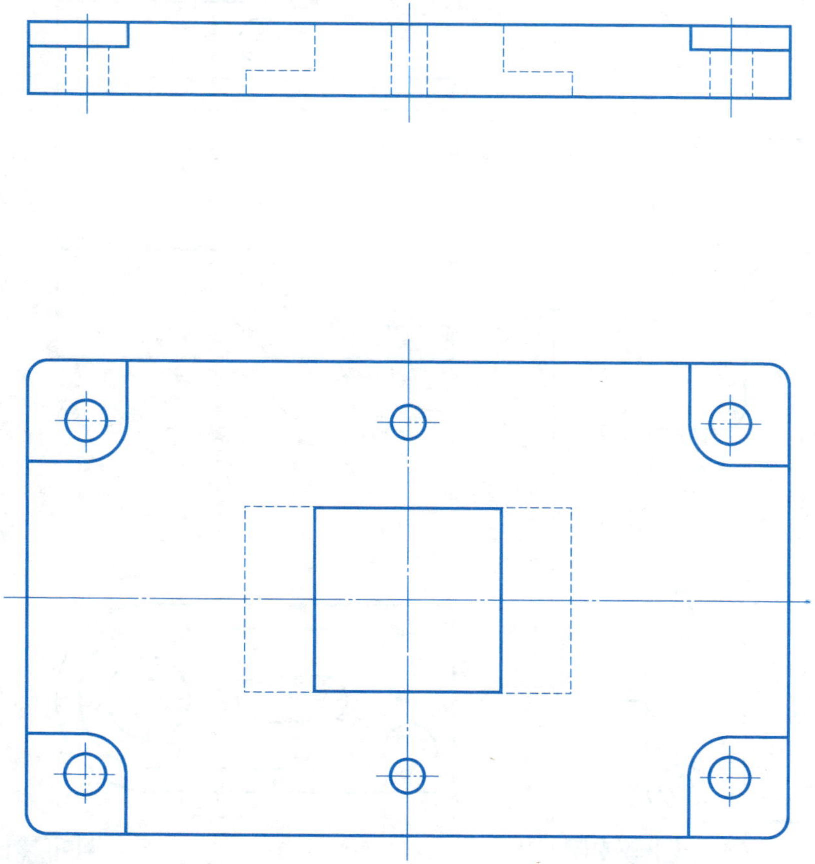

任务实施

2. 采用几个相交剖切平面将俯视图画成全剖视图，采用合适的方法将主视图进行修改，表达孔的形状。

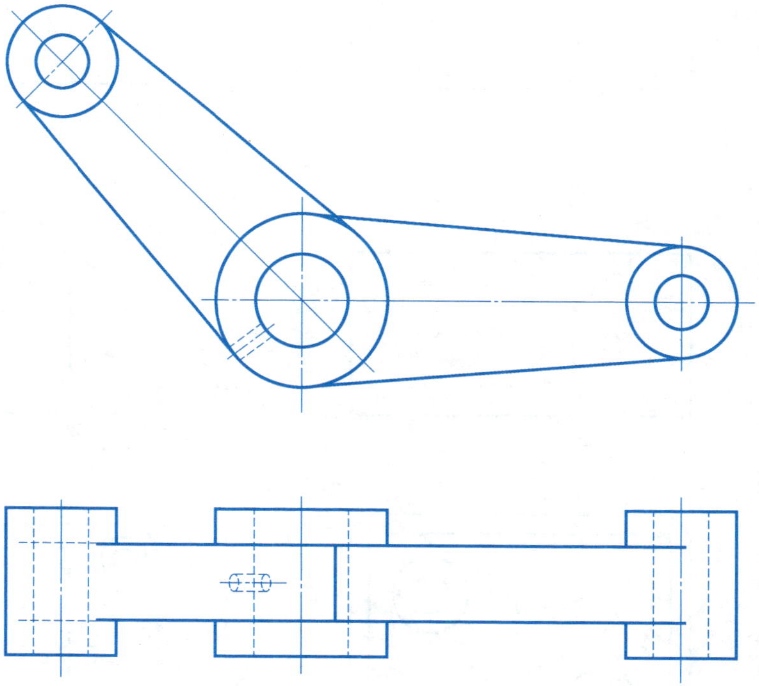

5.4.1 将主视图画成*A*—*A*阶梯剖视图

1.

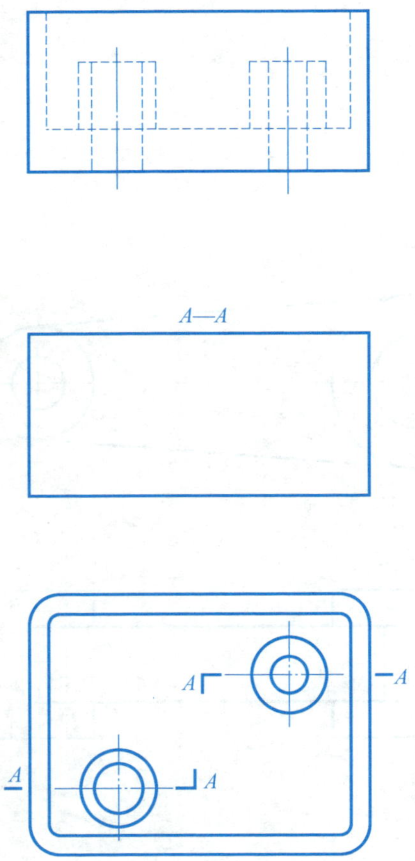

2.

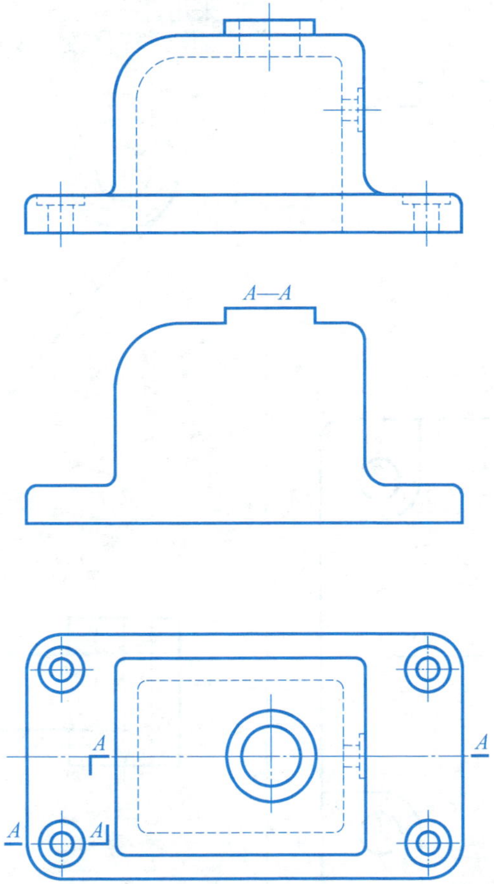

3.

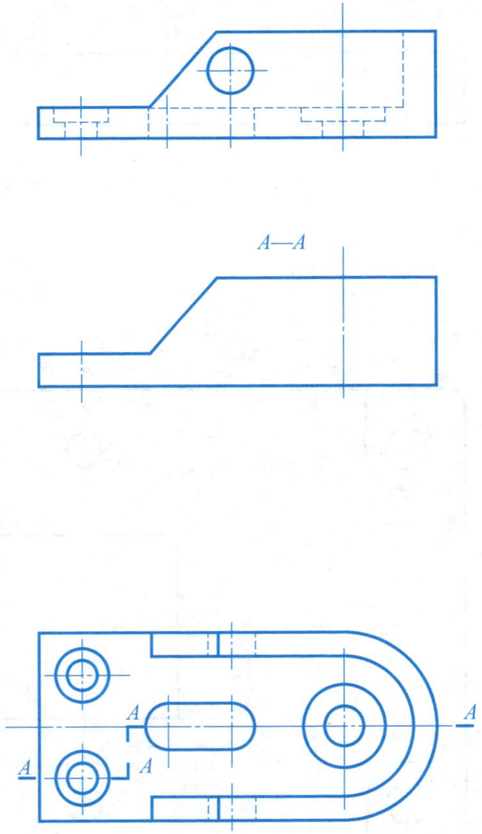

5.4.2 将主视图画成*A*—*A*旋转剖视图

1.

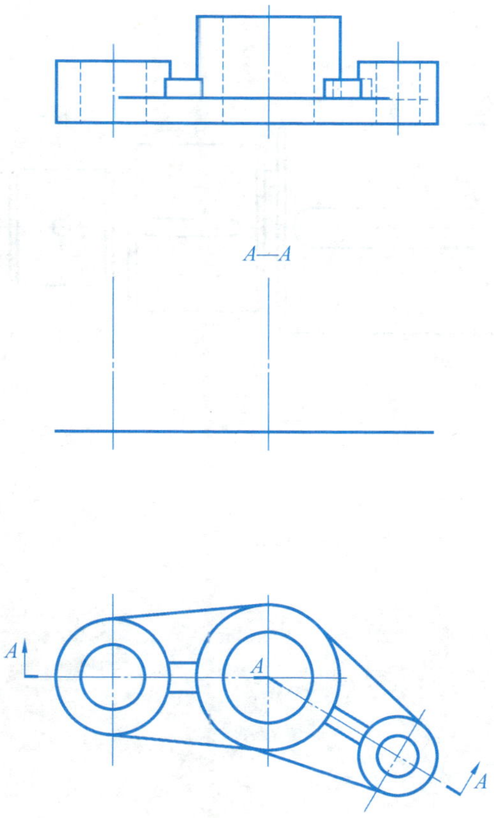

2.

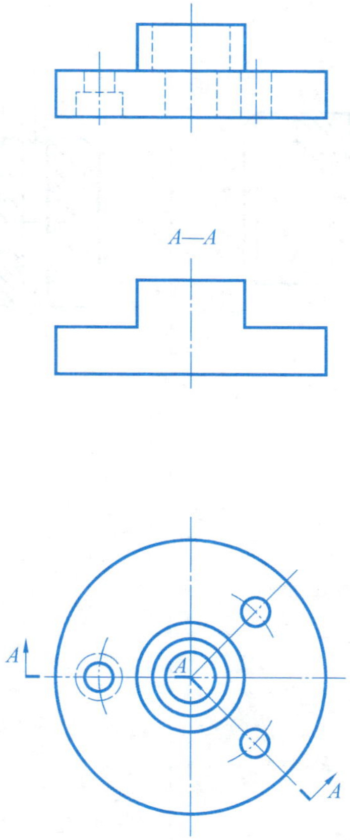

3.

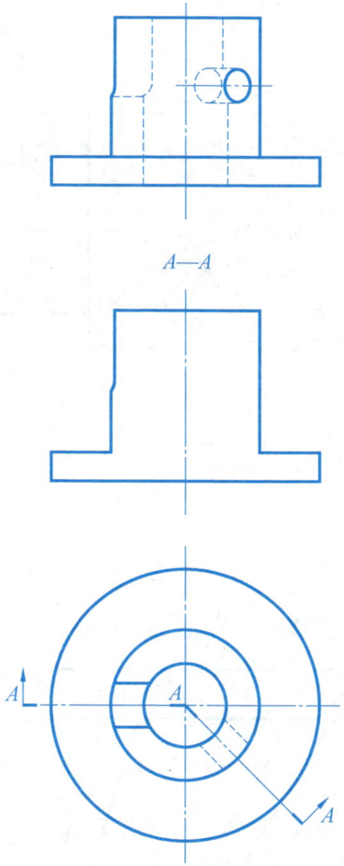

任务五　阶梯轴的表达

课堂练习

1. 在合适位置作移出断面图。

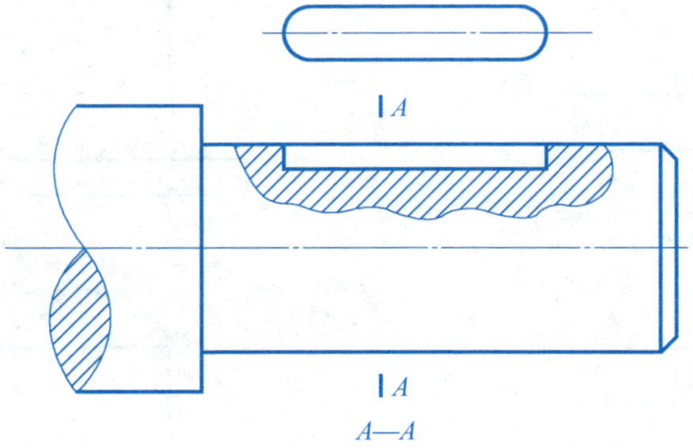

2. 在合适位置作移出断面图。

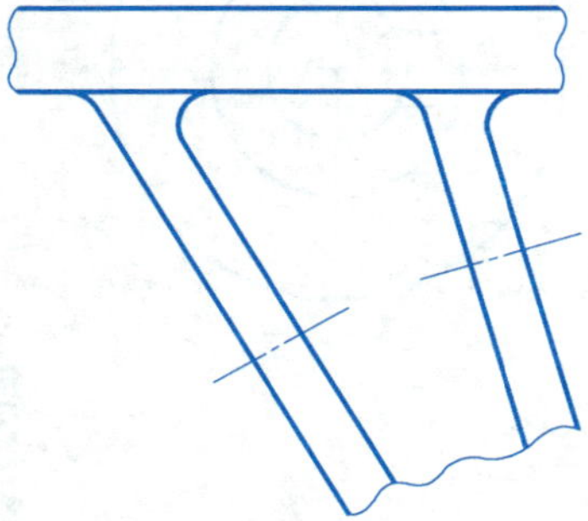

任务实施

1. 在合适位置画出断面图。

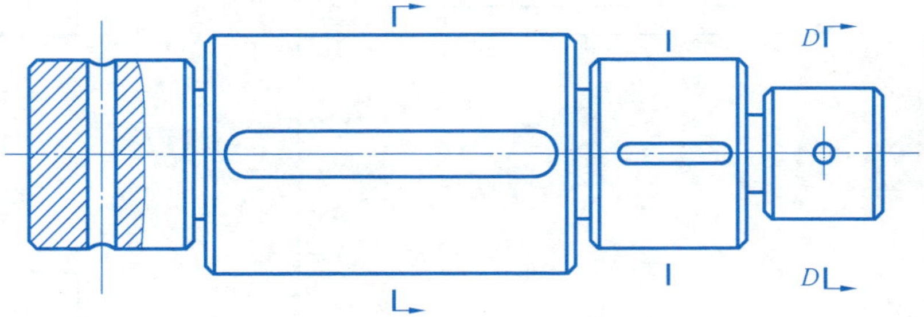

5.5.1 在指定位置作断面图

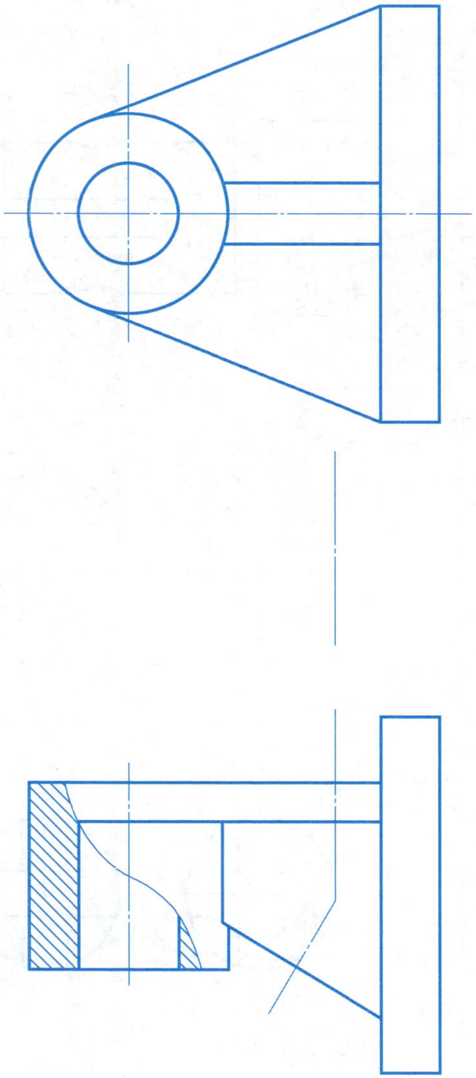

5.5.2 在指定位置作出轴的断面图（尺寸按图量取，左端键槽深4 mm，右端键槽深3 mm）

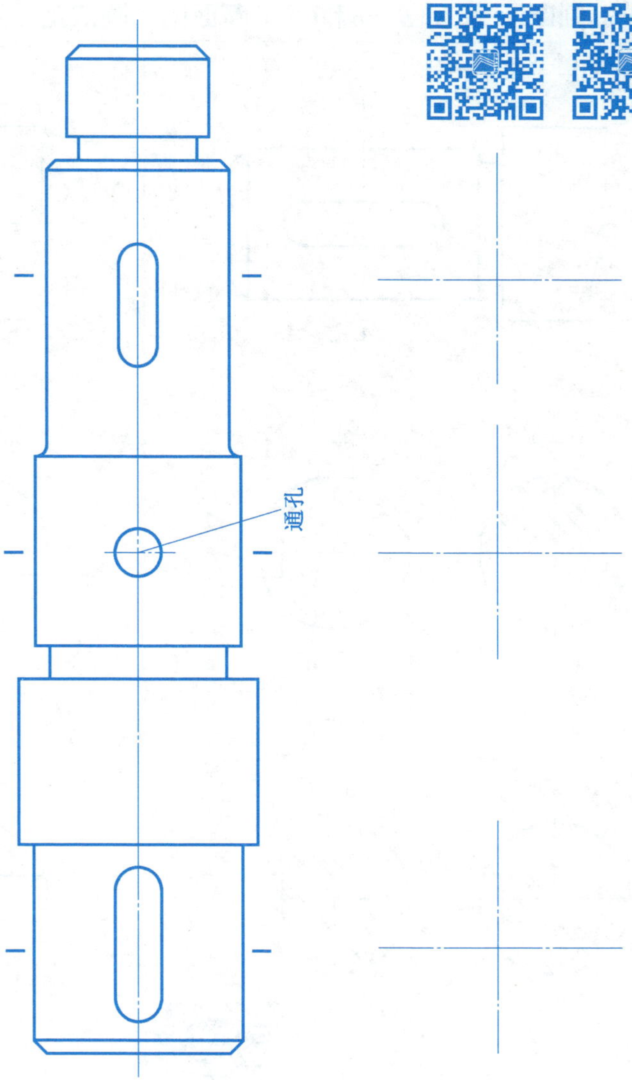

5.5.3 判断*A*—*A* 、*B*—*B*和*C*—*C*断面图的画法是否正确

1.

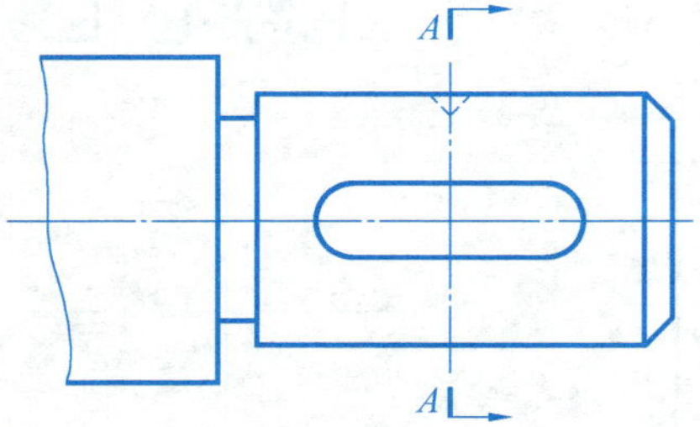

A—*A*

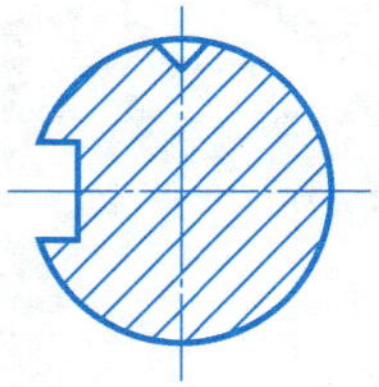

(　　)

A—*A*

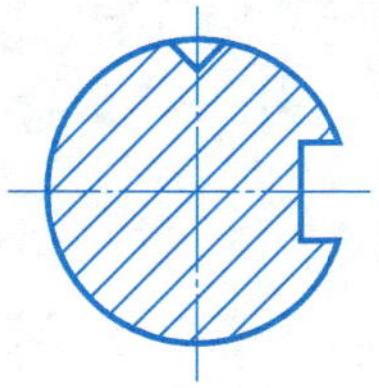

(　　)

A—*A*

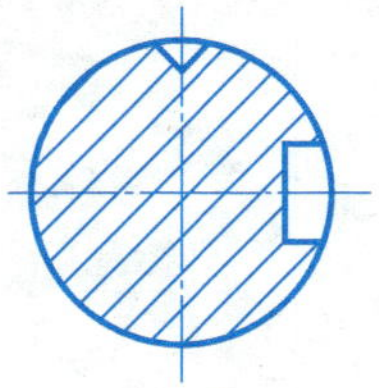

(　　)

A—*A*

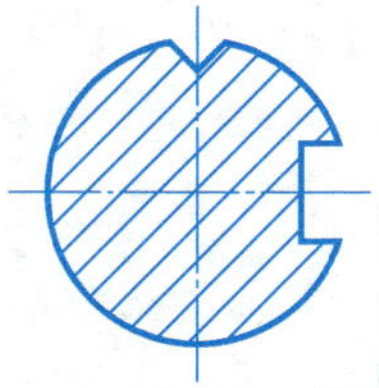

(　　)

2.

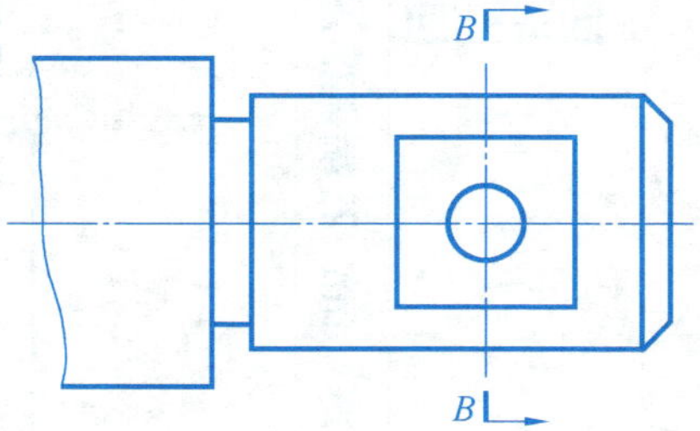

B—*B*

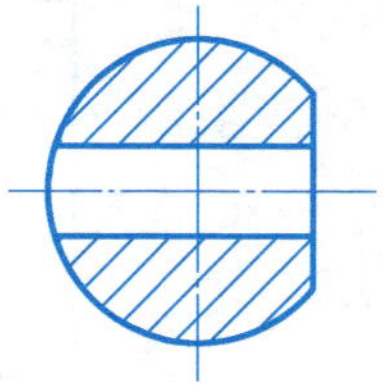

(　　)

B—*B*

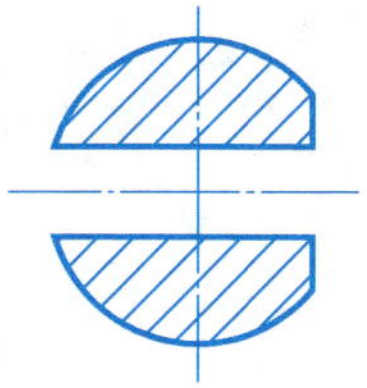

(　　)

B—*B*

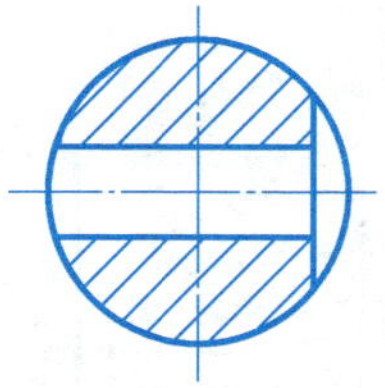

(　　)

B—*B*

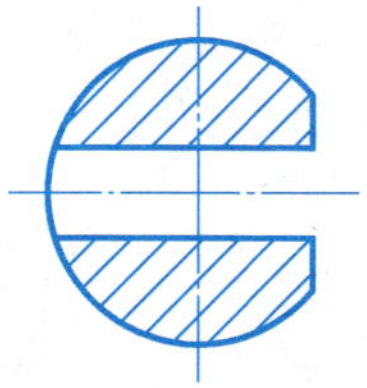

(　　)

3.

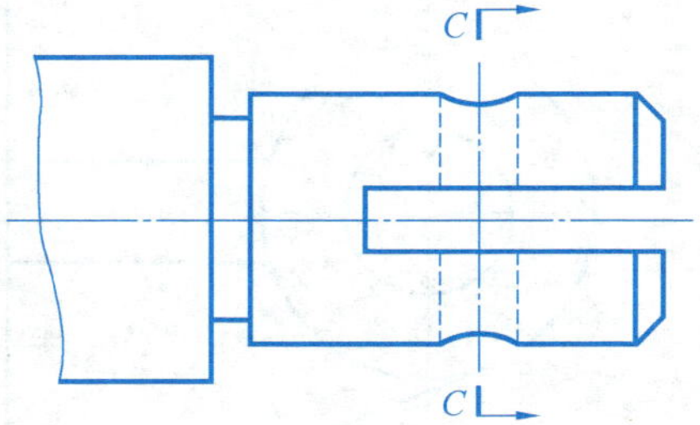

C—*C*

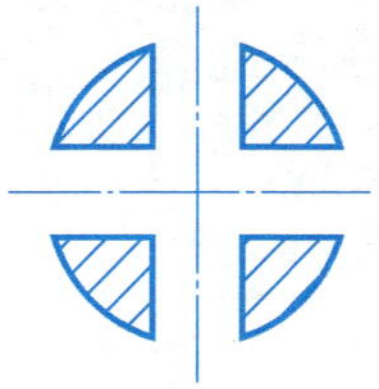

(　　)

C—*C*

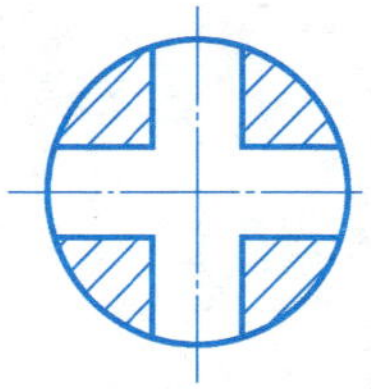

(　　)

C—*C*

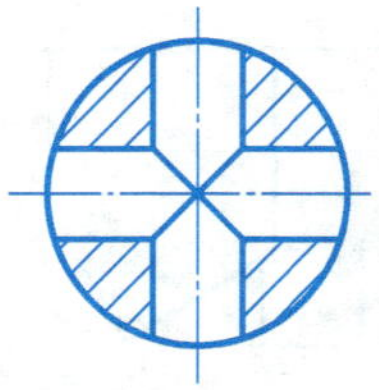

(　　)

C—*C*

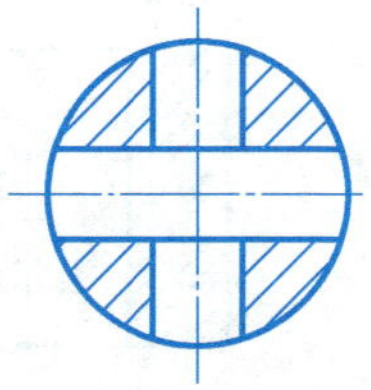

(　　)

任务六　轴承座的表达

任务实施

1. 请采用更合适的表达方法表达轴承座的结构，并画在右侧线框内。

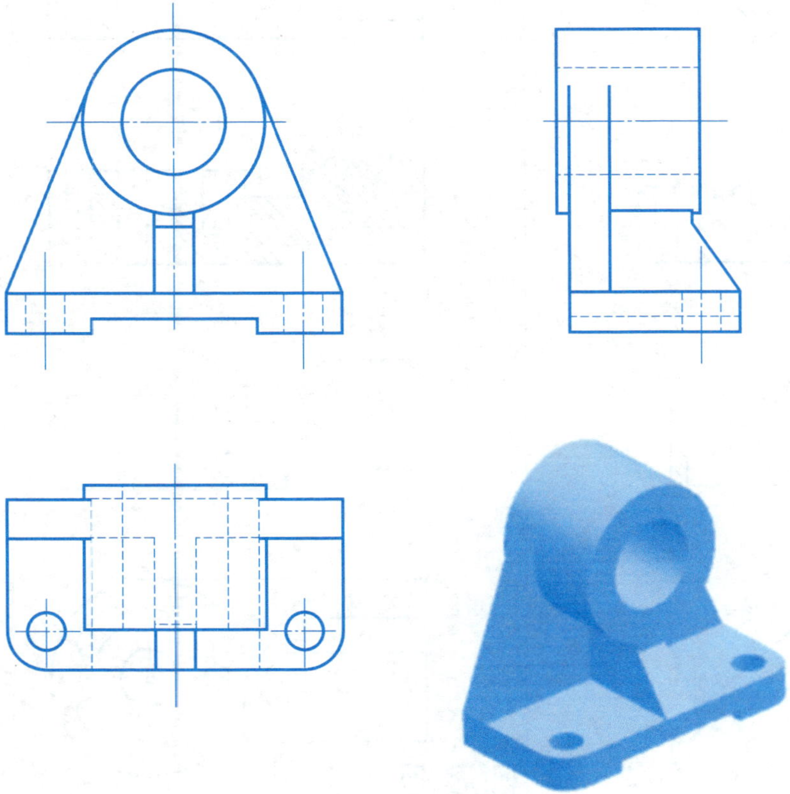

任务实施

5.6.1 选择正确的主视图

1.

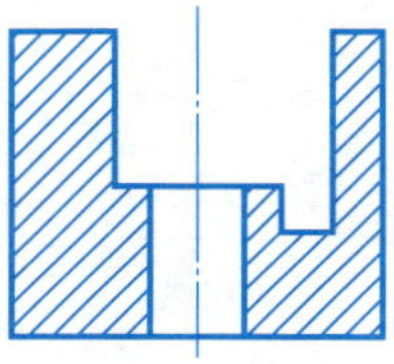

( )

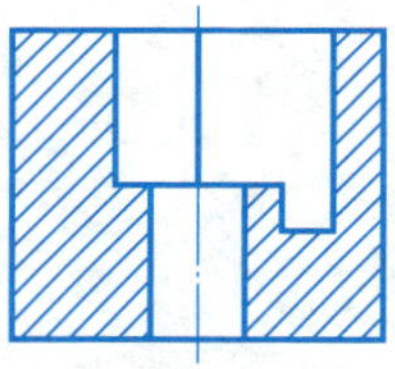

( )

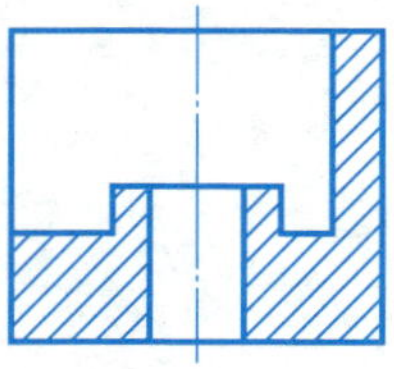

( )

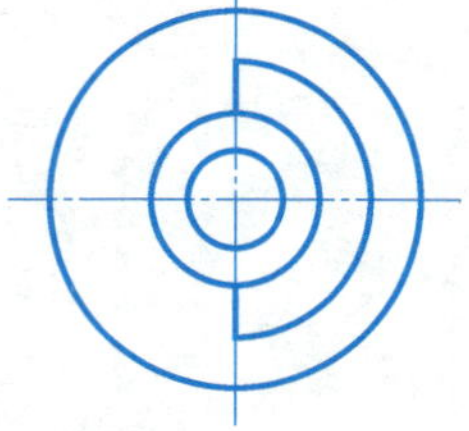

2.

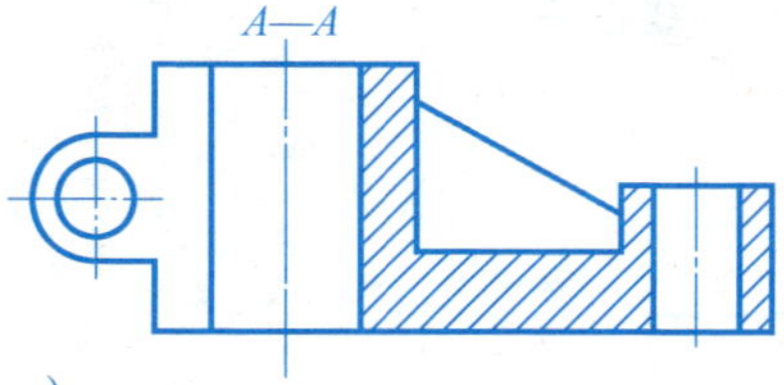

( )

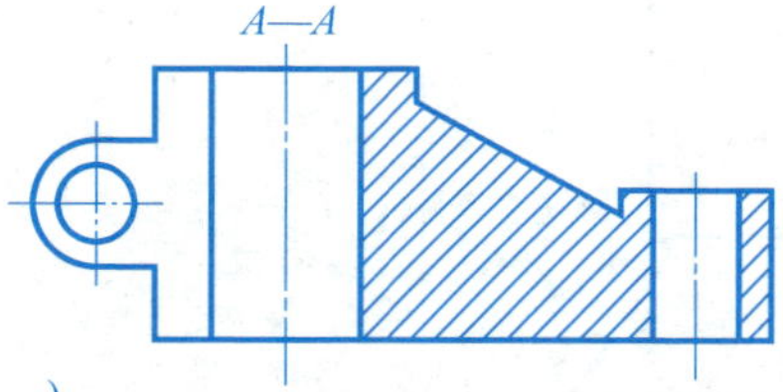

( )

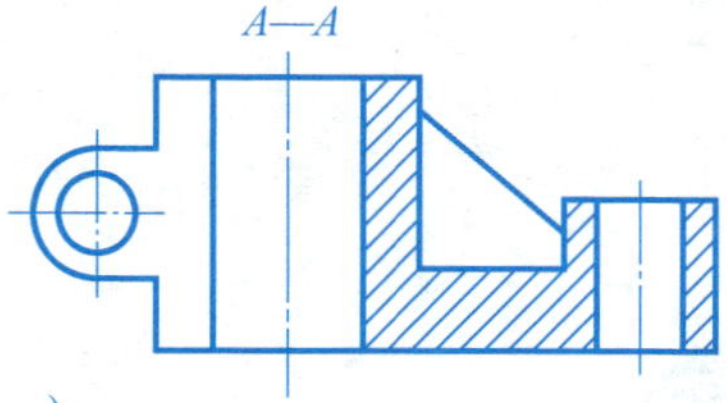

( )

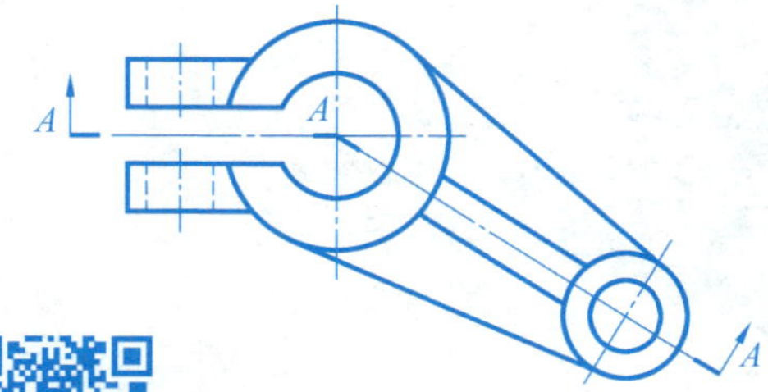

3.

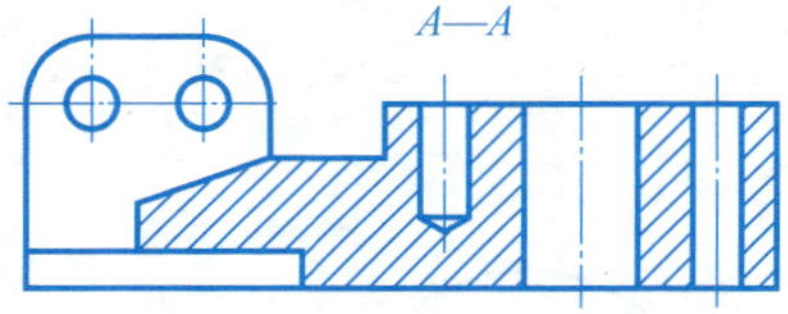

( )

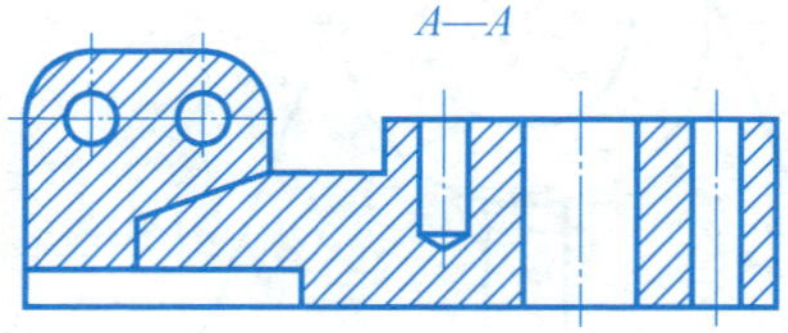

( )

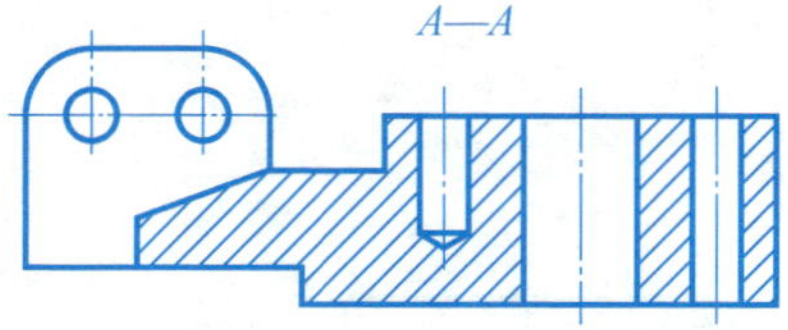

( )

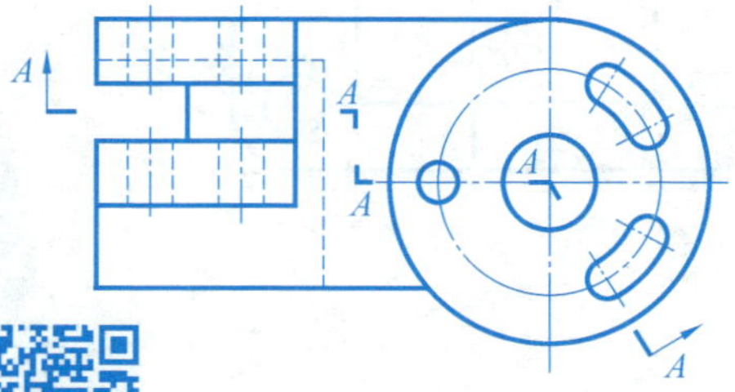

5.6.2 按画法规定画出正确的主视图

1.

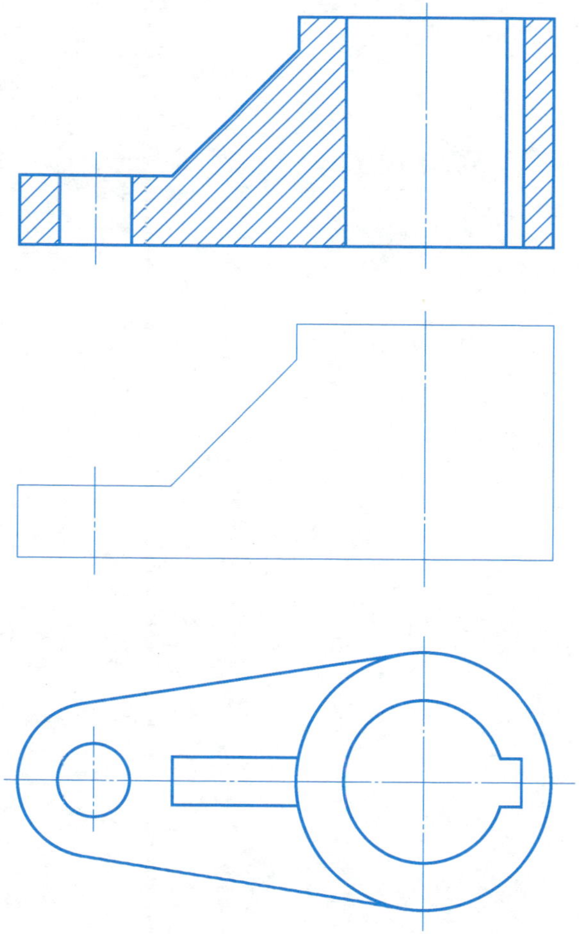

2.

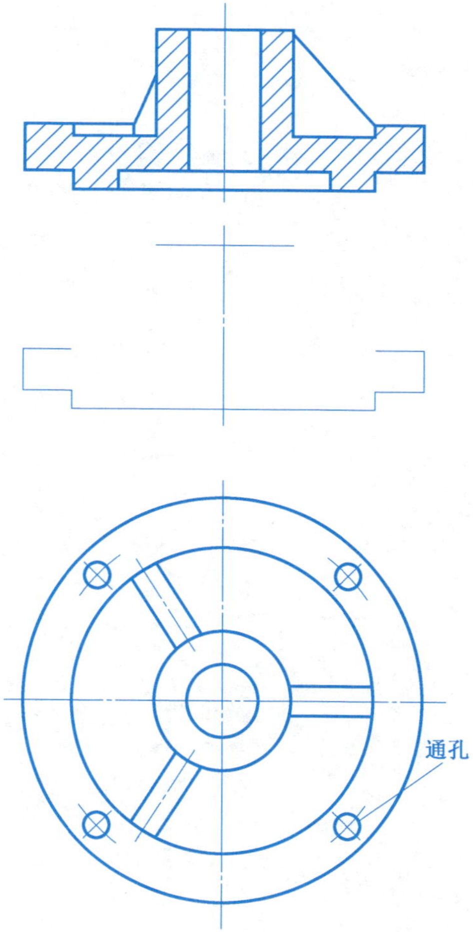

模块6　标准件与常用件的识读

任务一　识读螺纹连接及其画法

课堂练习

1. 画出外螺纹主视图。

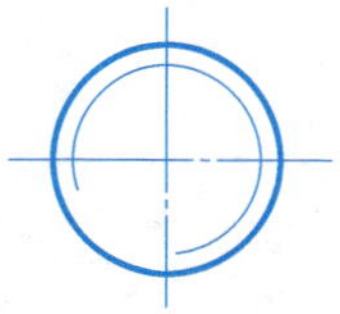

2. 画出通孔内螺纹主视图（上），不通孔内螺纹左视图（下），旋合长度参考教材。

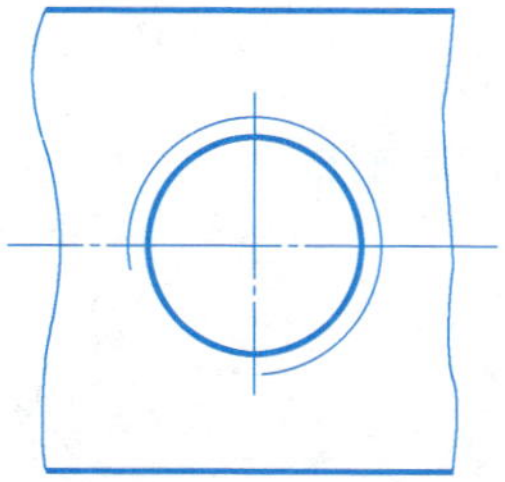

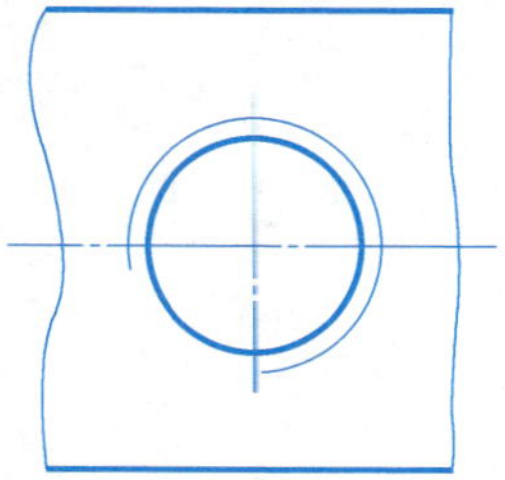

课堂练习

3. 指出螺纹标记含义。

M 16 × P_h3 P1.5–5g 6g–L–LH

G 3/4 A–LH

Tr 40 × 14 (P7) LH–7e–L

4. 补全内外螺纹连接画法。

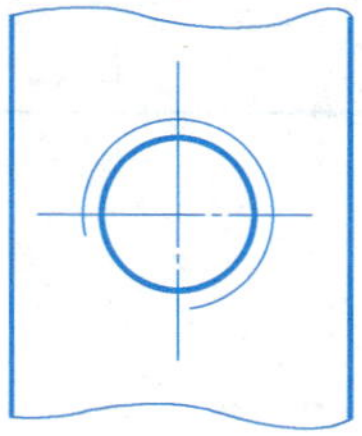

任务实施

1. 补全螺栓连接画法。

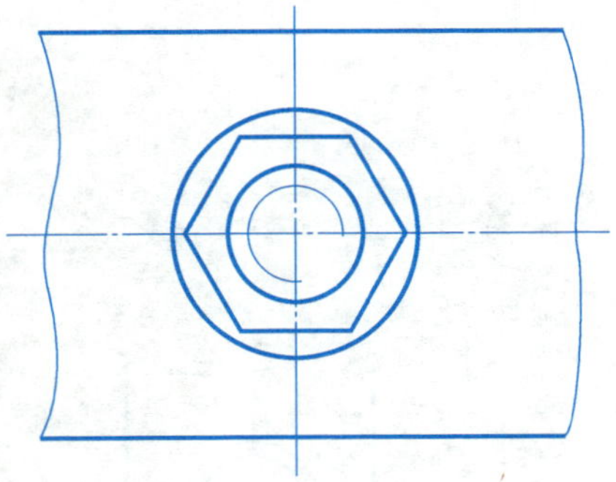

任务实施

2. 补全螺钉连接主视图。

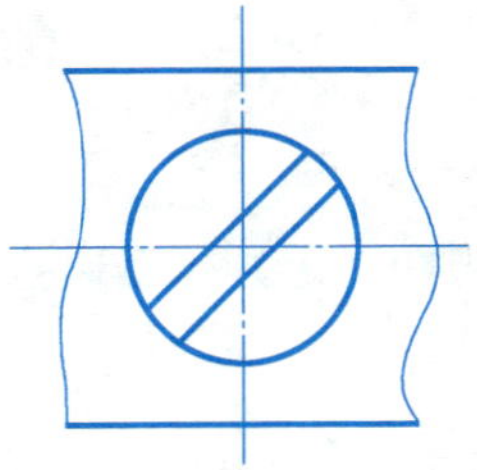

3. 螺柱连接画法。

6.1.1 分析螺纹画法中的错误，并改正

1.

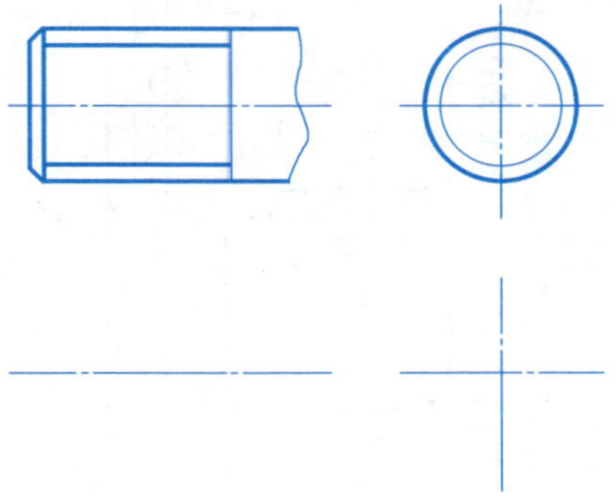

2.

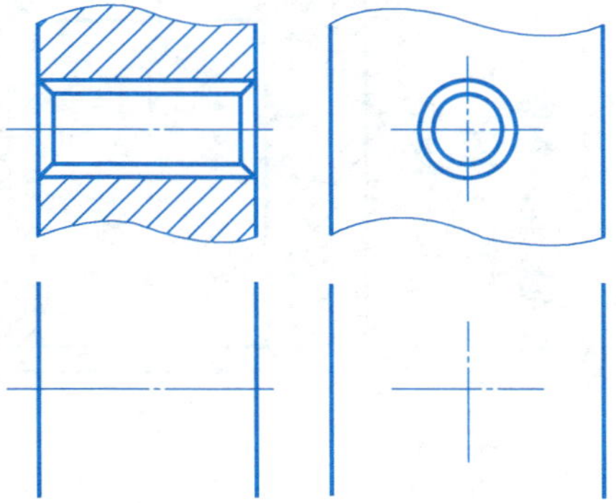

3.

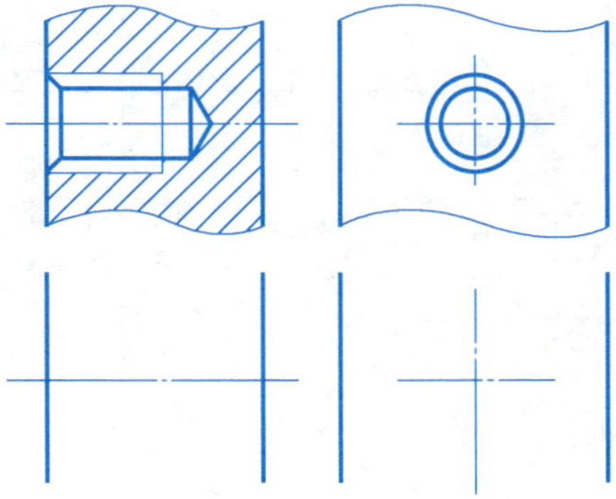

4.

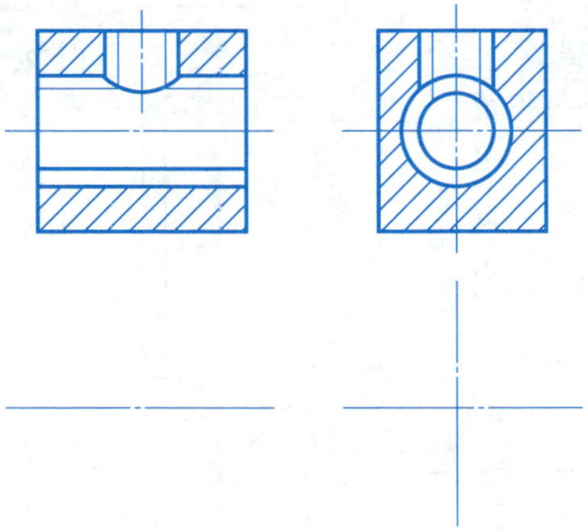

5.

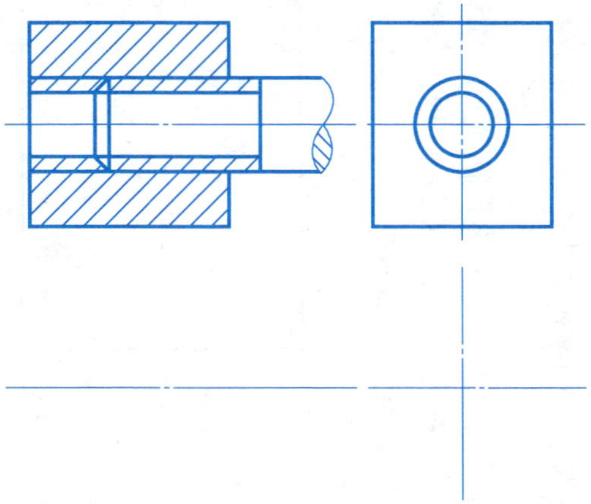

6.

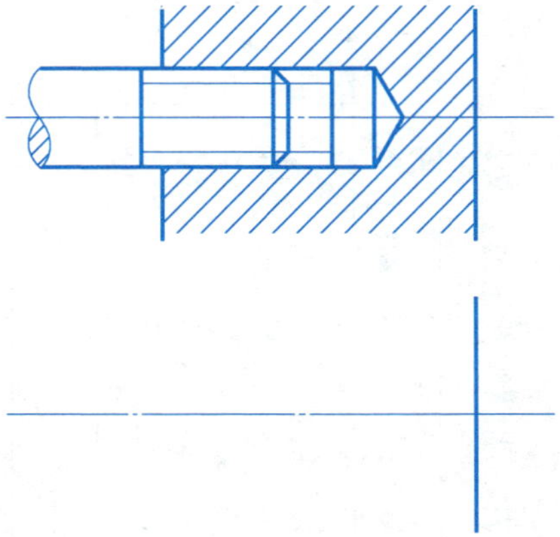

6. 1. 2 螺纹图样标注

1. 填表说明螺纹标记的含义。

螺纹标记	螺纹种类	公称直径	螺距	导程	旋向	公差带代号
M20						
M16×1−5g6g−1						
M24−LH						
B32×6LH−7e						
Tr48×16(P8)−8H						

2. 根据给定的螺纹要素，在图样上进行标注。

(1) 粗牙普通螺纹，公称直径30 mm, 螺距3.5 mm，右旋，中径公差带5g, 顶径公差带均为6g, 中等旋合长度。

(2) 细牙普通螺纹，公称直径24 mm, 螺距2 mm，左旋，中径和顶径公差带均为6H，长旋合长度。

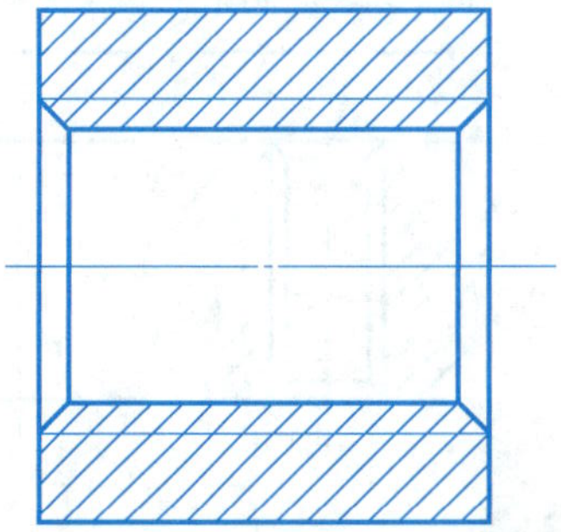

(3) 梯形螺纹，公称直径26 mm, 螺距8 mm，双线，右旋，中径公差带8H，中等旋合长度。

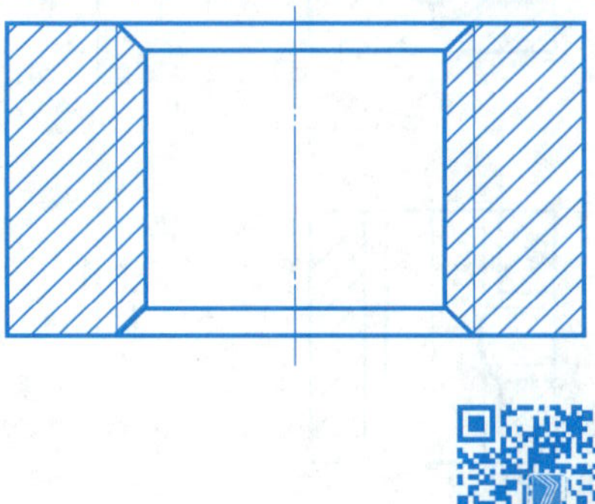

(4) 55° 非密封管螺纹，左旋，尺寸代号为3/4，公差等级为B级。

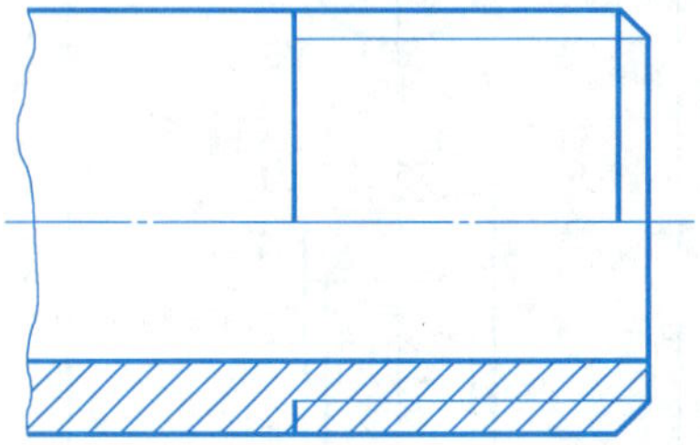

6. 1. 3　根据已知条件查表填写螺纹连接尺寸并标注

1. 六角头螺栓：公称直径12 mm，公称长度40 mm。

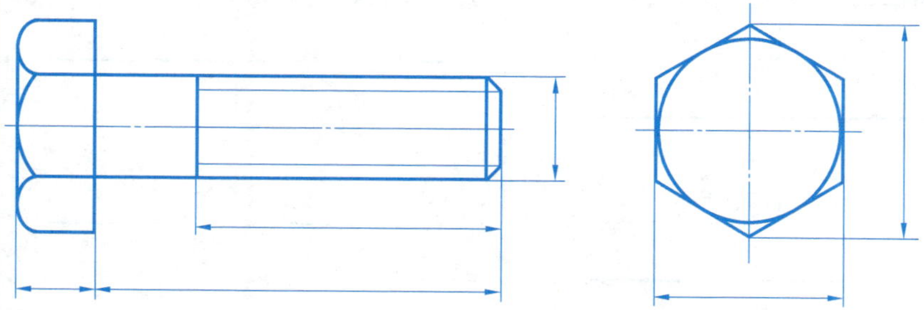

规定标记：________________________

2. B型双头螺柱：公称直径12 mm，公称长度50 mm。

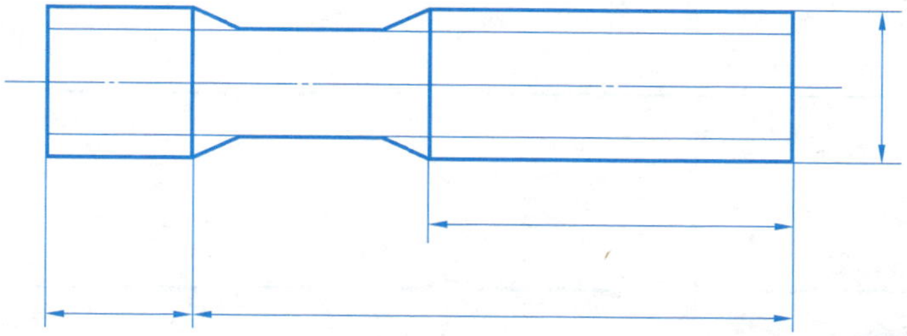

规定标记：________________________

3. 1型A级六角螺母：公称直径12 mm。

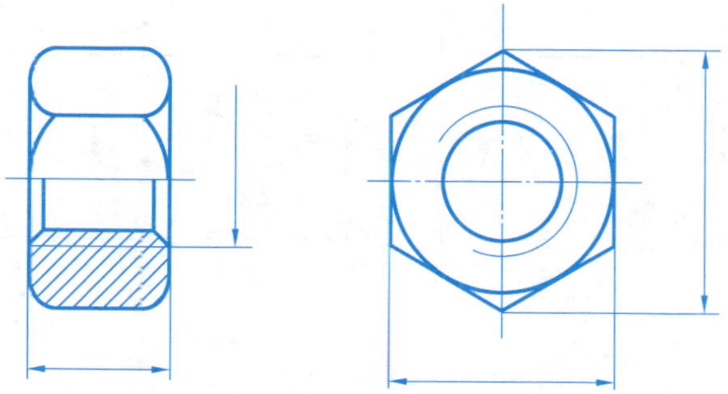

规定标记：________________________

4. 平垫圈A级：公称直径12 mm。

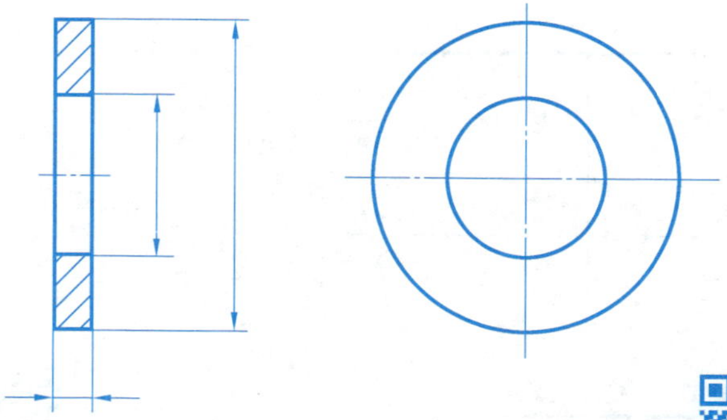

规定标记：________________________

6.1.4 用比例画法作螺纹连接的三视图

1. 画出用M16的螺栓连接的三视图（主视图全剖，俯、左视图画外形）。

2. 画出用M16的双头螺栓连接的两视图（主视图全剖，俯视图画外形），被连接材料为钢。

3. 画出用M10的沉头螺钉连接的两视图（主视图全剖，俯视图画外形），被连接材料为铸铁。

任务二　键连接的画法

任务实施

1. 轴的直径为21 mm，请选用合适的键并完成键连接的装配图。

根据轴的直径，采用普通平键连接，则从附表查得：b=_______，h=_______。若长度L=_______，则标记为：____________________________。

轴

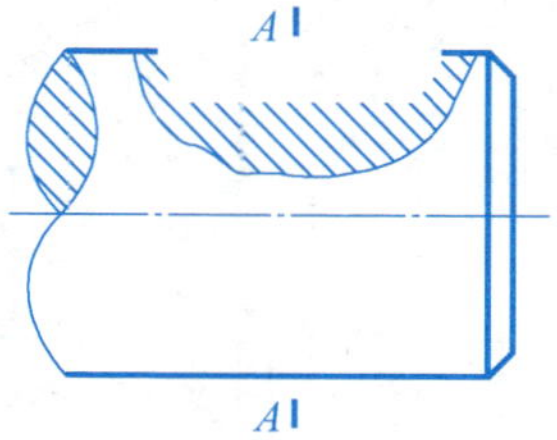

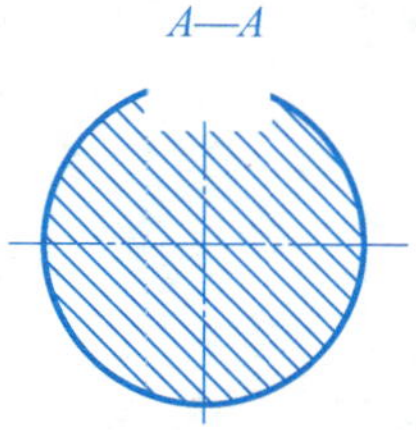

齿轮

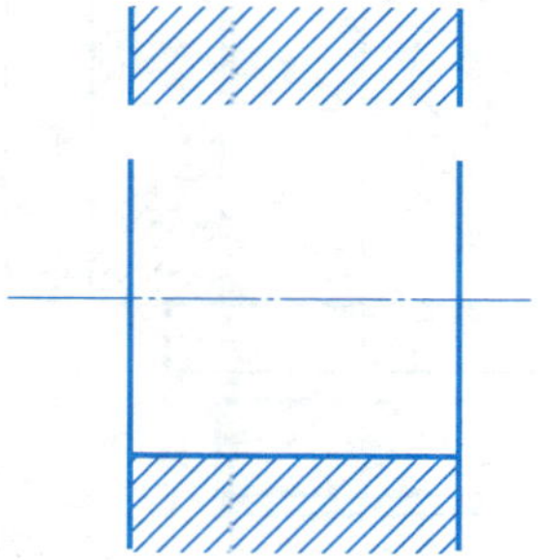

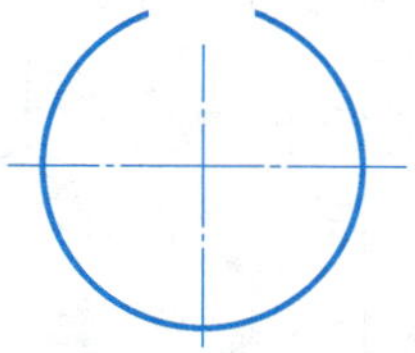

任务实施

装配图（补全主视图，画出左视图）

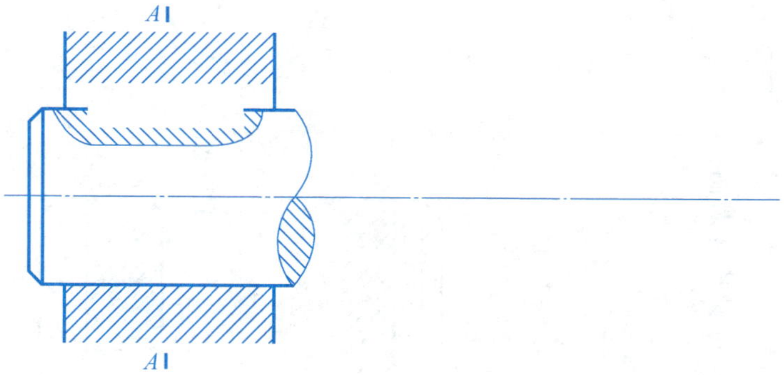

2. 完成销连接（左：圆柱销GB/T 119.1 6 m6×16；右：圆锥销GB/T 117 6×26）的装配图。

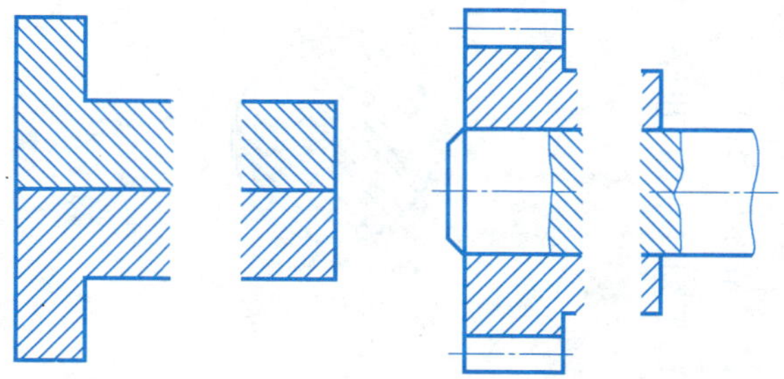

6.2.1 作键连接视图

已知齿轮和轴用A型普通平键连接，孔直径为20 mm，键长度为16 mm。

1. 键的规格标记为：________________________________。

2. 画出下列各视图和断面图，并查表标注键槽的尺寸。

轴

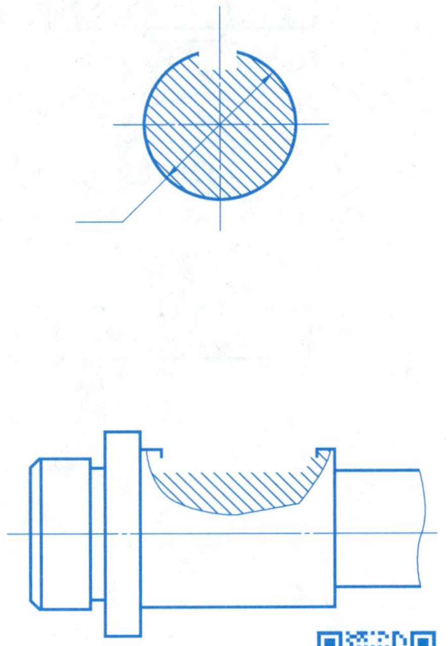

齿轮

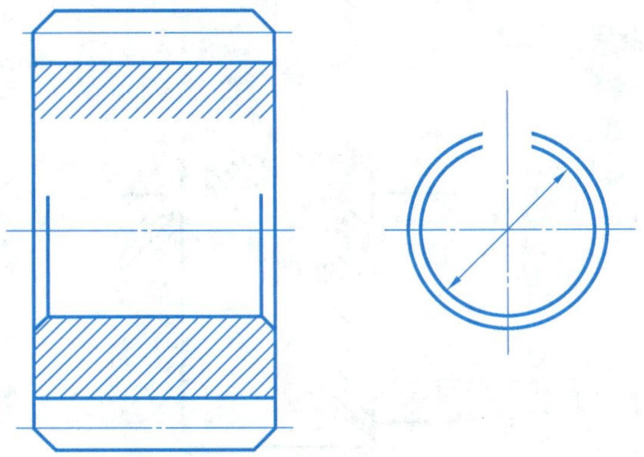

齿轮和轴

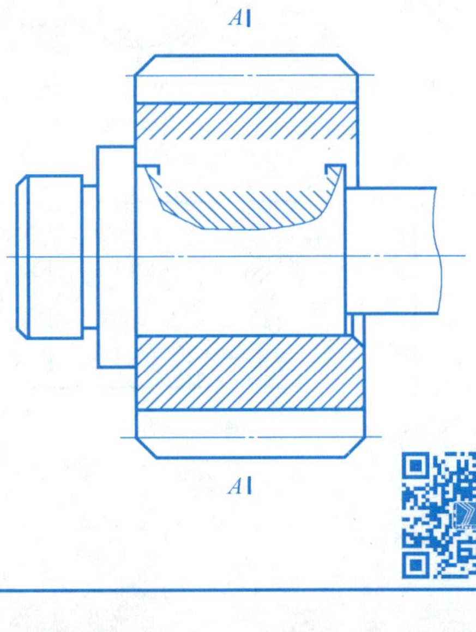

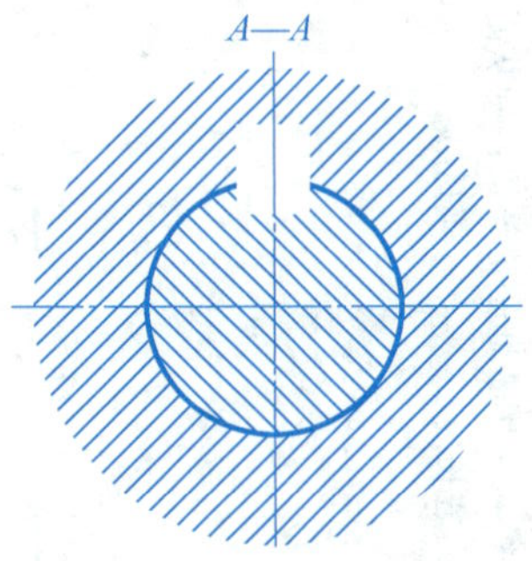

6.2.2 作销连接、弹簧和轴承的视图

1. 已知轴和齿轮，用直径8 mm的圆柱销连接，选用合适比例画出销连接的装配图，并写出销
规定标记。

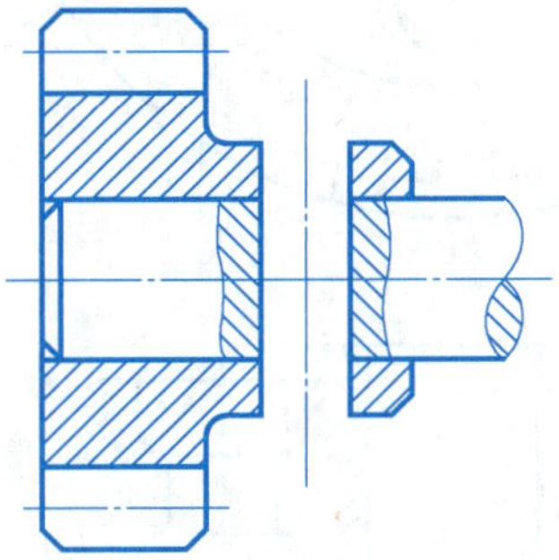

2. 查阅《机械制图工程手册》或到网上查找销GB/T 91 4×20的含义，并根据图中的字母标注对应的尺寸，同时想象右图的立体形状。

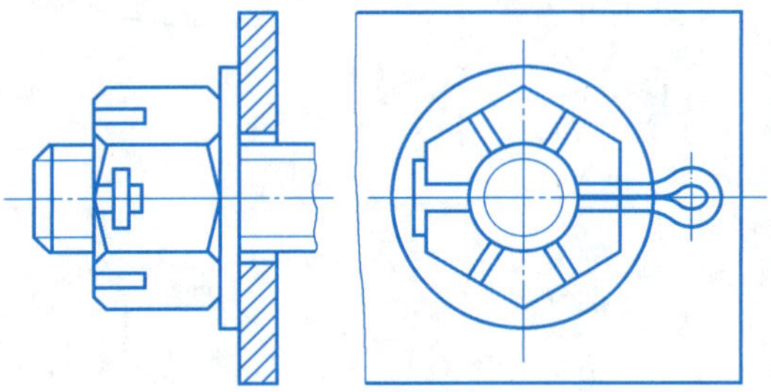

任务三　完成齿轮啮合的画法

课堂练习

1. 作出圆柱齿轮主视图。

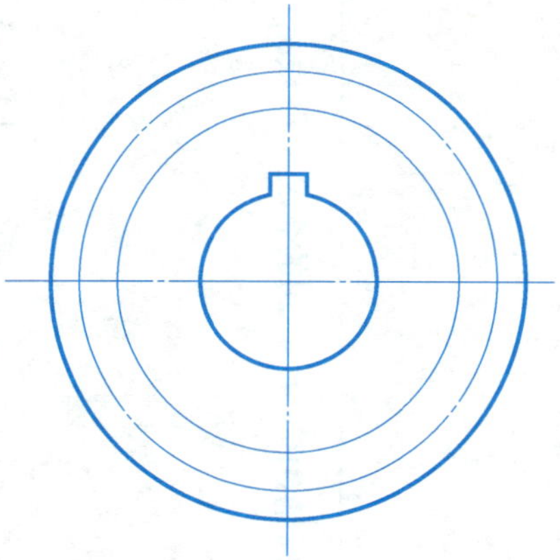

2. 完成一对啮合的直齿圆柱齿轮(z_1=19, z_2=37, m=2)的两视图。

(1) 根据任务要求，计算齿轮参数。

课堂练习

(2) 补全圆柱齿轮啮合图。

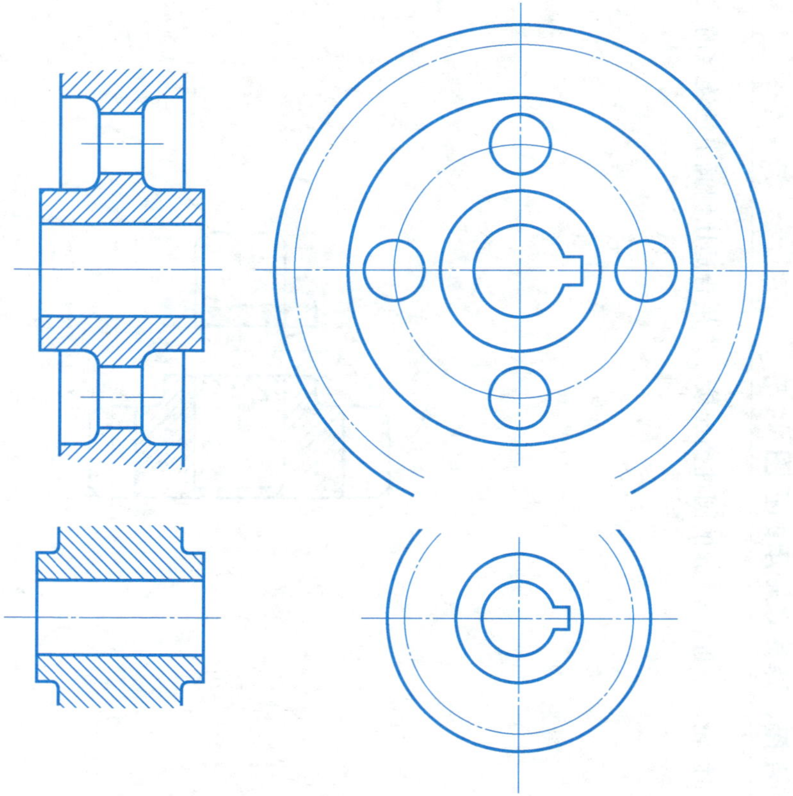

6.3.1 作圆柱齿轮视图

1. 已知直齿圆柱齿轮模数m=5 mm, z=40,计算齿轮的相关参数。用1:2的比例完成下列两视图并标注尺寸（倒角C2）。

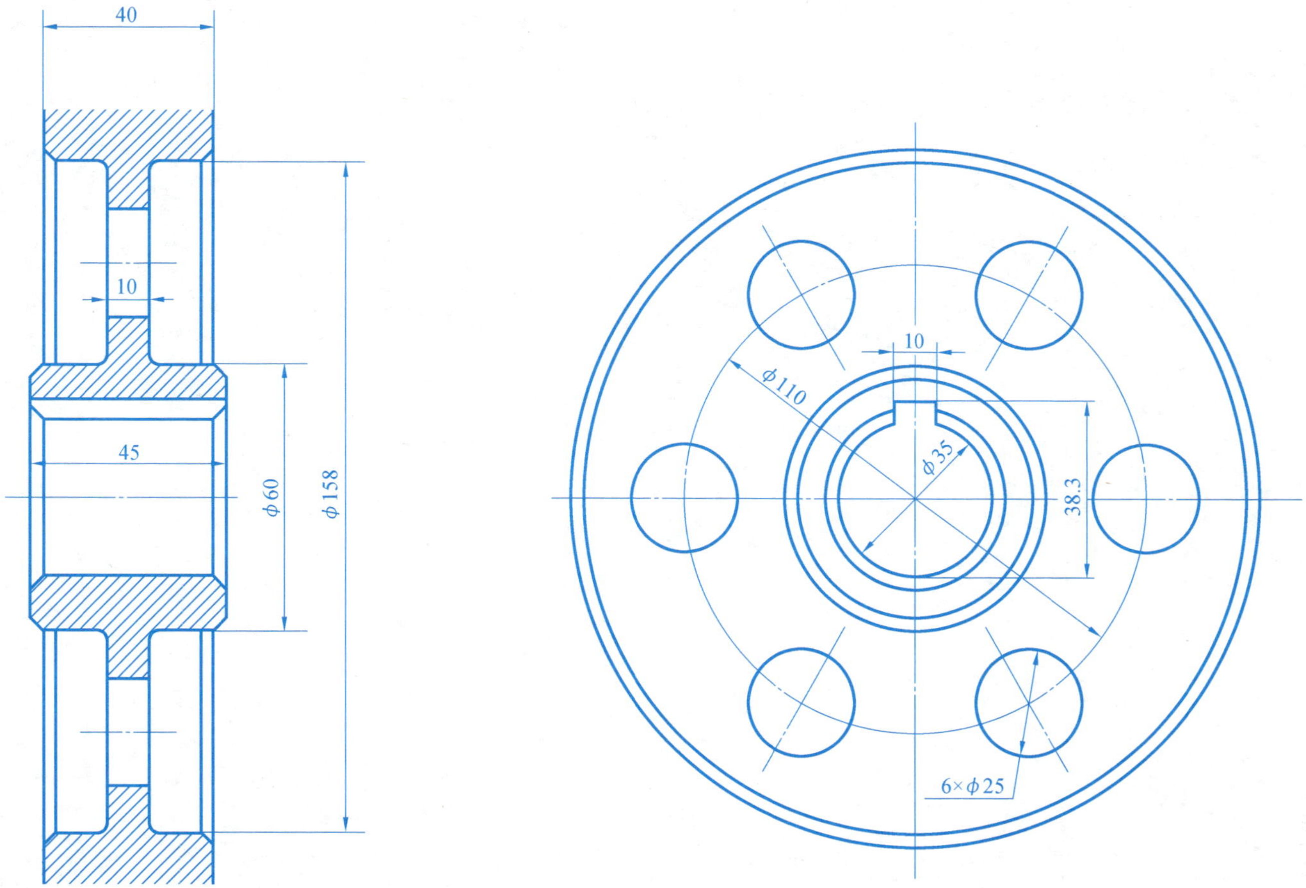

6.3.2 作圆柱齿轮啮合视图

1. 已知齿轮模数m=4 mm, 大齿轮齿数z_2=40, 小齿轮齿数z_1=30，计算齿轮的相关参数。用1:2的比例完成齿轮啮合的两视图（主视图为剖视图）。

(1) 参数计算。

6.3.2 作圆柱齿轮啮合视图（续上页）

(2) 根据参数1:1绘图。

已知 $a=76$ mm, $m=2$ mm, $z_1=48$, $z_2=28$。

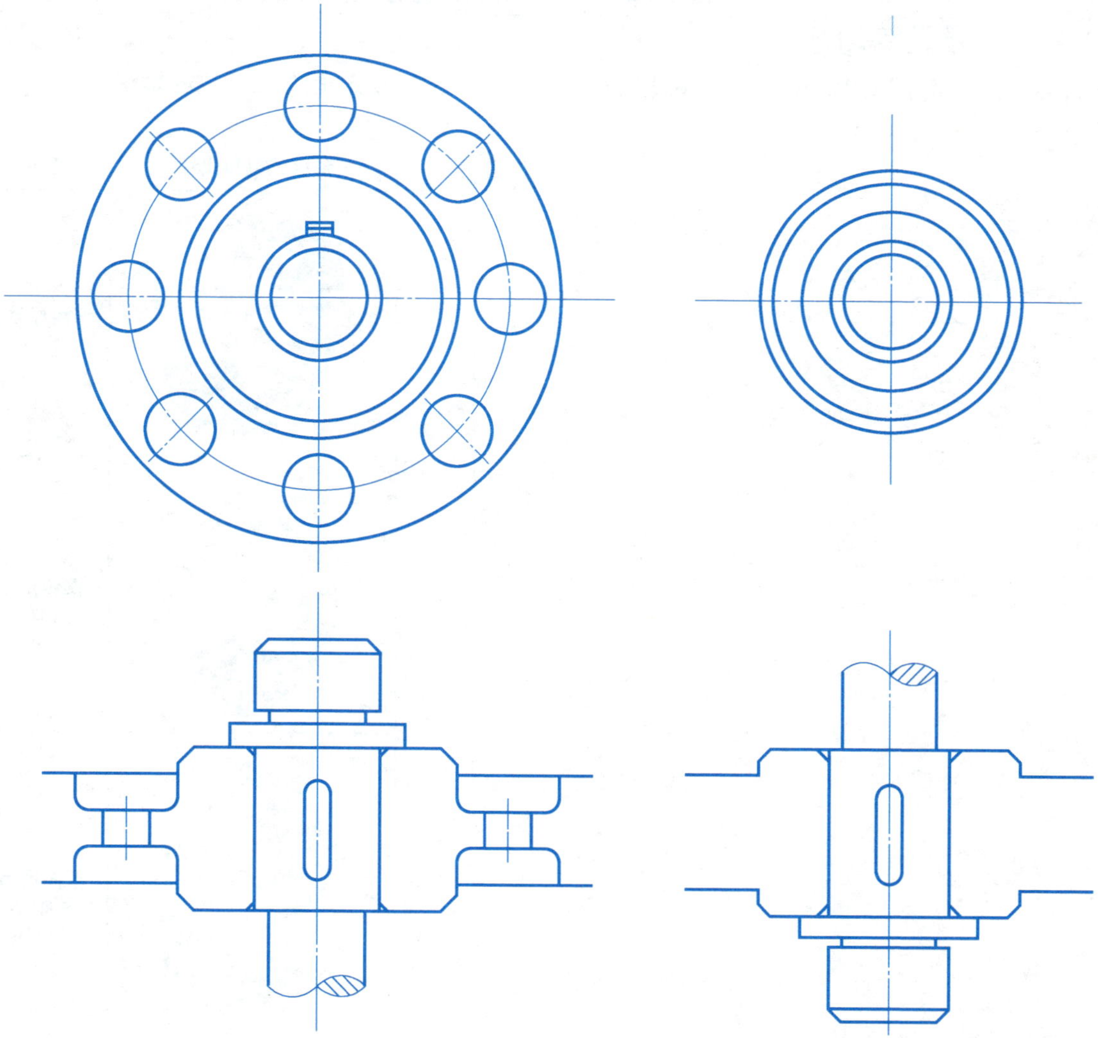

任务四　完成滚动轴承的画法

课堂练习

1. 分析轴承型号为51105含义。并采用规定画法1:1绘出此轴承。

任务实施

1. 按规定画法1:2画出各轴承。

轴承类型和代号	名称	规定画法
	深沟球轴承 6007	
	圆锥滚子轴承 30202	
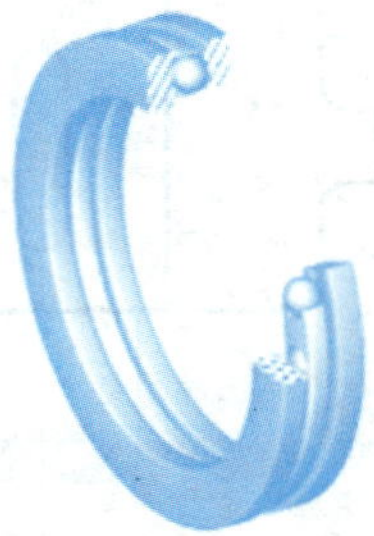	单向推力球轴承 51110	

6.4.1 作弹簧和轴承的视图

1. 用1: 1比例画出轴与深沟球轴承6204的装配图。

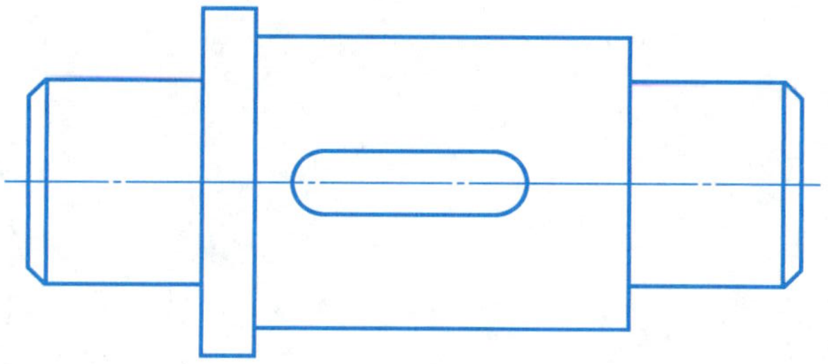

2. 已知圆柱螺旋压缩弹簧的簧丝直径为6 mm, 外径为60 mm, 节距为15 mm, 有效圈数为7, 支承圈数为2.5, 右旋，用1: 1比例画出弹簧的全剖视图（轴线水平放置）。

模块 7　汽车类机械零件图的识读

任务一 油泵柱塞套零件图的识读

课堂练习

1. 读轴零件图，填空回答问题。

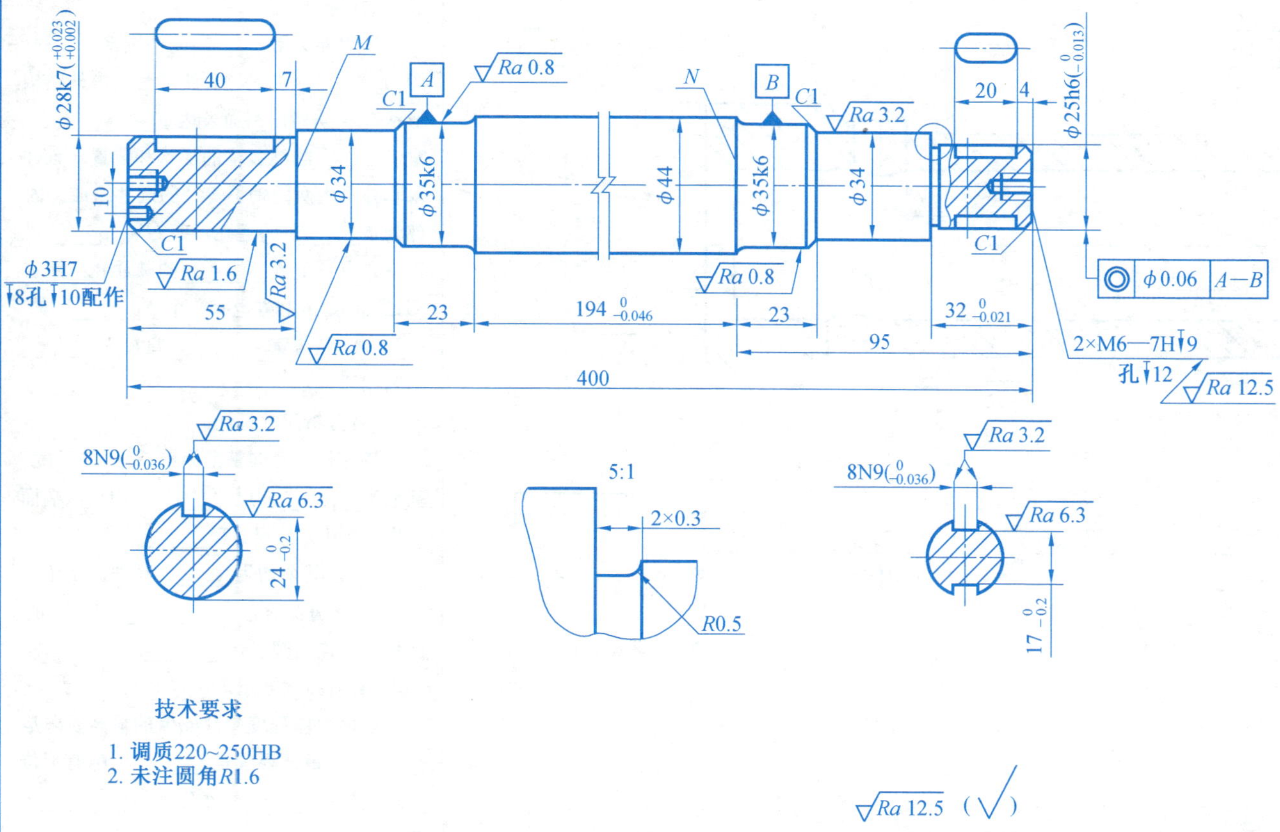

设计			45		（单位）
校核			比例		轴
审核			共 张 第 张		（图号）

(1) 概括了解。

由图可知，轴的材料为_____。_____为牌号数字，平均含碳量为_______。

(2) 视图表达与结构形状分析。

轴的两端用_______表示键槽和螺孔、销孔。中间轴段采用_______画法；用两个断面图分别表示________的________；用局部视图的简化画法表达________的形状；用_________表示砂轮越程槽的结构。

(3) 分析尺寸。

用合适符号指出径向与轴向的主要尺寸基准。

(4) 分析技术要求。

与其他零件有配合要求的轴段，注有_______、_______。如φ28k7、φ35k6、φ25h6的轴段，*Ra*的上限值为_______或_______。

安装铣刀头的轴段_______标注出了形位公差代号，表示_________________。

轴应经__________，以提高材料的韧性和强度。

任务实施

1. 读柱塞套零件图，填空回答问题。

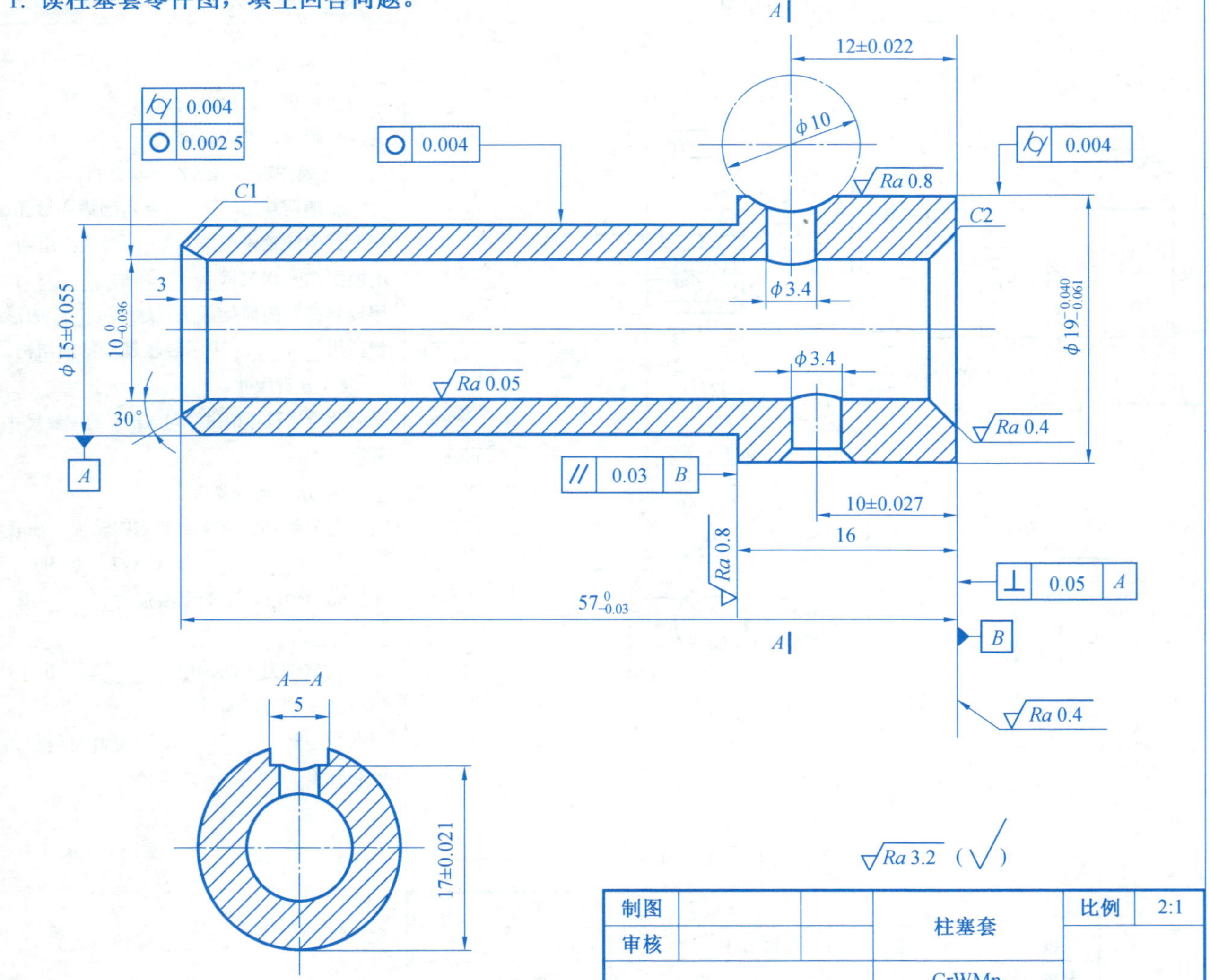

制图			柱塞套	比例	2:1
审核					
			CrWMn		

(1) 看标题栏。

该零件为_______，材料为_______，比例为_______，柱塞套为_______类零件。

(2) 看视图。

该零件选用了_______个图形，主视图为_______视图，表达了套的内外结构形状。A—A移出断面表达φ_______孔及宽_______的圆弧槽的形状和位置。该柱塞套外形由两同轴不等径的圆柱组成。内部为φ_______的通孔，距右端_______处正下方有一个φ_______的圆通孔；距右端12 mm处正上方也有一个φ_______的_______，且与宽_______、直径为_______的圆相通。

(3) 分析尺寸标注。

该零件的径向基准为_______。长度基准为_______，尺寸_______均从该端面注出。图中定位尺寸有_______、_______、_______，其余均为_______尺寸。倒角C1、C2分别表示为_______、_______的倒角，双点画圆表示_______。

(4) 看技术要求。

表面粗糙程度参数Ra值的最高要求是_______，最低要求是_______。标有形位公差包括：_______度公差、_______公差、_______公差、_______公差。

7.1.1 在零件图上标注尺寸

1.用符号▲指出轴（右端螺纹M20-5g6g）长度方向主要尺寸基准，并标注尺寸，数值从图中量取（取整数），比例1:2。

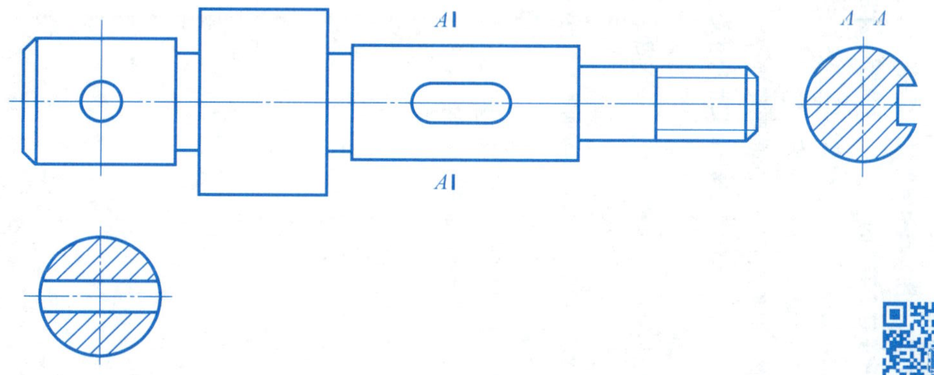

2.用符号▲指出脚踏座长、宽、高三个方向的主要尺寸基准，注全尺寸，数值从图量取（取整数），比例1:2。

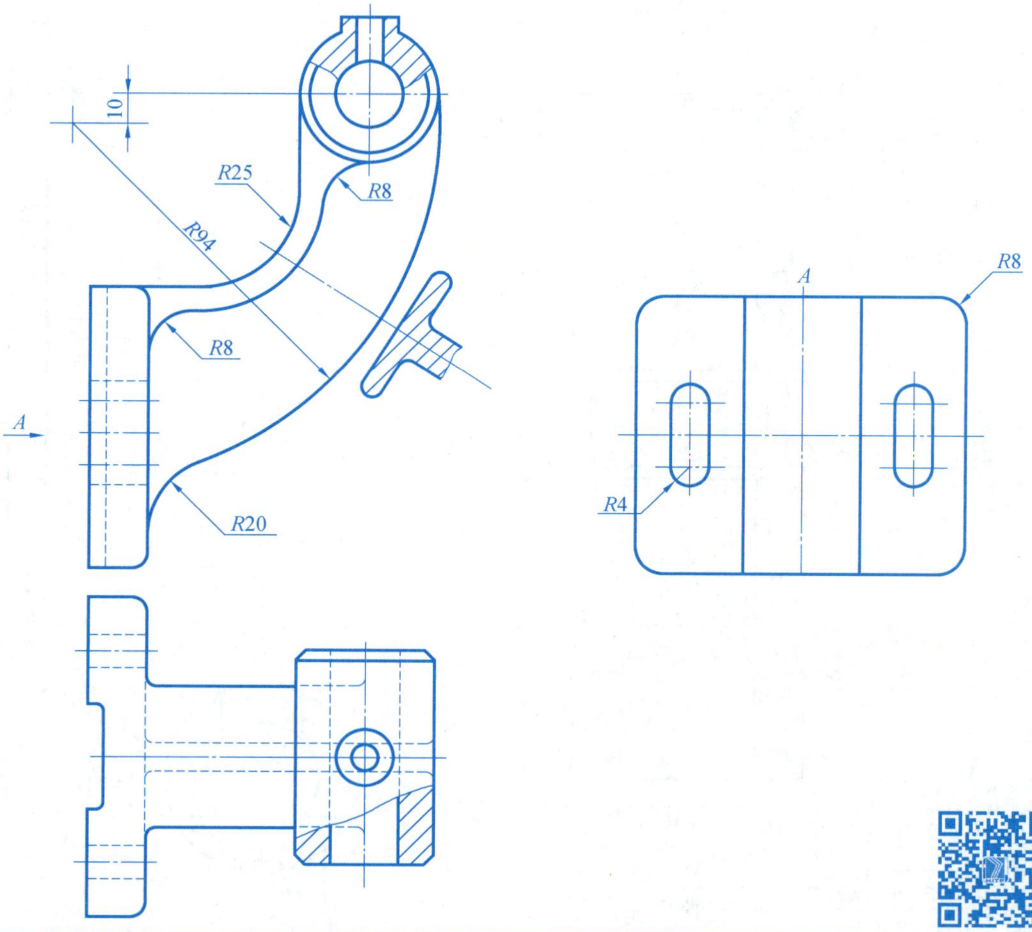

7.1.2 读零件图

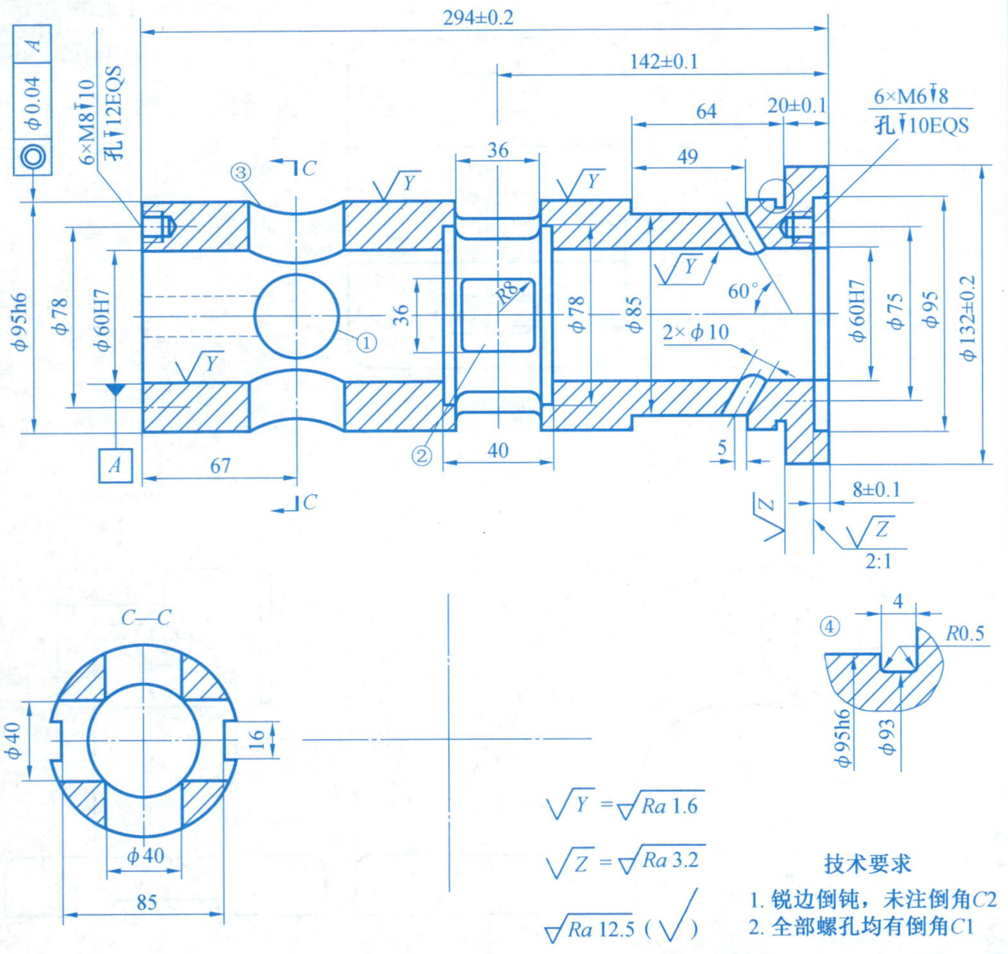

设计			（材料）		（单位）
校核			比例		套筒
审核			共　张　第　张		（图号）

1. 读套筒零件图，填空回答问题。

(1) 主视图符合零件的__________位置，采用__________图。

(2) 套筒左端面有_______个螺孔，_________为8 mm, ________深10 mm, _______深12 mm, EQS表示__________。

(3) 套筒左端两条细虚线之间的距离是__________，图中标有①处的直径是______,标有②处线框的定形尺寸是_________，定位尺寸是________。

(4) 图中标有③处的曲线是由_________和_________相交而形成的________线。

(5) 局部放大图中，④处所指表面的表面粗糙度为*Ra*_________。

(6) 查表确定极限偏差：ϕ95h (　) ϕ60H7(　)

2. 用符号▼指出径向与轴向的主要尺寸基准。

3. 在指定位置补画断面图。

任务二 轴承密封盖零件图的识读

课堂练习

1. 尺寸为 $\phi 80^{+0.065}_{+0.020}$ 的孔与尺寸为 $\phi 80^{-0.03}_{-0.06}$ 的轴安装在一起，计算孔、轴相关尺寸参数。

(1) 基本尺寸：

(2) 极限尺寸：

(3) 极限偏差：

(4) 尺寸公差：

(5) 公差带：

课堂练习

1. 孔的尺寸若为 ϕ18H8，孔的公差带代号为________，其中，“H”为________，“8”为________。轴的尺寸若为 ϕ18f 7,则说明轴的公差带代号为________，其中，“f ”为________，“7”为________。

2. 查表写出 ϕ18H8/f 7的极限偏差值。

3. 解释气门阀杆形位公差标注含义。

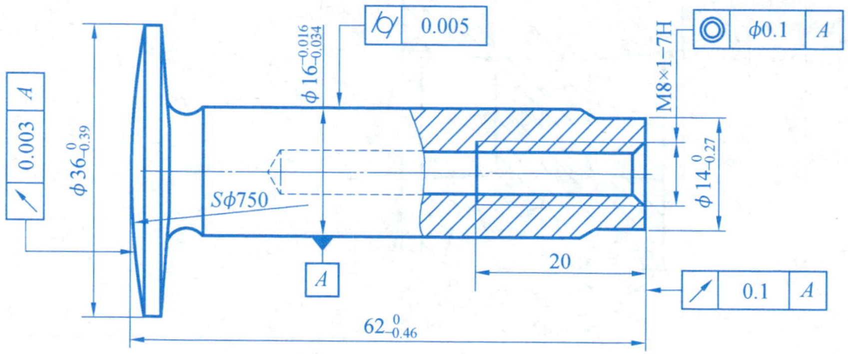

课堂练习

1. 读V带轮零件图，填空回答问题。

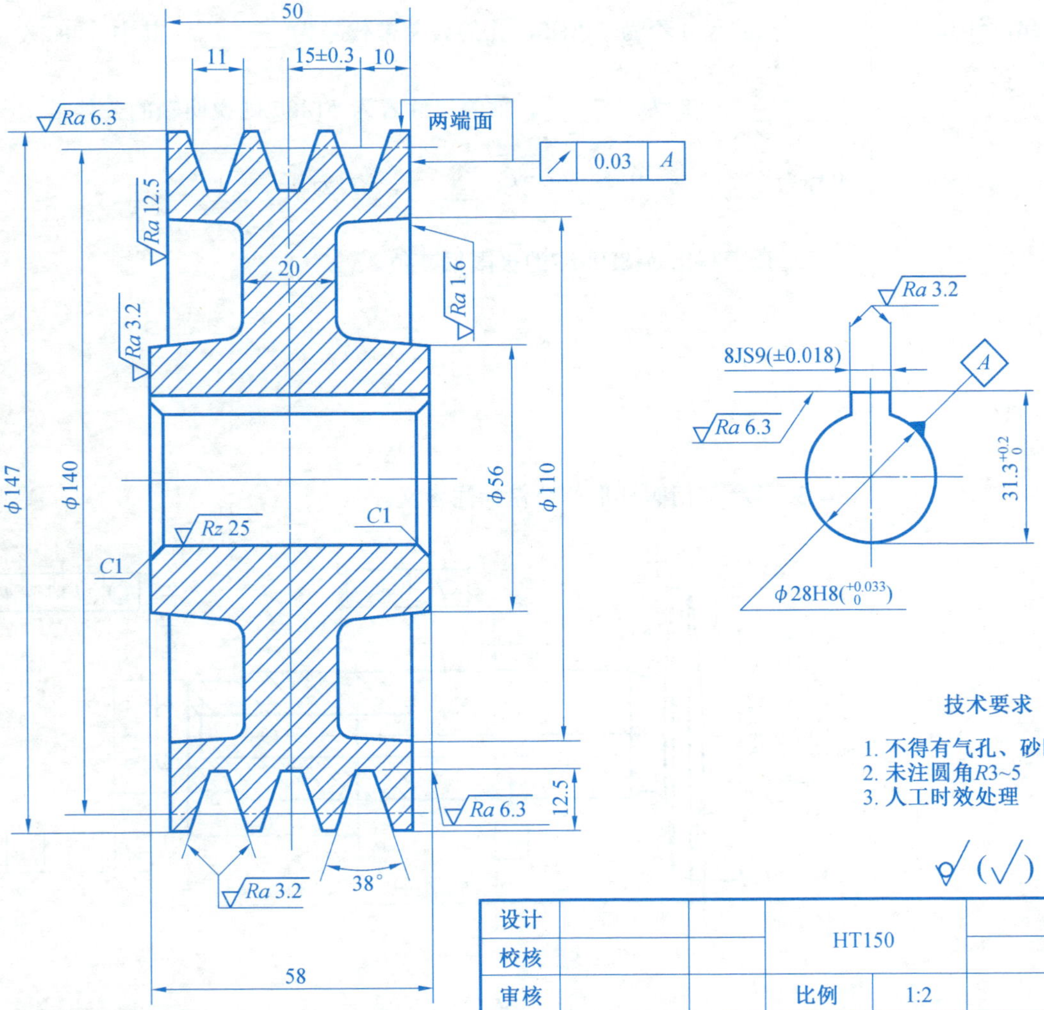

技术要求

1. 不得有气孔、砂眼、缩孔等
2. 未注圆角$R3\sim5$
3. 人工时效处理

设计			HT150	（单位）
校核				V带轮
审核			比例 1:2	（图号）

(1) 概括了解。

V带轮的材料为______。

(2) 视图表达与结构形状分析。

V带轮按加工位置轴线水平放置。主体结构为带轴孔的同轴回转体。主视图采用________，轴孔键槽的宽度和深度用_______视图表示。

V带轮是传递旋转运动和动力的零件，在V带轮的轮毂上有_______。V带轮的三个A型轮槽、轮毂与轮缘用_______连接。

(3) 分析尺寸和技术要求。

V带轮_______为径向尺寸基准，V带轮_______为轴向尺寸基准。外圆ϕ147表面及轮缘两端面对于孔ϕ28轴线的圆跳动公差为_______。

任务实施

1. 读汽车变速箱中间轴球轴承密封盖零件图，填空回答问题。

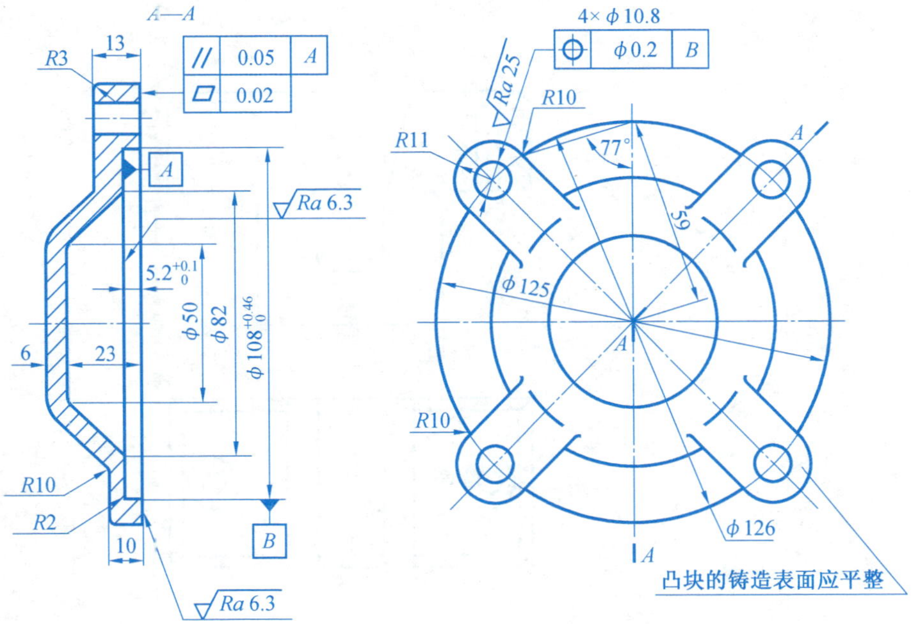

(√)

技术要求：涂漆

制图			盖	比例	1:2
审核					
			HT150		

(1) 看标题栏。

该零件材料为______，比例______。

(2) 看视图。

该零件用______个图形表达，______剖为主视图，反映______。左视图表达______。

该零件右端为密封面，有一直径______，深为______的凹部。盖上均布4条加强肋，并加工成______个连接孔。盖在左上方离中心______处削平一块，以避免与其他零件发生干涉。

(3) 分析尺寸标注。

该盖以______为径向基准，长度方向以______为基准。尺寸59、77°为______尺寸。R2、R3、R5、R10、R11表示铸件______。

(4) 看技术要求。

表面粗糙度参数Ra值最小为______。标有尺寸公差的有______、______。标有几何公差的有：______、______和______公差。

7.2.1 按给定要求在图形上标注表面粗糙度

1. 分析上图表面粗糙度标注的错误，在下图中正确标注。

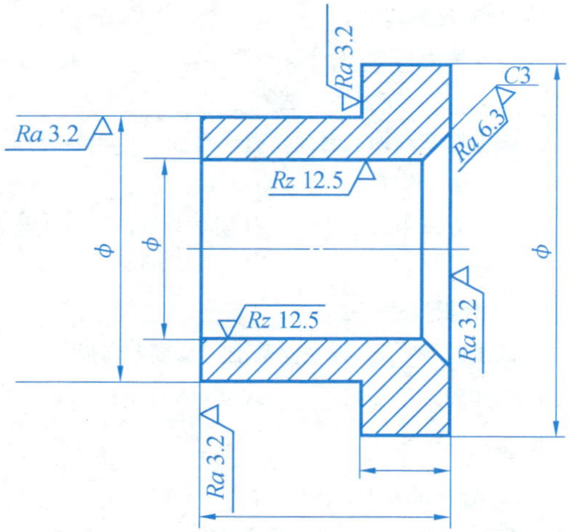

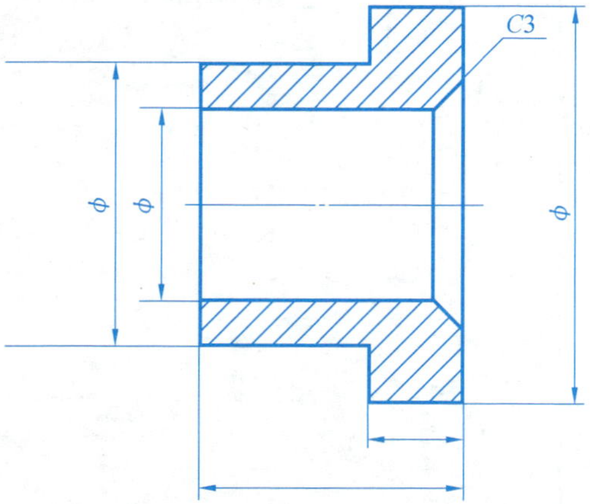

2. 按要求标注零件表面的表面粗糙度代号。

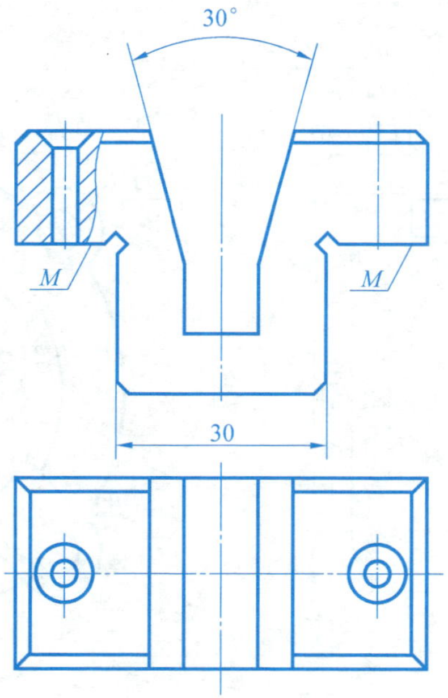

(1) 倾角30°的两斜面的表面粗糙度为*Ra*6.3 μm。

(2) 顶面、长度30 mm的左、右两侧面的表面粗糙度为*Ra*1.6 μm。

(3) 两个*M*面表面粗糙度为*Ra*3.2 μm。

(4) 其余表面的表面粗糙度为*Ra*25 μm。

上述表面粗糙度要求均为去除材料的工艺方法，单向上限值。

7.2.2 **根据装配图上的尺寸，在零件图上标注轴和孔的基本尺寸及公差带代号和上、下偏差值，并填空**

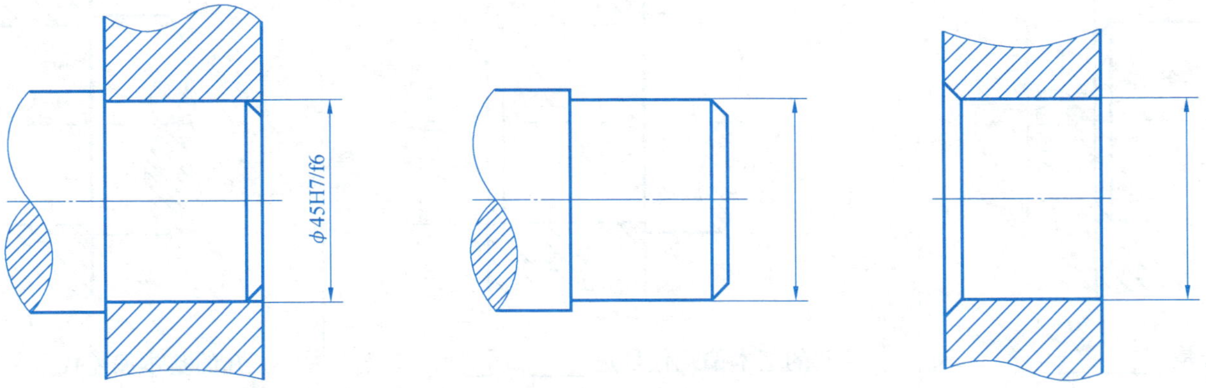

1. 轴与孔的基本尺寸为_______，孔的基本偏差代号为_____，公差等级为____级，轴的基本偏差代号为_____，公差等级为____级。

2. 轴的直径尺寸上偏差为_______，轴的直径尺寸下偏差为_______，轴的直径最大极限尺寸是__________，轴的直径最小极限尺寸是__________，尺寸公差是_________。

3. 孔的直径尺寸上偏差为_______，孔的直径尺寸下偏差为_______，孔的直径最大极限尺寸是__________，孔的直径最小极限尺寸是__________，尺寸公差是_________。

7.2.3 根据装配图上的尺寸标注判断配合的种类并标注

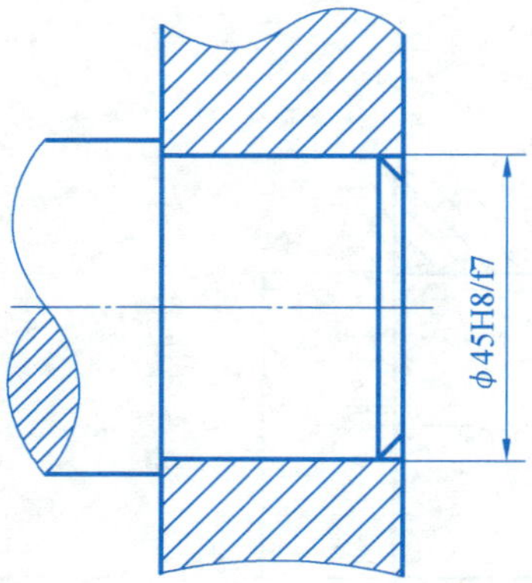

孔的基本偏差代号是________。

公差等级是________。

上偏差是________。

下偏差是________。

尺寸公差是________。

轴的基本偏差代号是________。

公差等级是________。

上偏差是________。

下偏差是________。

尺寸公差是________。

配合种类为________。

基准制为________。

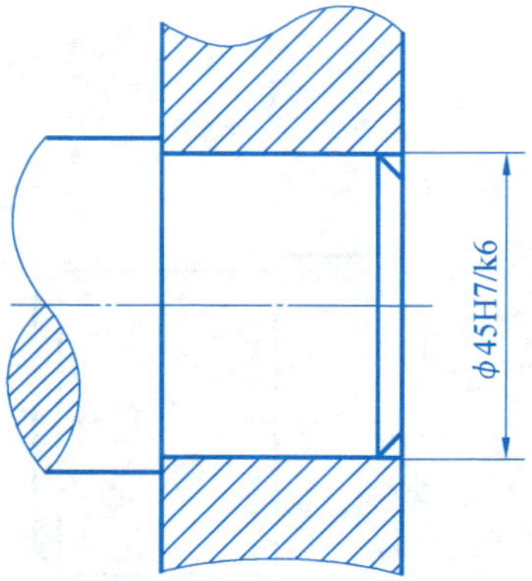

孔的基本偏差代号是________。

公差等级是________。

上偏差是________。

下偏差是________。

尺寸公差是________。

轴的基本偏差代号是________。

公差等级是________。

上偏差是________。

下偏差是________。

尺寸公差是________。

配合种类为________。

基准制为________。

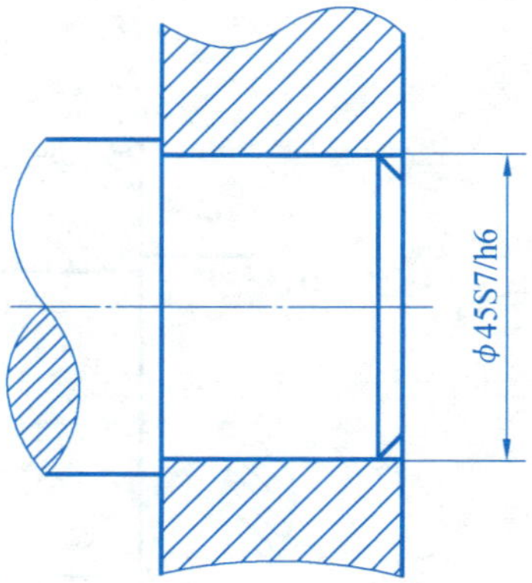

孔的基本偏差代号是________。

公差等级是________。

上偏差是________。

下偏差是________。

尺寸公差是________。

轴的基本偏差代号是________。

公差等级是________。

上偏差是________。

下偏差是________。

尺寸公差是________。

配合种类为________。

基准制为________。

7.2.4 填空说明图中形位公差代号的含义（参照例1进行描述）

例1

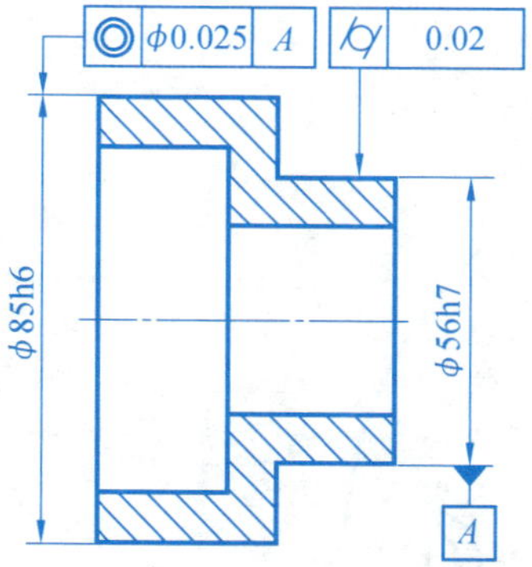

ϕ85 mm外圆柱面的轴线对ϕ56 mm外圆柱面的轴线A的同轴度公差为ϕ0.025 mm，ϕ56圆柱面的圆柱度公差为0.02 mm。

1.

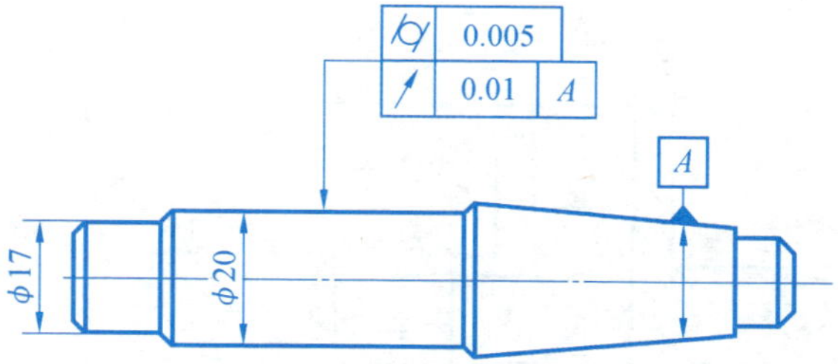

______圆柱面的公差为__________，______圆柱面对圆锥轴段的轴线的__________公差为__________。

2.

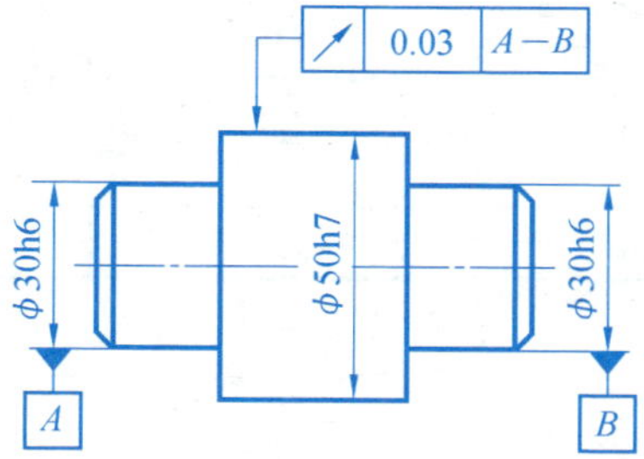

______圆柱面对两个________公共轴线的________公差为__________。

3.

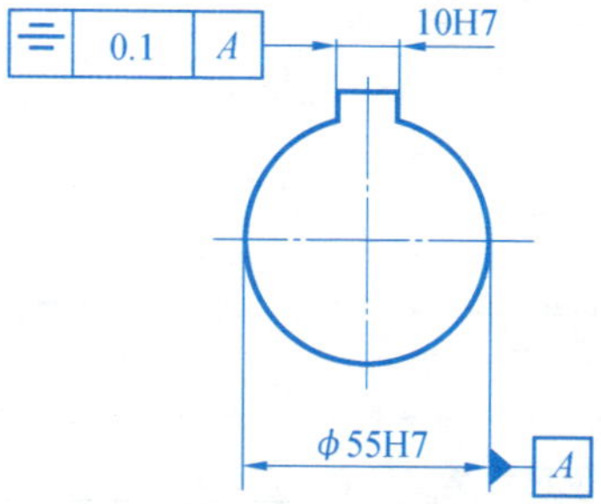

键槽的________对________轴线的________公差为__________。

7.2.5 读端盖零件图，回答下列问题

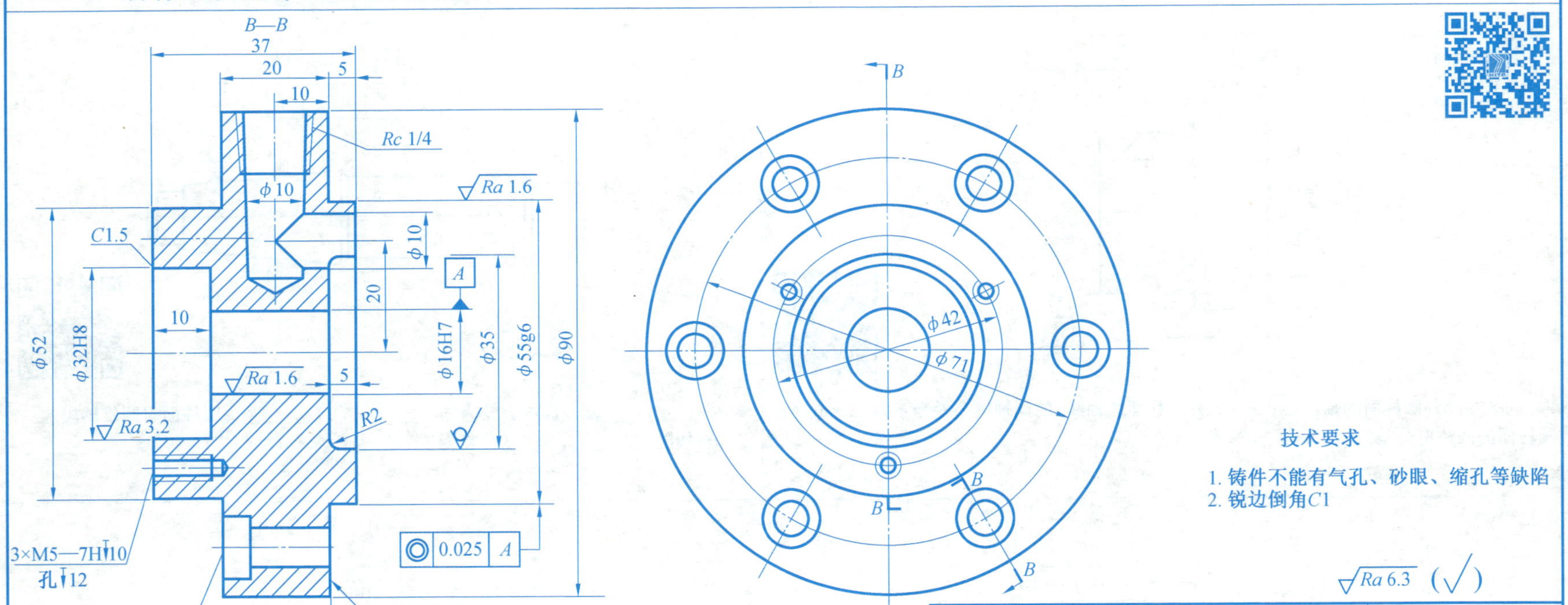

设计			HT150	（厂名）
校核				端盖
审核		比例	1:1	（图号）

(1) 主视图是________剖视图。在主视图中，ϕ10孔处有两条相交的斜线，这表示__________线。

(2) 3×M5-7H↧10的含义是________________________，而孔12↧的含义是____________________________。

(3) 6×ϕ7及⌴ϕ11↧5的定位尺寸是________________________。形位公差代号 | ◎ | 0.025 | A | 的含义是__________________________。

(4) 在图中用符号▼指出轴向尺寸基准和径向尺寸基准。

(5) 从ϕ55g6判断其基本尺寸是______，公差等级是______。ϕ90外圆的表面粗糙度代号是_____________。

任务三　汽车刹车脚踏零件图的识读

任务实施

1. 读刹车踏脚零件图，填空回答问题。

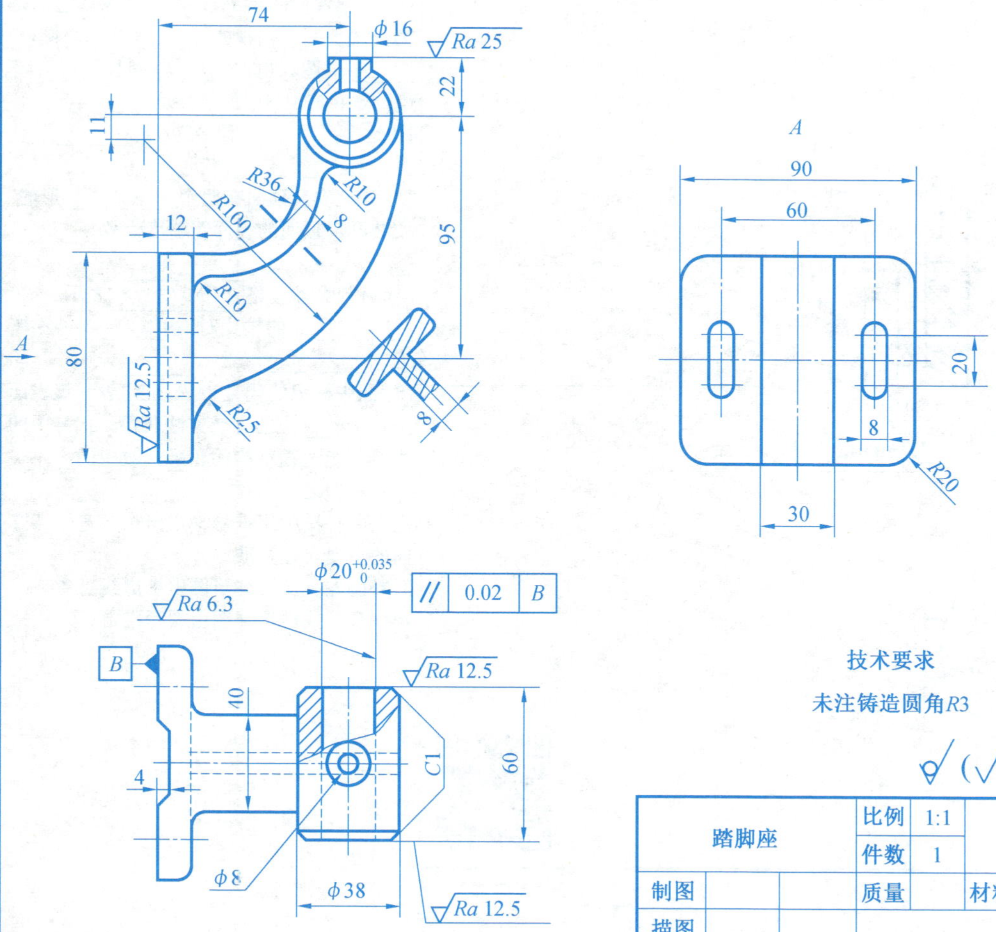

技术要求

未注铸造圆角R3

$\sqrt{}$ ($\sqrt{}$)

踏脚座		比例	1:1		
		件数	1		
制图		质量		材料	
描图					
审核					

(1) 看标题栏。

该零件名称为______，比例______。数量______件。

(2) 看视图。

主视图为______图，表达了______和_________。上方的局部剖视，表达了______。俯视图是______图，表达了______形状及尺寸；俯视图上的局部剖视图是为了表达______。

该零件采用A向局部视图，以表达______形状。为了表达中间连接部分形状和尺寸，采用______。

(3) 分析尺寸标注。

踏脚座以______为长度方向主要基准，标出 ϕ20轴承孔长度方向上______尺寸______，左侧踏板厚度______等。______为高度方向主要尺寸基准，标出 ϕ20轴承孔高度方向上______尺寸______，其上 ϕ8圆弧高度方向______尺寸______等；零件宽度方向尺寸基准为______，标出总宽______，两个安装孔宽度方向定位尺寸______。

该零件主要定形尺寸包括：圆筒外圆尺寸______、轴向尺寸______，内孔尺寸______，凸台尺寸______、______，凸台内孔尺寸______；左侧脚踏的定形尺寸包括______、______、______等。

(4) 看技术要求。

表面粗糙度要求最高的为______，参数Ra值要求_______，轴承孔前后表面要求Ra值______，左侧脚踏表面要求Ra值______等。

7.3.1 读托架零件图，填空回答问题

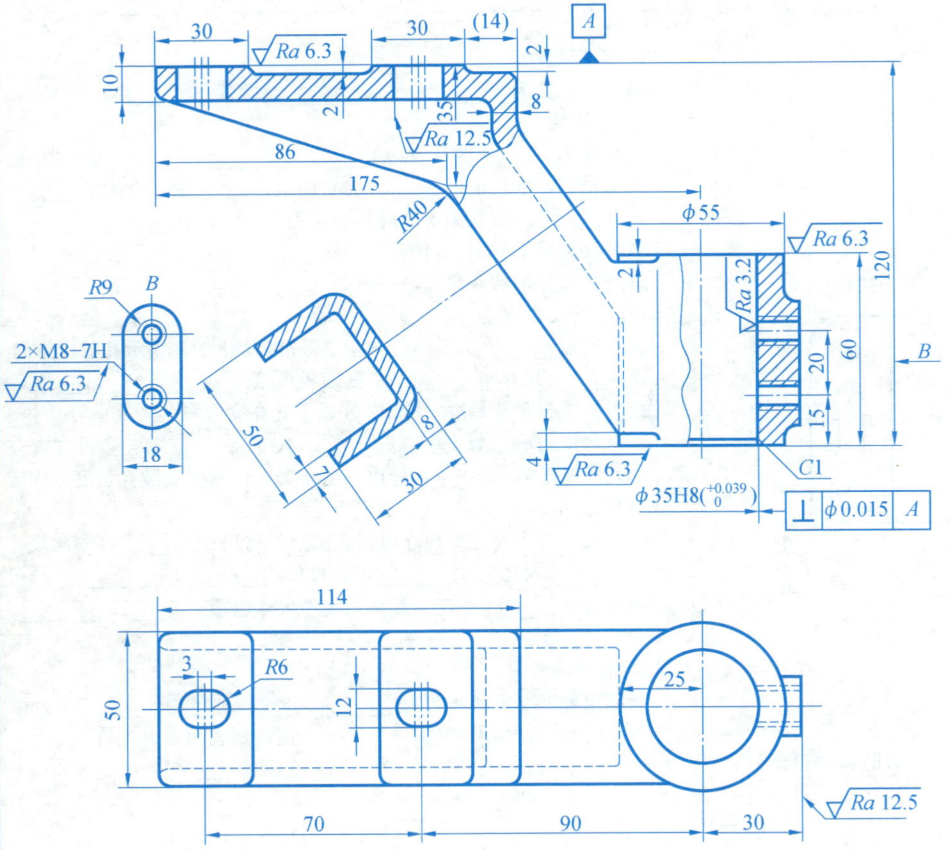

$\sqrt{}$ ($\sqrt{}$)

技术要求

1. 未注铸造圆角R1~R3
2. 铸件不得有砂眼、裂纹等缺陷

设计			（材料）		（单位）
校核			比例		托架
审核			共 张	第 张	（图号）

1. 填空。

(1) 托架零件图用了____个视图，它们是两处采用____剖视的____________图，________图、B向________图和______图。

(2) 尺寸ϕ35H8中的ϕ35是______尺寸，H8是__________代号，H是_________代号，8是__________代号。

(3) 托架安装顶面有两个_________形的安装孔，顶面的表面粗糙度为Ra________。

(4) 几何公差框格 ⊥ ϕ0.015 A 表示_____________的轴线对A的__________公差为__________。

(5) 图中标记的代号 $\sqrt{Ra\ 6.3}$ 表示该表面用_________的工艺方法获得，代号中的Ra是评定表面结构的轮廓参数中的________参数之一，称为____________。

2. 在零件图中用符号▼指出长、宽、高方向的主要尺寸基准。

3. 补画左视图（外形图中细虚线可省略；尺规画图或徒手画图由教师指定）。

任务四　铣刀头座体零件图的识读

任务实施

1. 读铣刀头座体零件图，填空回答问题。

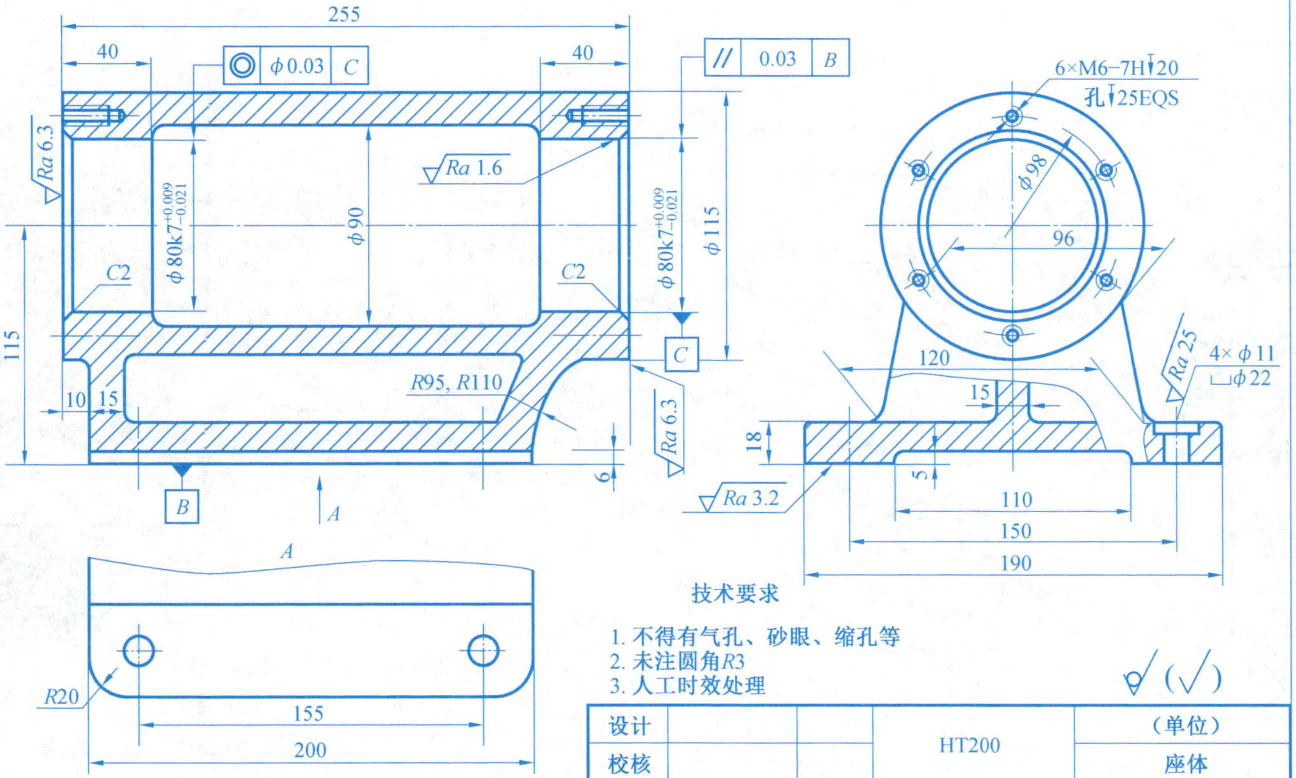

技术要求

1. 不得有气孔、砂眼、缩孔等
2. 未注圆角R3
3. 人工时效处理

$\sqrt{}$ ($\sqrt{}$)

设计			HT200		（单位）
校核					座体
审核			比例		（图号）

(1) 概括了解。

该零件为________，材料为________。

该零件图共采用________个视图。

(2) 视图表达与结构形状分析。

座体的主视图按________放置。采用________视图，表达座体外形和________。左视图采用________视图，表示________和肋板________、底板上的________的形状。座体前后对称，采用了________，表示底板的________。

该座体上部为________状，两端的轴孔支承________，中间孔的直径________两端孔的直径，可直接________出来。下部为带圆角的方形底板，通过________将铣刀头座体安装在铣床上。底板下面做成通槽，以________。座体的上下两部分用________和________连接。支承板和肋板厚度为________，主视图肋板按________绘制。为了安装端盖，左右两边加工有________个________的螺纹孔。

(3) 分析尺寸和技术要求。

________为高度方向的主要尺寸基准，直接注出________；长度方向上座体的左、右端面都是重要的接触面，选择________为长度方向主要尺寸基准，直接注出________和________，________为长度方向辅助基准，标注40；座体前后对称，因此宽度方向选择________作为尺寸基准，直接注出定位尺寸________及____、____、____、____等定形尺寸。________是与轴承配合的尺寸。座体安装底面的表面粗糙度要求较高，Ra的上限值为________。座体两端的轴孔与轴承形成过渡配合，公差带代号为________，其表面粗糙度Ra的上限值为________。圆筒左右两端面在装配时与端盖接触，Ra的上限值为________。

7.4.1 读底座零件图，按要求做题

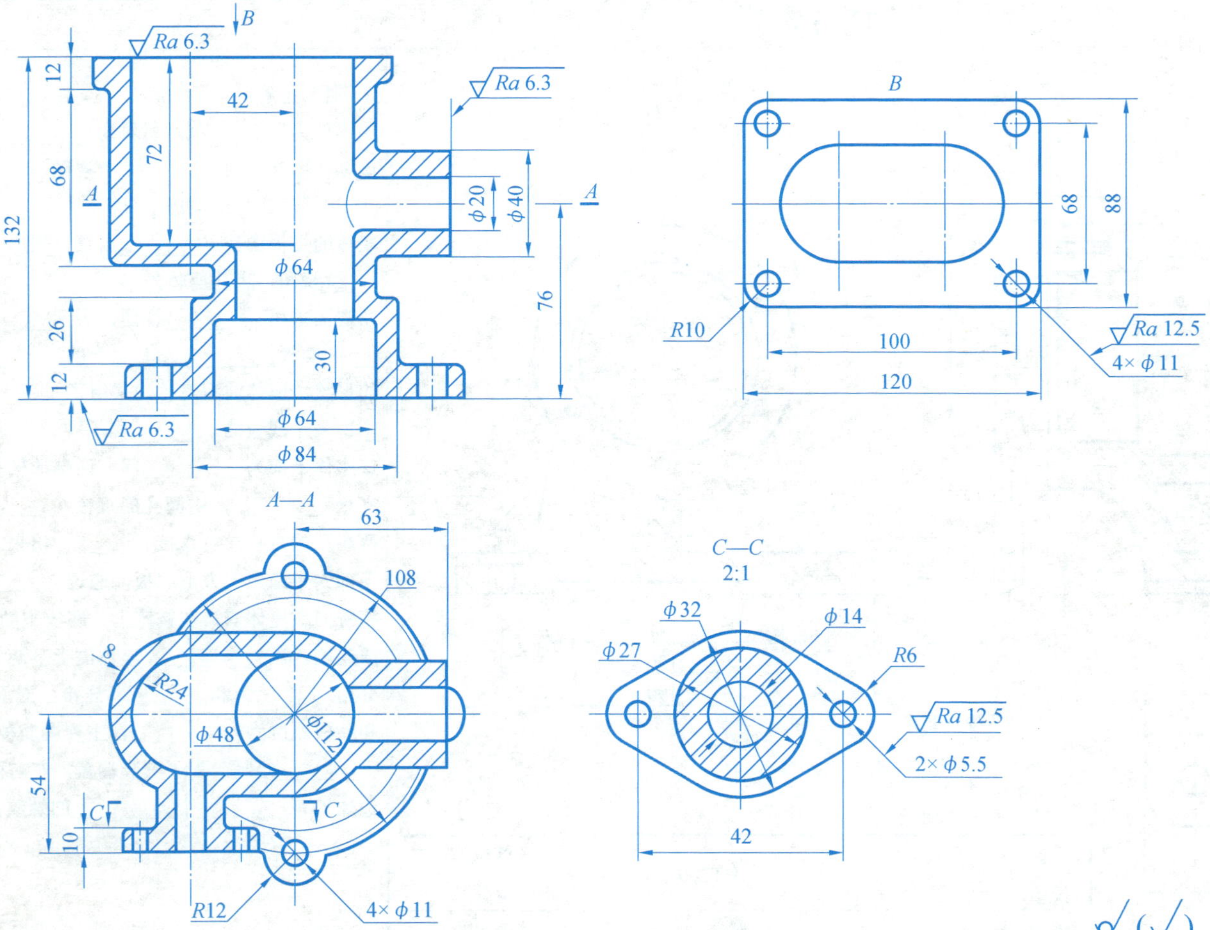

技术要求

1. 铸件应经时效处理，消除内应力
2. 未注铸造圆角R1~3
3. 铸件不得有气孔裂纹等缺陷

$\sqrt{}$ ($\sqrt{}$)

读底座零件图：

1. 在指定位置画出左视图的外形图。
2. 用▲符号标出长、宽、高三个方向的主要尺寸基准。
3. 该零件表面粗糙度有______种要求，它们分别是__________、__________和__________。

设计			（材料）		（单位）
校核			比例		底座
审核			共 张 第 张		（图号）

7.4.2　读零件图的综合运用（1）

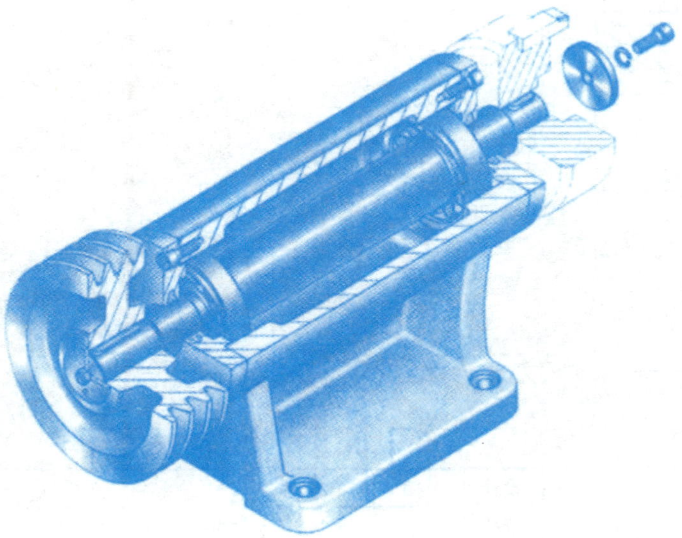

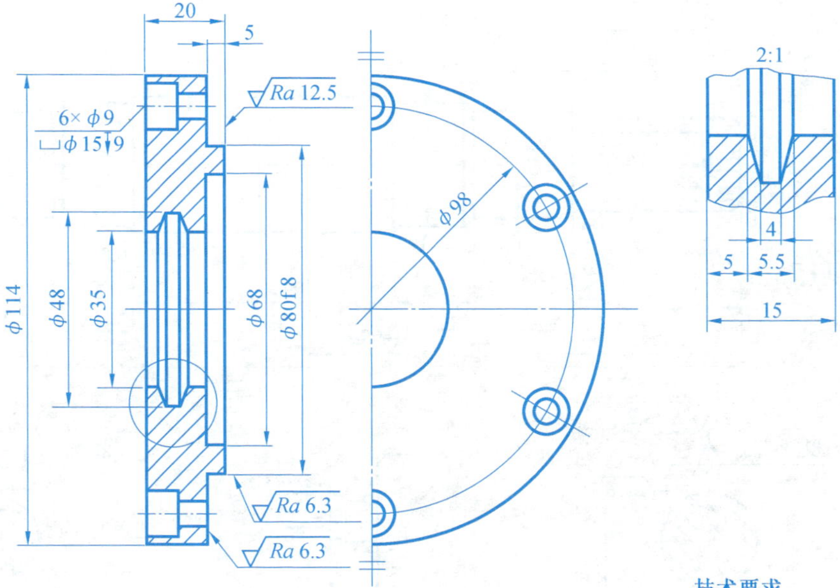

技术要求

1. 不得有气孔，砂眼
2. 内圆角R3~5

Ra 25 (√)

设计			（材料）		（单位）
校核			比例		端盖
审核			共　张　第　张		（图号）

读零件图的目的是根据零件的结构形状，了解零件的尺寸和技术要求。为了更好地读懂零件图，要联系零件在机器或部件中的位置、功用以及与其他零件的关系来读图。本题参照铣刀头装配轴测图来识读其中三种主要零件图。

(1) 结构分析。端盖的轴孔制有密封槽，槽内放入毛毡可防漏、防尘。端盖的周边有________个均布的沉孔，用________将其与座体连接，并实现对轴向的定位和固定。

(2) 表达分析。端盖的主体结构形状是带轴孔的同轴回转体，主视图采用__________图，表达了轴孔、__________和周边的形状。左视图采用_________图，画图形的一半，中心线上下各两条水平细实线是_________符号。为了清晰地标注密封槽的尺寸，采用了_________图表达。

(3) 尺寸分析。以端盖的轴线为_________基准，以右端面为_________基准。与其他零件有配合功能要求的尺寸应注出公差，如________。φ98是6个均布孔的_________。

7.4.2 读零件图的综合运用（2）

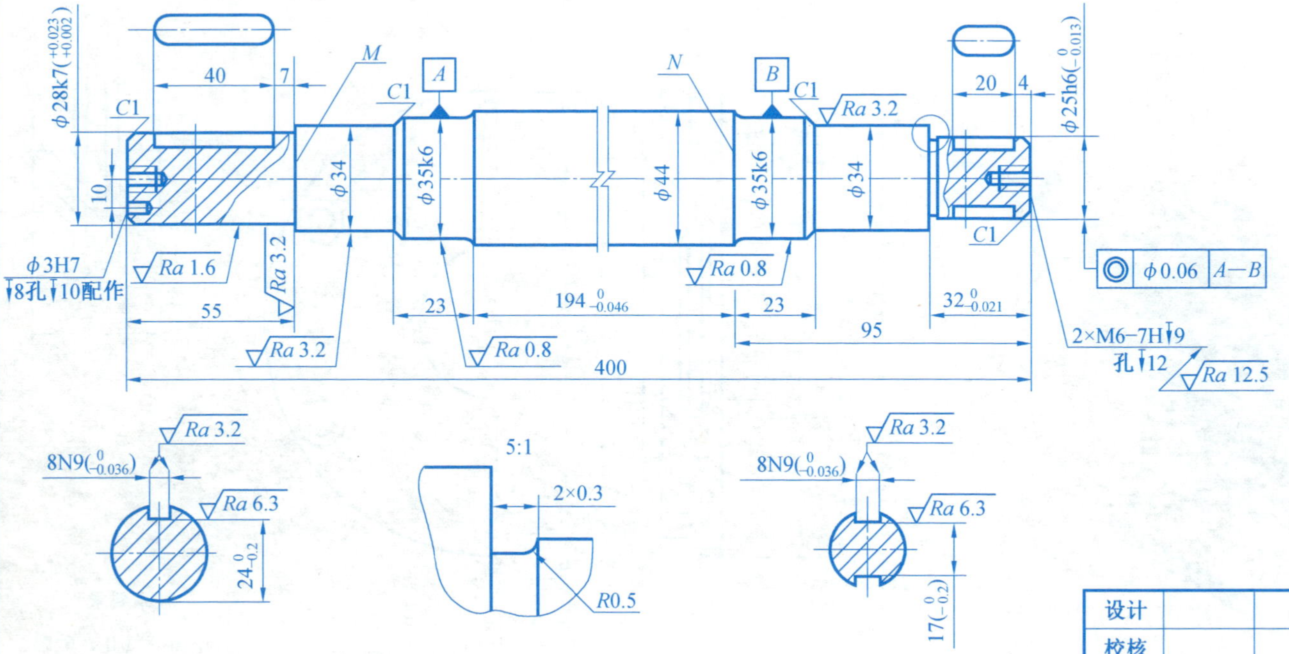

技术要求

1. 调质220~250HB
2. 未注圆角R1.6

√Ra 12.5（√）

设计			45		（单位）
校核			比例		轴
审核			共　张	第　张	（图号）

(1) 结构分析。参照装配轴测图可看出，铣刀头动力由V带轮传入通过单个普通平键（轴的左端）连接传递给轴，再通过两个普通平键（右端）连接传递给铣刀。所以，轴的左端轴段和右端轴段分别制有_____个键槽和_____个键槽。该轴有两个安装________的轴段，两头的轴段则分别用来装配________和________。此外，轴上还有加工和装配时必需的工艺结构，如倒角、越程槽等。

(2) 表达分析。按轴的加工位置将其轴线水平放置，采用一个________图和若干辅助视图表达。轴的两端用________图表示键槽和螺孔、销孔。截面相同的较长轴段采用________画法。用两个断面图分别表示轴的键槽的_____度和_____度，用两个________图表示键槽的形状。用局部放大图表示________的结构。

(3) 尺寸分析。以水平轴线为________尺寸的主要基准，由此直接注出安装V带轮、轴承和铣刀盘用的、有配合要求的轴段尺寸：_______、_______、_______。以中间最大直径轴段的任一端面(N)为_______尺寸的主要基准，由此注出_____、______和_______。再由轴的左、右端面和M端面为长度方向的辅助基准，由右端面注出______、_______、______，由左端面注出______,由M面注出______。尺寸_______是长度方向主要基准与辅助基准之间的联系尺寸。轴向尺寸不能注成封闭尺寸链，选择不重要的轴段φ34为_______，不注长度方向尺寸。

(4) 技术要求。凡注有公差的尺寸轴段，均与其他零件有_______要求，如注有φ28k7、φ35k6、φ25h6的轴段，表面粗糙度要求较严，其上限值分别是Ra________或Ra________，安装铣刀头的轴段φ25h6尺寸线的延长线上所指的几何公差代号，其含义为φ25h6尺寸线的延长线上所指的几何公差代号，其含义为φ25h6的轴线对公共基准轴线A—B的__________公差为__________。

模块 8　汽车装配图的识读与拆画

任务一　活塞连杆装配图的识读

课堂练习

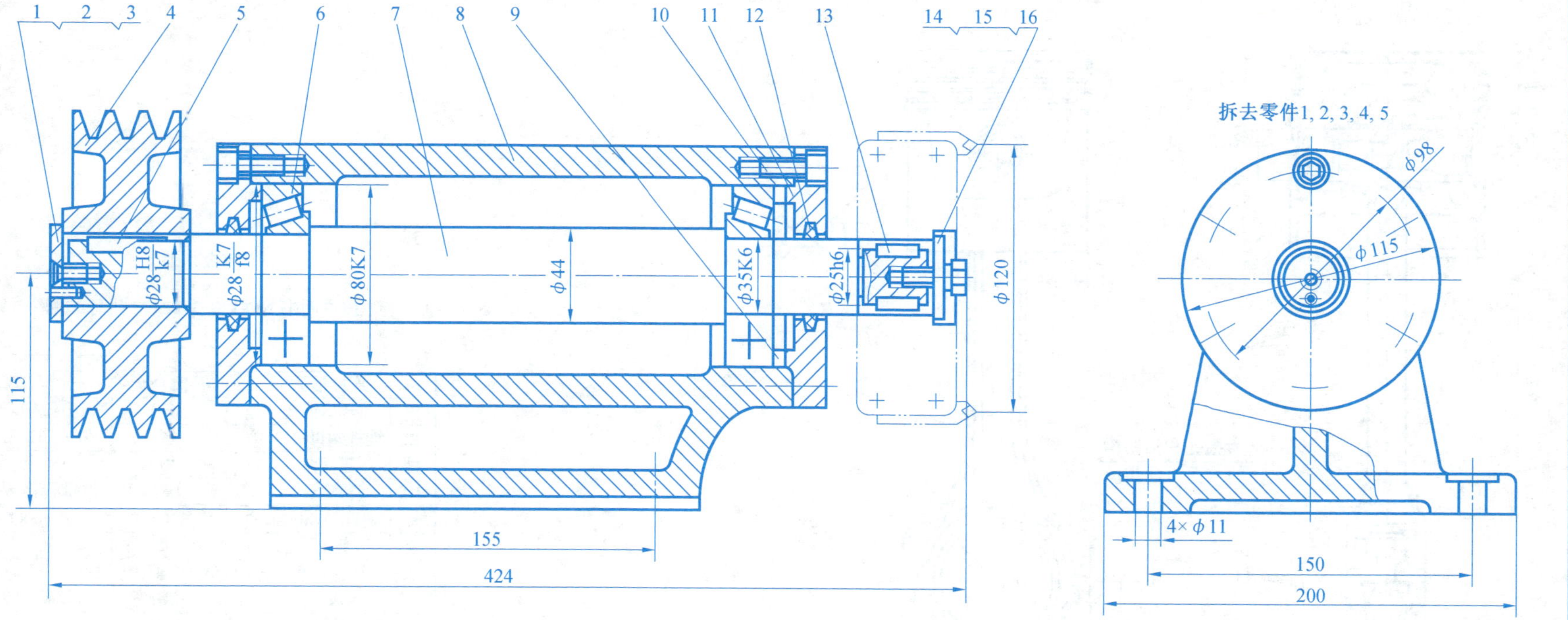

(1) 性能（或规格）尺寸：铣刀头中的轴高度尺寸__________，铣刀头直径________。

(2) 装配尺寸: V形带轮与轴的配合尺寸________；轴与轴承内圈的配合尺寸________；轴承外圈与孔的配合尺寸________等。

(3) 安装尺寸：铣刀头安装孔尺寸________和它们的孔距尺寸________。

(4) 外形尺寸：总长________，总宽________等。

(5) 其他重要尺寸：指设计时根据计算或需要而确定的，但又不属于上述尺寸的尺寸。

16	垫圈	1	65Mn	GB/T 93	6	轴承 30307	2		GB/T 297
15	螺栓 M6×20	1	Q235A	GB/T 5783	5	键 8×7×40	1	45	GB/T 1096
14	挡圈 B32	1	35	GB/T 892	4	V 带轮	1	HT150	
13	键 6×6×20	2	45	GB/T 1096	3	销 3×12	1	35	GB/T 119.2
12	毛毡 25	2	222-36		2	螺钉 M6×18	1	Q235A	GB/T 68
11	端盖	2	HT200		1	挡圈 A35	1	Q235A	GB/T 891
10	螺钉 M6×20	12	Q235A	GB/T 70.1	序号	名称	数量	材料	备注
9	调整环	1	35		设计			铣刀头	（单位）
8	座体	1	HT200		校核				
7	轴	1	45		审核			比例	（图号）

任务实施

圆的正等测图画法规律

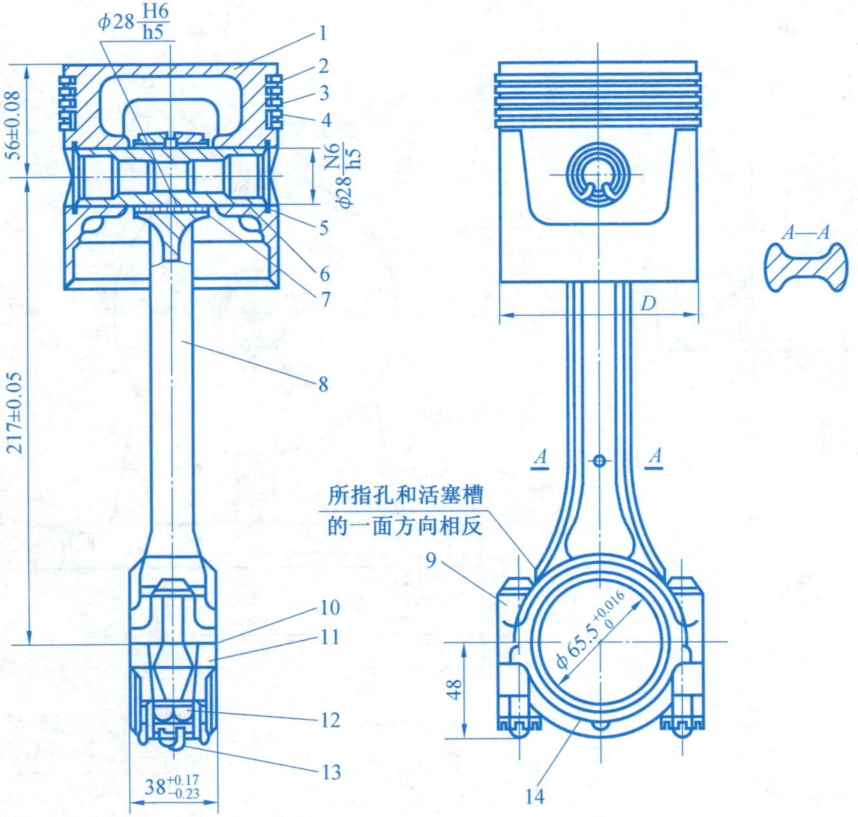

技术要求

按说明书 NO.120-3902122 进行装配

序号	名称	数量	材料	备注
14	连杆轴瓦	2	巴氏合金	
13	开口销	2	45	GB/T 91
12	连杆螺母M10	2	35	GB/T 6178
11	连杆盖	1	40	
10	调整垫片		08	数量视需要
9	连杆螺栓M10×70	2	40Cr	GB/T 5782
8	连杆	1	40	
7	连杆衬套	1	QSn4-4-2.5	
6	活塞销	1	40Cr	渗碳
5	锁环	2	65Mn	
4	轴环	1	Qt700-2	
3	中活塞环	2	Qt700-2	
2	上活塞环	1	Qt700-2	
1	塞环	1	ZL7	

活塞连杆总成		比例	1:1	（图名）	
		件数			
班级	（学号）	共 张	第 张	成绩	
制图	（日期）	（校名）			
审核	（日期）				

任务实施

(1) 概况了解。

该部件的名称为________。

(2) 视图分析。

活塞连杆总成采用了________个基本视图，此外还采用了________。主视图采用了________剖视，表达活塞部位的结构形状以及活塞1、活塞销6、连杆衬套7和连杆8的相对位置和装配关系。左视图表达了活塞连杆总成的________。*A*—*A*断面图表达了________。

(3) 分析装配关系。

由图中尺寸$\phi 28\frac{N6}{h5}$可知，活塞销与座孔的配合为________配合。$\phi 28\frac{N6}{h5}$为活塞销与连杆小头衬套孔的配合为________配合，其配合要求较_______，拆卸时应注意保护孔的表面。连杆大头尺寸________、________为重要尺寸。

(4) 分析零件的结构形状和作用。

活塞头切有若干环槽，用来装________，上面的2～3道槽来安装________，下面的一道环用来安装________。活塞环有________和________。_________的作用是密封气缸中的高温、高压燃气。________的作用是刮除气缸壁上的多余机油，并在气缸壁上布上一层均匀的油膜。活塞销的作用是连接________和________，将活塞所承受的气体压力传给连杆。连杆分为连杆________、________和________三部分。连杆小头内装有________；连杆杆身采用了________断面。连杆_______与曲轴的轴颈相连接，为便于安装，将连杆大头沿着与杆身轴线垂直的方向________，上半部分与杆身一体，下半部分即________，二者通过________连接。________装在连杆大头孔内，用以保护连杆大头孔和曲轴轴颈。为了配合要求，在连杆和连杆剖分面装有________。

(5) 综合归纳、想象整体。

8.1.1 读拉马装配图，回答下页问题（注：拉马是用来拆卸两个紧密配合零件的工具）

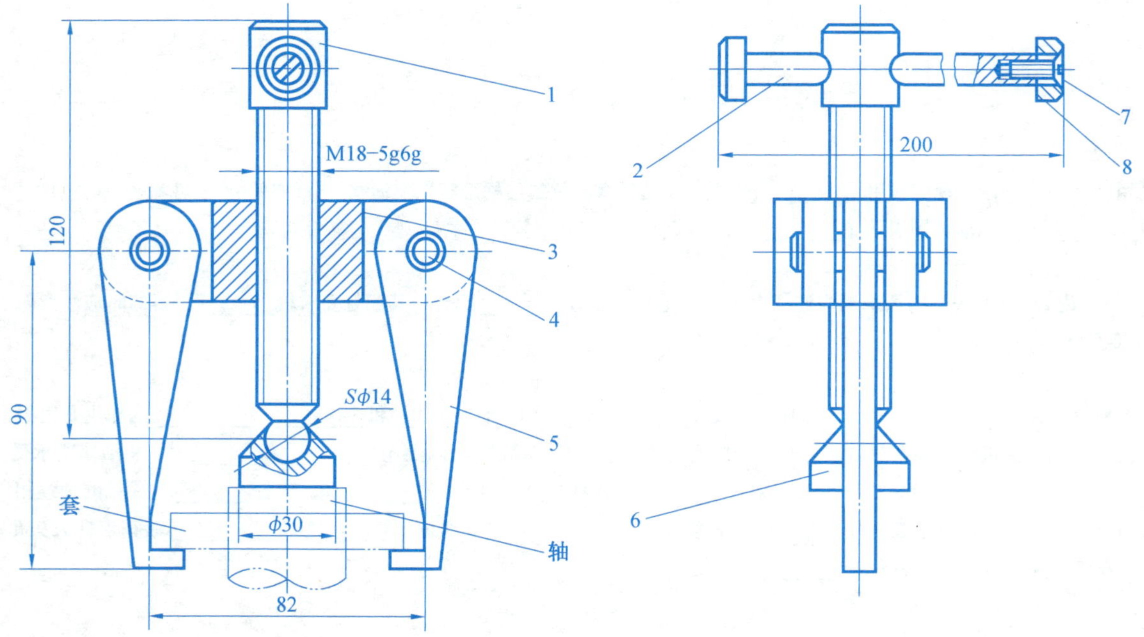

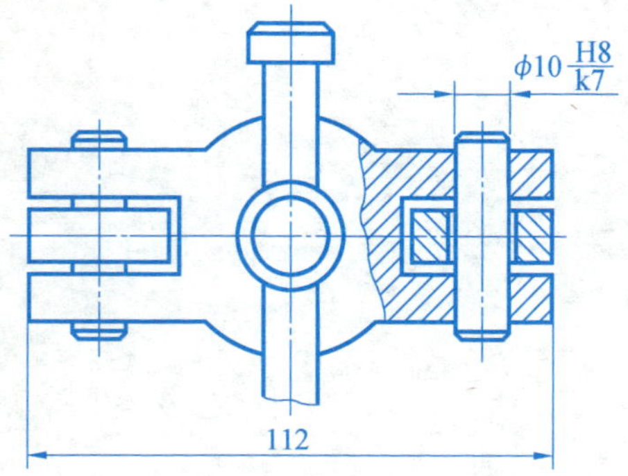

序号	名称	件数	材料	备注
8	垫圈	1	Q235	
7	螺钉M8×16	1	Q235	GB/T 68
6	压紧垫	1	45	
5	抓子	2	45	
4	销轴	2	Q235	
3	横梁	1	Q235	
2	把手	1	Q235	
1	压紧螺杆	1	45	

设计				（厂名）
校核				拉马
审核			比例 1:2	（图名）

8.1.1　读拉马装配图，回答下列问题（续上页）

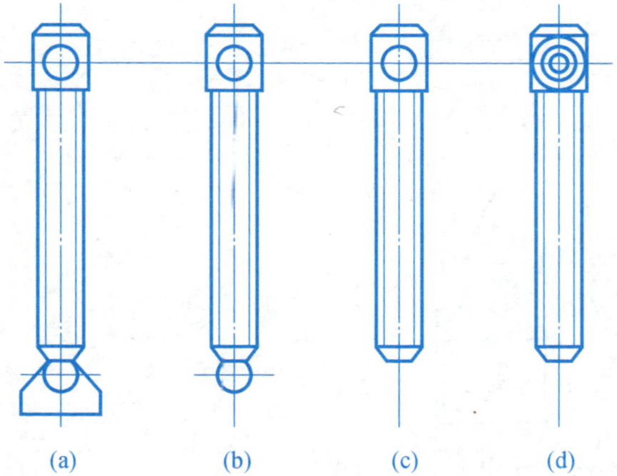

1号件

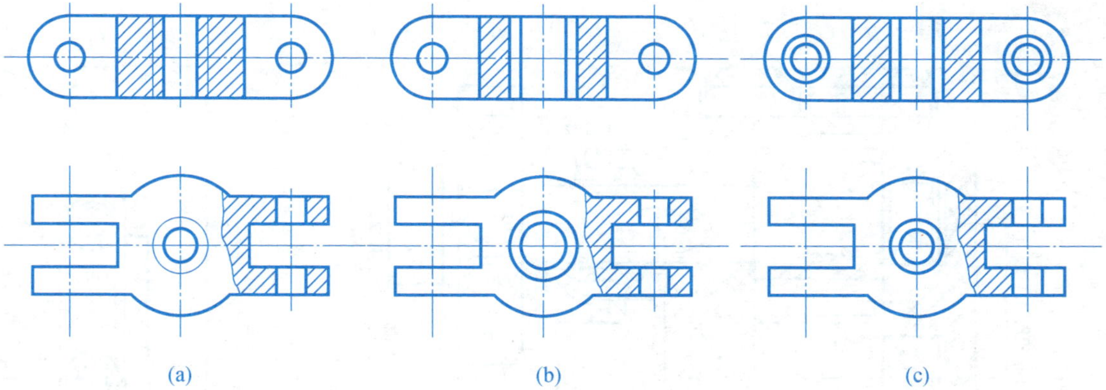

3号件

(1) 拉马共由______种零件组成，其中5号零件数量为________，材料是________________。

(2) 装配图中主视图采用了____________剖视和__________剖视，俯视图采用了__________处的__________剖视和____________画法。

(3) 主视图下方用双点画线表示的是____________和____________两个机件，这叫__________画法。

(4) 件1和件3是____________连接，件1和件6的配合表面是__________面，该面的定形尺寸为____________。

(5) 图中的 ϕ10H8/k7尺寸是件__________和件__________的配合尺寸，配合制度为基_____制，配合性质为__________。

(6) 若把图示紧密配合的两机件拆开，应先通过件________旋转件________带动件________向下运动顶出机件。

(7) 1号件的正确视图代号（见左上图）是_________。

(8) 3号件的正确视图代号（见右上图）是_________。

任务二　齿轮油泵装配图的识读

任务实施

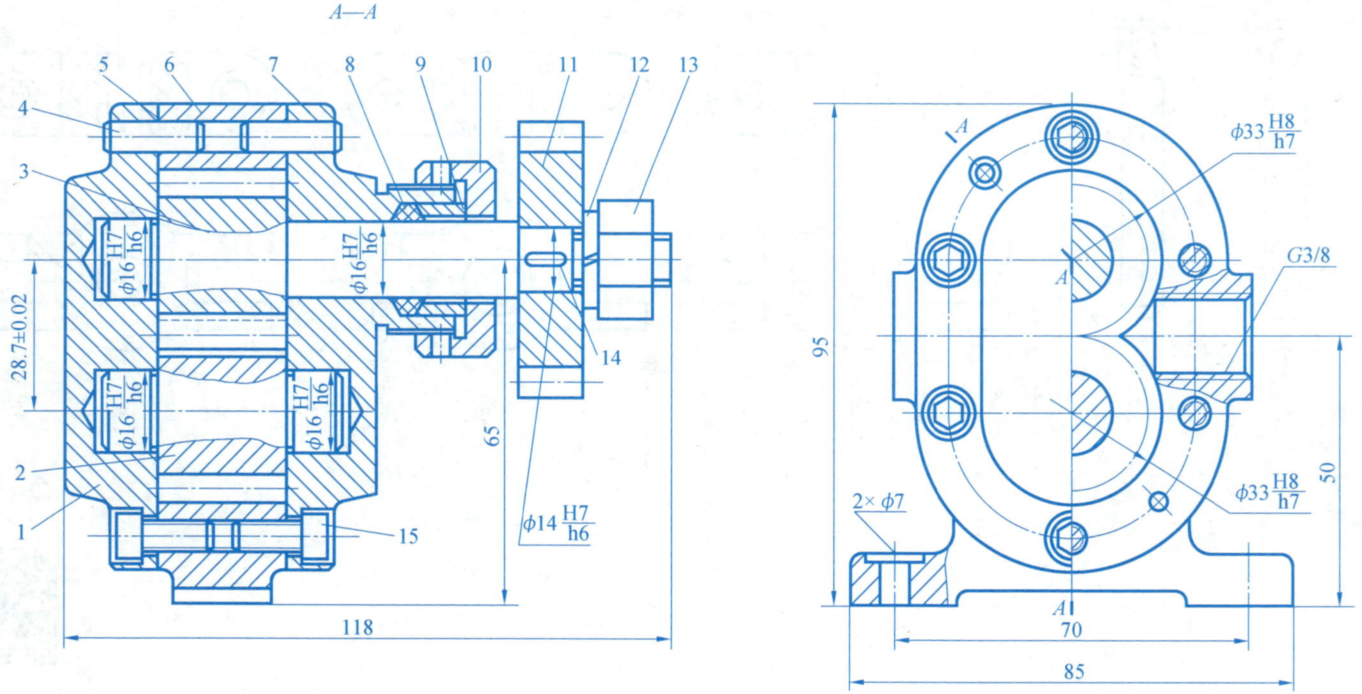

技术要求

1. 齿轮安装后，应转动灵活
2. 两齿轮轮齿的接触斑点应占齿高的3/4以上

序号	名称	数量	材料	备注
15	螺钉M6×16	12	35	GB/T 70.1
14	螺母4×10	1	45	GB/T 1096
13	螺母M12×15	1	35	GB/T 6170
12	垫圈	1	65Mn	GB/T 93
11	传动齿轮	1	45	
10	压盖螺母	1	35	
9	压盖	1	ZCuSn5-5-5	
8	密封圈	1	毛毡	
7	右端盖	1	HT200	
6	泵体	1	HT200	
5	垫片	2	纸	t=1
4	销5m6×18	4	45	GB/T 119.1
3	传动齿轮轴	1	45	m=3, z=9
2	齿轮轴	1	45	m=3, z=9
1	左端盖	1	HT200	

制图		比例		齿轮油泵
审核		共 张 第 张		

任务实施

(1) 概括了解。

齿轮油泵是由_________种零件组成的，其中件_________是标准件，其他是专用件。

(2) 分析表达方案。

齿轮油泵装配图用_________个视图表达。主视图表达了_________。左视图是沿_________剖切获得，并_________剖出油孔，表示了部件吸、压油的工作原理及其外部特征。

(3) 分析工作原理和装配关系。

左视图反映了部件的工作原理。当主动轮逆时针方向转动时，带动从动轮_________方向转动，随着齿轮的转动，油槽中的油不断沿箭头方向被带至左边的_________把油压出。泵体的内腔容纳一对_________。将齿轮轴2、传动齿轮轴3装入泵体后，由_________与_________支承这一对齿轮轴的旋转运动。____________将左、右端盖与泵体定位后，再用_________连接。

为防止泵体与端盖结合面及齿轮轴伸出端漏油，分别用_________、_________、_________及压盖螺母10密封。

(4) 分析主要零件。

分析零件的关键是将零件从装配图中分离出来，根据同一零件的剖面线在各个视图中_________的规定，结合方位关系将零件在各个视图上的投影范围及轮廓搞清楚，进而综合起来想象零件的形状。从装配图主视图及左视图中分离出来的左端盖的投影轮廓，再根据零件的基本对称性，不难想象出它的形状为：左侧有一个腰圆形凸台的腰圆形板，右侧中部有_________个大孔，四周有_________个沉孔及_________个销孔。

齿轮油泵中的右端盖，外轮廓与左端盖基本相同，只是在右侧多了一段_________，在外圆柱表面上有_________。

(5) 分析尺寸和技术要求。

啮合齿轮的齿顶圆与泵体空腔内壁的配合尺寸为_________，齿轮轴和传动齿轮齿轮轴与左、右端盖的配合尺寸为_________,传动齿轮与传动齿轮轴的配合尺寸为_________。啮合齿轮的中心距为_________，油孔中心高为_________，传动齿轮轴中心高为_________，进、出油口的管螺纹尺寸为_________。

8.2.1 读台虎钳装配图（见下页），回答下列问题

(1) 本部件名称是_________，共由_________种零件组成，其中标准件_________种。

(2) 转动手柄使_________同时转动，由于螺母与丝杆是_________连接，当丝杆转动时，被_________阻挡，丝杆不能做左右移动，而迫使螺母做左右移动，由于螺母与活动钳身6是_________配合，而且还有两个紧定螺钉12将它们连接在一起（从俯视图可以看出），于是螺母连同活动钳身一起左右移动，以达到夹紧工件的目的。

(3) 台虎钳夹持工件厚度尺寸的最大范围是_________，台虎钳安装到工作台面的厚度尺寸应小于等于_________。

(4) 保证活动钳身左右移动不产生偏斜现象，是依靠活动钳身6与固定钳身8上面的_________导轨导向。

(5) 主视图中，$\phi 20\frac{H8}{f7}$表示件_________和件_________之间是_________配合。

(6) 钳口铁7与活动钳身、固定钳身是通过_________连接的。

(7) *B*—*B*断面图为什么中间用波浪线断开？

(8) *A*向剖视图表示哪个零件的结构形状？

(9) 在右侧拆画活动钳身6的零件图。

8.2.1 台虎钳装配图（续上页）

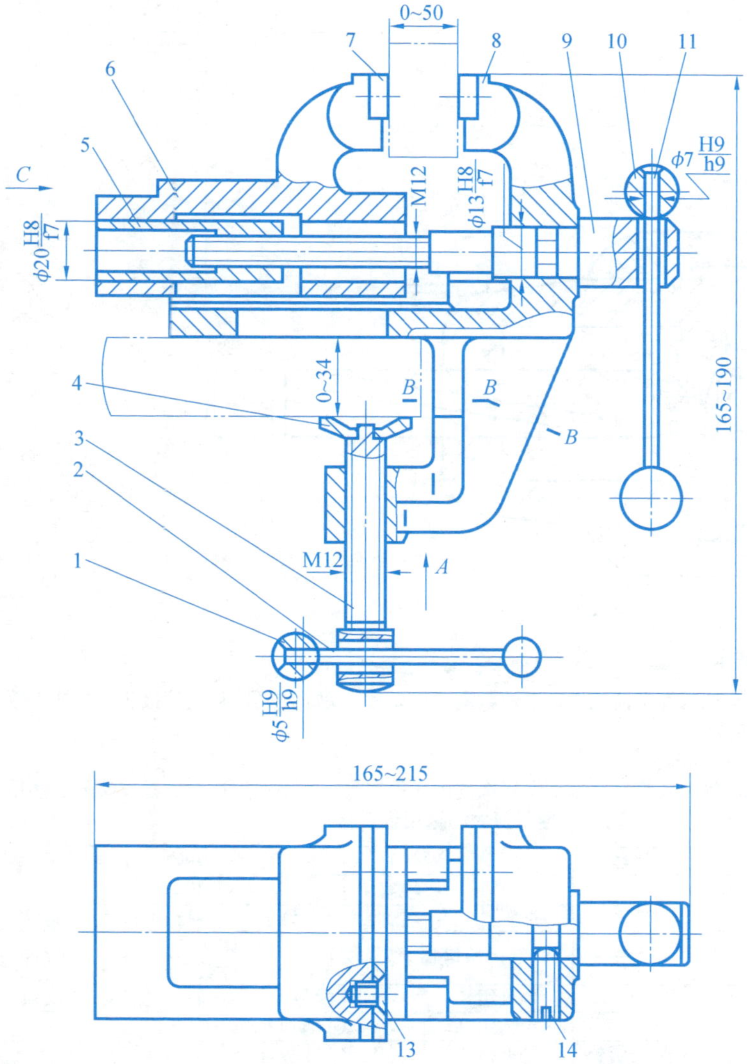

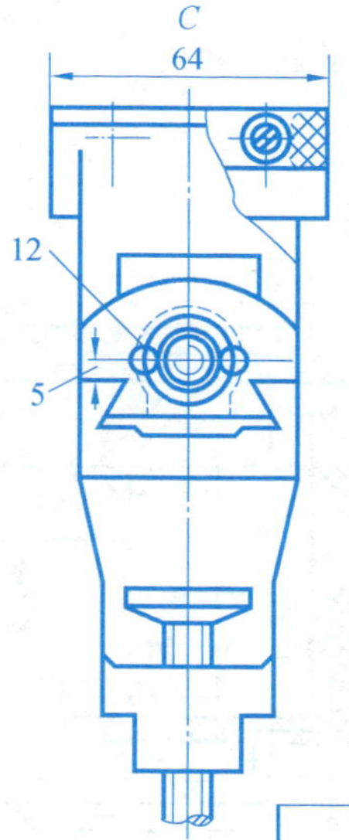

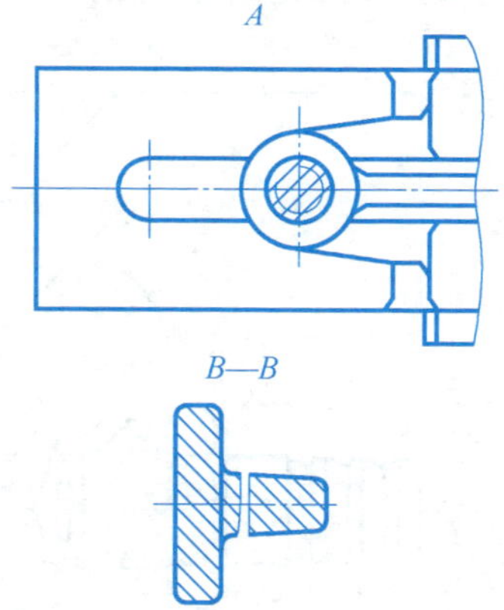

序号	名称	件数	材料	备注
14	紧定螺钉M8×20	1	Q235A	GB/T 68
13	沉头螺钉M6×25	4	Q235A	GB/T 71
12	紧定螺钉M5×15	2	Q235A	GB/T 73
11	手柄	1	Q235A	
10	球 ϕ8	2	Q235A	
9	丝杆	1	45	
8	固定钳身	1	HT150	
7	钳口铁	2	45	
6	活动钳身	1	HT150	
5	螺母	1	Q235A	
4	托杯	1	Q235A	
3	螺杆	1	Q235A	
2	手柄	1	Q235A	
1	球 ϕ12	2	Q235A	

设计				（单位）
校核				台虎钳
审核			比例 1:3	（图名）

任务三　齿轮油泵泵体零件图的拆画

课堂练习

1. 从气门研磨器装配图中拆画的气缸零件图，画在下一页。

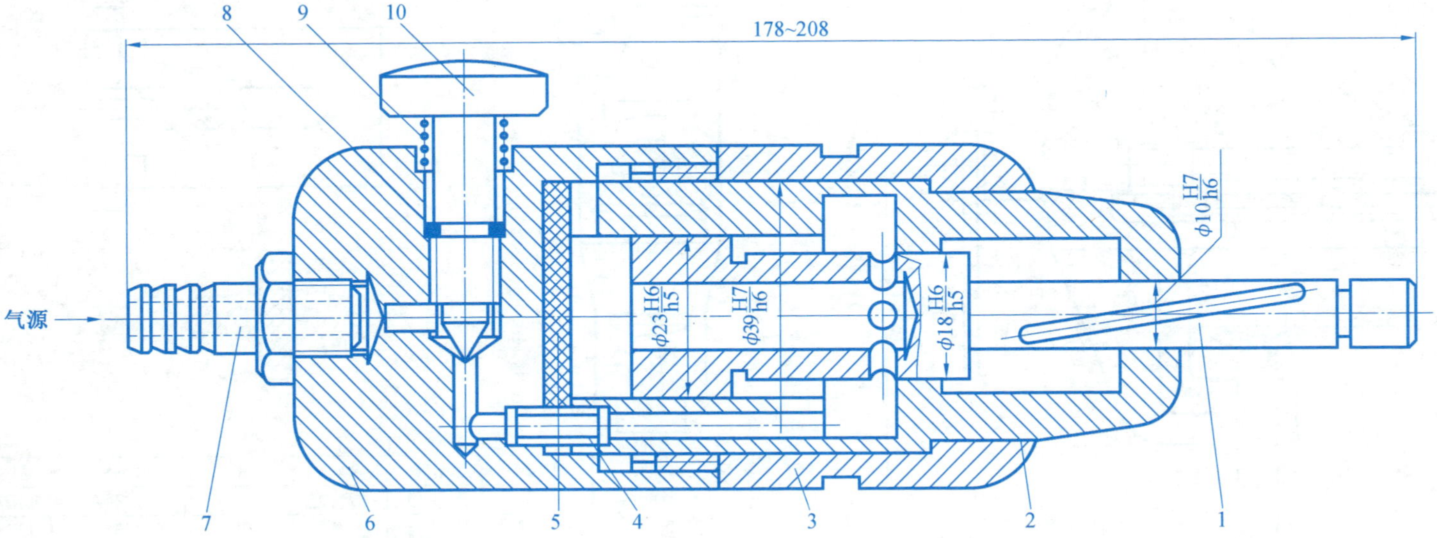

技术要求

1.使用前，从气管接头注入锭子油或发动机油数滴，用完后，为了防锈，从气管接头再次注入数滴油，轻轻空转2~3 s后存放

2.使用气压一般为60~80 MPa

3.使用时，气管接头接气源胶管，柱塞下端接橡皮碗（根据气门大小选用适当的橡皮碗），然后将节气阀打开，使用柱塞开始上下运动，根据气门大小选用合适转速

序号	名称	数量	材料	备注
10	节气阀	1	45	发黑处理
9	弹簧	1	65Mn	
8	O 形密封圈	1	橡胶 1—1	
7	气管接头	1	35	
6	本体	1	ZG35	
5	缓冲密封垫	1	耐油橡胶	
4	定位接管	1	铝管	
3	压盖	1	35	外表装饰镀铬
2	气缸	1	40Cr	
1	柱塞	1	40Cr	

气门研磨器　（风动）		比例		（图号）	
		件数			
班级	（学号）	共　张	第　张	成绩	
制图	（日期）	（校名）			
审核	（日期）				

课堂练习

拆画气缸零件图，尺寸从图中量取。

任务实施

1. 读懂齿轮油泵装配图，拆画泵体零件图6放在下一页。

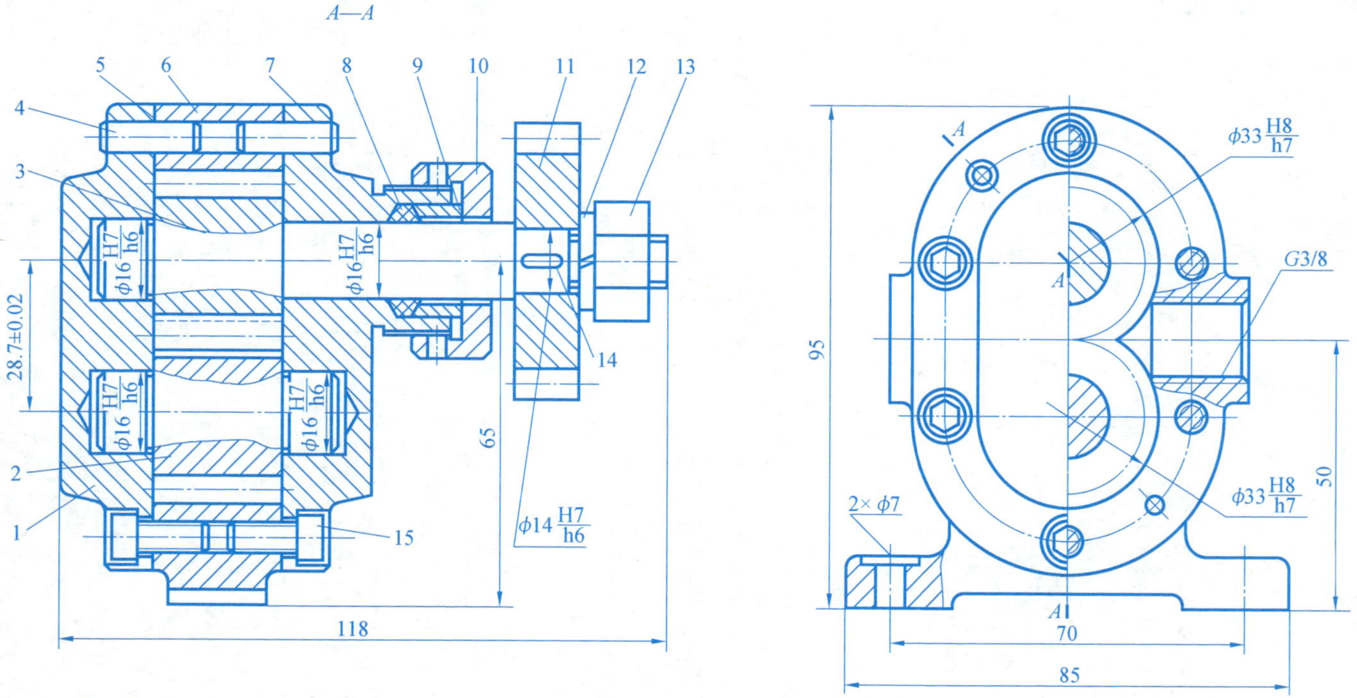

技术要求

1. 齿轮安装后，应转动灵活
2. 两齿轮轮齿的接触斑点应占齿高的3/4以上

序号	名称	数量	材料	备注
15	螺钉M6×16	12	35	GB/T 70.1
14	螺母4×10	1	45	GB/T 1096
13	螺母M12×15	1	35	GB/T 6170
12	垫圈	1	65Mn	GB/T 93
11	传动齿轮	1	45	
10	压盖螺母	1	35	
9	压盖	1	ZCuSn5-5-5	
8	密封圈	1	毛毡	
7	右端盖	1	HT200	
6	泵体	1	HT200	
5	垫片	2	纸	$t=1$
4	销5m6×18	4	45	GB/T 119.1
3	传动齿轮轴	1	45	$m=3, z=9$
2	齿轮轴	1	45	$m=3, z=9$
1	左端盖	1	HT200	

制图		比例		齿轮油泵
审核		共 张 第 张		

任务实施

拆画泵体某一零件图。

8.3.1 读换向阀装配图，回答问题

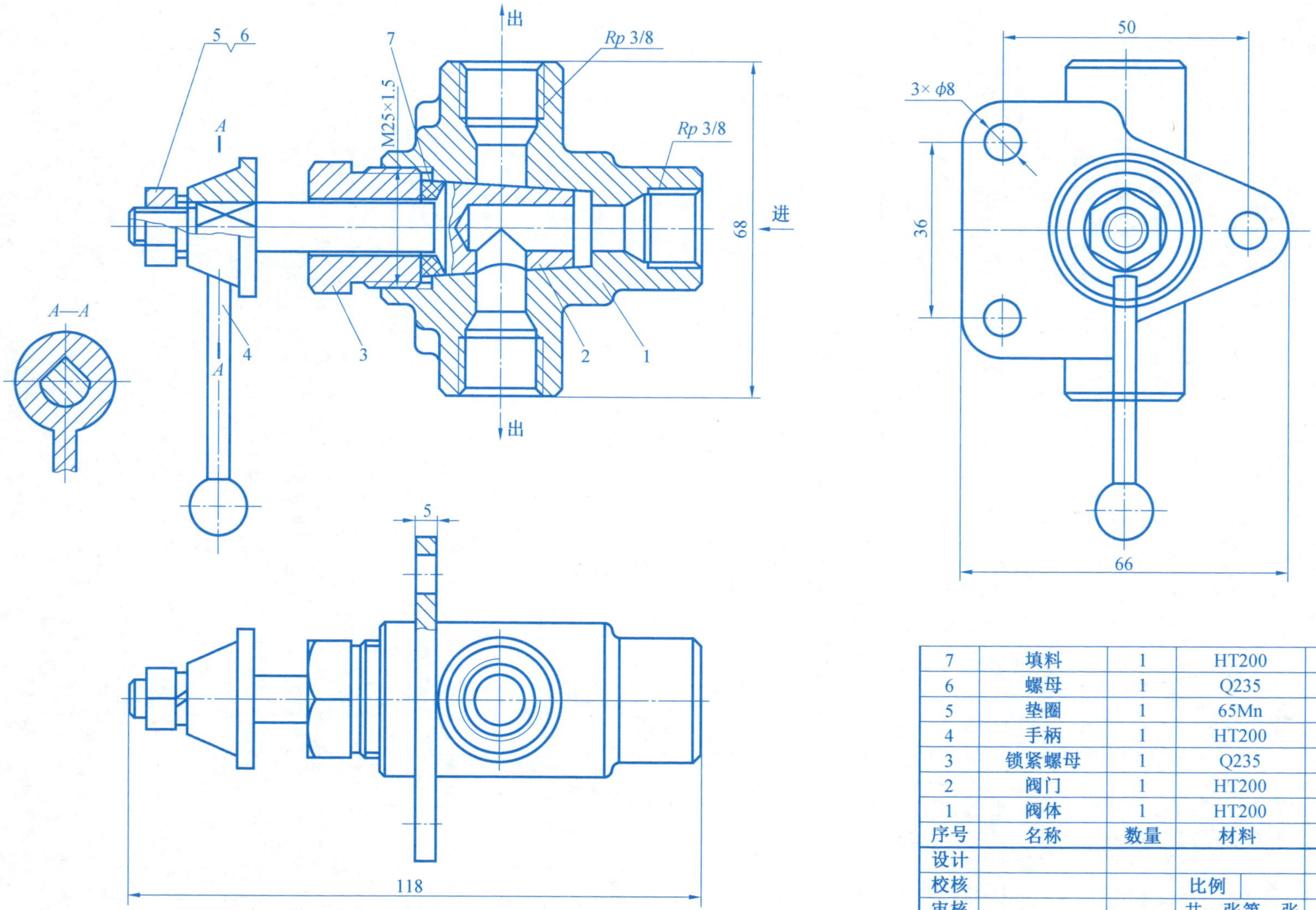

7	填料	1	HT200	
6	螺母	1	Q235	GB/T 6170
5	垫圈	1	65Mn	GB/T 93
4	手柄	1	HT200	
3	锁紧螺母	1	Q235	
2	阀门	1	HT200	
1	阀体	1	HT200	
序号	名称	数量	材料	备注
设计				（单位）
校核			比例	换向阀
审核			共 张第 张	（图号）

8.3.1 读换向阀装配图，回答问题（续上页）

换向阀工作原理

换向阀用于流体管路中控制流体的输出方向。在图示情况下，流体从右边进入，从下出口流出。当转动手柄4，使阀门2旋转180°时，下出口不通，流体从上出口流出。根据手柄转动角度大小，还可以调节流量的大小。

1. 回答下列问题。

(1) 本装配图共用_____个图形表达，*A*—*A*断面表示____和_____之间的装配关系。

(2) 换向阀由______种零件组成，其中标准件有______种。

(3) 换向阀的规格尺寸为________。图中标记*Rp*3/8的含义是：*Rp*是_______代号，它表示_________________螺纹，3/8是____________代号。

(4) 左视图上$3\times\phi 8$ mm孔的作用是_____________，其定位尺寸为_______和________。

(5) 锁紧螺母的作用是：____。

2. 由教师指定拆画零件。

参考文献

[1]林晓新.工程制图习题集[M].北京:机械工业出版社,2007.
[2]张立新,孙永华.工程制图习题集[M].济南:山东大学出版社,2013.
[3]刘海兰,李小平.机械识图与制图[M].北京:清华大学出版社,2010.
[4]果连成.机械制图习题集[M].北京:中国劳动社会保障出版社,2010.
[5]霍振生.汽车机械制图[M].北京:高等教育出版社,2010.
[6]王来华,王进军.汽车机械制图习题集[M].济南:山东科技出版社,2017.